U0519016

中国航空运输协会法律委员会　编著

中国民航
法律案例精解

A SELECTION OF CASES
ON CHINA AVIATION LAW

知识产权出版社
全国百佳图书出版单位

图书在版编目（CIP）数据

中国民航法律案例精解 / 中国航空运输协会法律委员会编著 . —北京：

知识产权出版社，2016.1

ISBN 978 - 7 - 5130 - 3752 - 5

Ⅰ. ①中… Ⅱ. ①中… Ⅲ. ①航空法—案例—中国 Ⅳ. ①D922. 296. 5

中国版本图书馆 CIP 数据核字（2015）第 209787 号

责任编辑：齐梓伊   责任出版：刘译文
封面设计：张　悦

中国民航法律案例精解

中国航空运输协会法律委员会　编著

出版发行	知识产权出版社 有限责任公司	网　　　址：	http：// www. ipph. cn
社　　址：	北京市海淀区马甸南村 1 号（邮编：100088）	天猫旗舰店：	http：// zscqcbs. tmall. com
责编电话：	010 - 82000860 转 8176	责 编 邮 箱：	qiziyi2004@ qq. com
发行电话：	010 - 82000860 转 8101/8102	发 行 传 真：	010 - 82000893/82005070/82000270
印　　刷：	北京嘉恒彩色印刷有限责任公司	经　　销：	各大网上书店、新华书店及相关专业书店
开　　本：	787mm×1092mm　1/16	印　　张：	24. 5
版　　次：	2016 年 1 月第 1 版	印　　次：	2016 年 1 月第 1 次印刷
字　　数：	358 千字	定　　价：	68. 00 元

ISBN 978 - 7 - 5130 - 3752 - 5

出版权专有　侵权必究

如有印装质量问题，本社负责调换。

《中国民航法律案例精解》
编委会

主　任：李　军

副主任：顾佳丹　林明华　郭俊秀

委　员：（按姓氏笔画排序）

　　　　王勇亮　方志刚　吕艳芳　刘亚玲　李　琦　陈威华

　　　　林晓春　赵　进　聂　颖　郭丽君　曹　颖

主　编：郭俊秀

副主编：赵　进　王勇亮　刘亚玲

撰稿人：（按姓氏笔画排序）

　　　　马选玲　王　枫　王奇松　王明明　王梦龙　占正东

　　　　朱　亮　孙　旸　孙　磊　孙　黎　刘永健　许　斌

　　　　许凌洁　李　纯　李　锟　吴利华　张　弋　张　晓

　　　　陈　志　陈诗麒　郑　琛　郑轶伦　俞　亮　施　恒

　　　　洪　波　顾　羽　高　峰　高慧琳　陶　臻　龚梅力

　　　　渠美洁　程　颖　傅晓微　曾　亮　谢爱兵　雷　迪

　　　　戴静娇

编　者　按

　　中国航空运输协会法律委员会自2012年设立以来，一直将宣传、贯彻国家的法律、法规作为一项重要工作，并通过案例来指导民航干部员工依法开展工作，航空旅客依法维权，以推进民航法治建设，推动我国从民航大国走向民航强国。

　　为贯彻落实党中央全面推进依法治国的战略部署，中国民用航空局于2015年5月发布《加强民航法治建设若干意见》（民航发〔2015〕36号），提出民航法治建设的总体目标是："建立完善的民航法治体系，全面推进民航治理法治化。到2020年，基本建成以《民用航空法》为核心，覆盖行业各领域和各环节，科学规范、层次分明、配套衔接的民航法规体系；民航法治政府建设取得新的进展，行业监管体制机制进一步完善，监管效能显著提升；民航法律法规普及深度和广度明显增加，从业人员依法办事水平全面提高，民航消费者守法用法意识普遍增强，矛盾纠纷化解更加及时有效。"

　　为推进民航法治工作，为民航法律的贯彻学习与普及提高提供权威的读本，为公平高效地处理民用航空纠纷提供指引，维护航空法适用的统一性和相对稳定性，中国航空运输协会法律委员会组织国内各航空公司、机场、民航管理局的法律人员、民航法律科研与教学单位的专家学者以及从事民航法律工作的法官、律师，历时一年多时间，从近年来国内航空公司所处理的上千案件中，精选出 86 个典型案例，进行归类、总结和分析，编成了这本《中国民航法律案例精解》。这些案例均直接来源于中国航空公司的生产经营，散发着实践鲜活的气息，凝聚着中国民航法律工作者的心血，体现了民航法律人为推进中国民航法治建设，殚精竭虑、尽职尽责的工作态度。

全书具有以下特点：一、内容全面。全书分为国内航空运输合同纠纷、国内航空运输侵权纠纷、劳动合同纠纷、航空商务纠纷、民航行政管理、航空刑事责任以及国际航空运输纠纷七篇，涵盖了航空公司生产经营的各个环节与各个方面。二、选材典型。每部分均收集了具有代表性的司法判决与仲裁案例，基本反映了当前中国民航法律适用的现状。三、便于使用。每个案例均包括案情概述、争议焦点与处理结果，在案情分析基础上作出了法律评析，并附上相关法条，方便查阅，易于理解。

本书在编写过程中得到中国民用航空局、中国航空运输协会、中国东方航空集团公司、上海市长宁区人民法院和知识产权出版社等单位的大力支持，在此表示衷心感谢！

由于本书编写时间较紧，加之水平有限，错误和不足难免，敬请广大读者批评指正。

中国航空运输协会法律委员会
《中国民航法律案例精解》编委会
2016 年 1 月

目 录

第一篇 国内航空运输合同纠纷

第四篇　航空商务纠纷

第五篇　民航行政管理

第六篇 航空刑事责任

第七篇 国际航空运输纠纷

第一篇

国内航空运输合同纠纷

note

一、国内航空旅客运输合同纠纷

（一）电子商务

1. 张某诉航空公司电子客票退票款项纠纷

原告：张某

被告：上海银桥科技创业投资管理有限公司

A 航空公司

案由：航空旅客运输合同纠纷

【案情概述】

2008 年 1 月 5 日，张某通过案外人的机票订购电话，预定了 2008 年 2 月 5 日由上海至哈尔滨、2 月 12 日由哈尔滨至上海的 A 航空公司（以下简称 A 航）往返机票，票价总计 2760 元。次日张某收到了送票人送来的航空运输电子客票行程单 1 张（经查为假电子客票行程单），并向送票人支付了机票款 2760 元和送票服务费 90 元。后张某在网上查验机票时发现机票被退，在查实实际出票单位为上海银桥科技创业投资管理有限公司（以下简称银桥公司）后，向上海市浦东新区人民法院提起诉讼，请求两被告赔偿机票款等损失 2850 元、登报道歉，并要求两被告承担连带责任。

【争议焦点】

1. 张某、A 航及银桥公司三者之间的法律关系？

2. 机票退票过程中，A 航机票销售代理银桥公司是否存在过错？

3. 张某在本案中是否存在过错，是否应就其损失承担全部或部分责任？

4. 张某要求被告赔礼道歉的诉请能否得到支持？

【处理结果】

上海市浦东新区人民法院受理案件并开庭审理后，于 2009 年 6 月 11 日判决：A 航赔偿张某机票款损失 2760 元。

A 航不服一审判决，向上海市第一中级人民法院提起上诉。二审法院于 2009 年 10 月 14 日作出终审判决：驳回上诉，维持原判。

【法律评析】

一审法院认为：张某委托他人订购 A 航机票，银桥公司作为 A 航机票销售代理企业，其出票的行为即表示 A 航已对张某的要约作出承诺，航空旅客运输合同即告成立生效。原告从他人处取得的电子客票行程单虽系伪造，但并不因此影响客运合同的效力。旅客委托他人代为退票的，A 航或其代理人银桥公司应在审核旅客本人、代理人的身份证件后方能办理。本案中持有真实行程单的身份不明人以原告的名义办理退票，但其未得到原告的授权，构成无权代理。银桥公司未能提供相应证据证明其曾查验退票人的身份证件，亦无充分理由相信办理退票人具有代理权，不成立表见代理。合同的订立与解除系两个各自独立的民事行为。原告委托不明身份人代为购票虽存在过错，但与业已有效成立的合同被解除不具备直接的因果关系，本案合同被擅自解除系因银桥公司未尽必要的退票审查义务所致，银桥公司作为承运人的代理人，其行为构成承运人 A 航对旅客的违约，该解除合同的行为依法对原告不发生效力。故对张某要求 A 航赔偿其支付的 2760 元机票款损失的诉请，法院应予支持。本案航空旅客运输合同的主体为张某和 A 航，银桥公司作为有资质的航空机票销售代理企业，其实施的售、退票行为均系代理 A 航所为，故应由被代理人即 A 航承担相应的民事责任。至于银桥公司未尽退票审查义务而给 A 航造成损害，可由双方根据代理关系另行解决。因此，张某要求银桥公司和 A 航承担连带责任的诉请，缺乏法律依据，不予支持。

关于送票费，法院认为，该笔费用系原告支付给送票人的劳务报酬。张某未能证明来人为银桥公司工作人员，故该损失系由张某自身过错所致，与银桥公司及 A 航无关，对原告的此项诉请，不予支持。

因原告选择合同之诉，而赔礼道歉系承担侵权责任的方式，故原告要求两被告登报道歉的诉讼请求，缺乏法律依据，不予支持。

二审法院认为：原审法院认定事实并无不当，本案关键是退票程序的规范性问题。A 航的机票销售代理人银桥公司在未尽充分审查义务的情况下，造成张某的机票款损失，故张某要求 A 航赔偿损失并无不当。在本案中同时需要指出的是，张某在购票时未选择正规的机票销售代理商的行为确有不妥之处。最终二审法院维持了原审判决。

作为航空旅客运输合同纠纷，合同的主体为旅客与航空公司，机票销售代理人系航空公司代理人，其售票行为的后果由航空公司承担。代理人过错造成航空公司损失的，航空公司可以另行追究其责任。法院关于本案各当事人之间的法律关系的观点是正确的。

法院从严格举证责任的角度，认为银桥公司未能证明其按规定审查了旅客和退票人的身份证件，在退票过程中存在过错，应承担全部责任，笔者认为此结论值得商榷。本案中退票人在很多方面均具备表见代理的特征：其持有电子客票行程单的原始凭证（即发票），是代理旅客实际购票的人，是向银桥公司支付机票款的人。根据民航局相关规定，出具过电子客票行程单的机票，退票时应当退还电子客票行程单，票款应当退给旅客本人或机票付款人，因此银桥公司应当有理由相信退票人是得到授权前来退票的，本案中退票人的行为构成表见代理，其行为后果应当由张某承担。

关于张某在本案中是否存在过错，是否应当承担责任的问题。本案中，已查实张某系违反民航局规定，向承运人及其销售代理人以外的无关人员购票。在购票过程中，张某在春运期间票价为不合理低价、电子客票行程单明显为假票、出票人名称与机票查询结果不一致的情况下，仍向不明身份人员支付票款，具有明显过错。法院判决认为，张某的购票行为虽有瑕疵，但在运输合同成立后，其行为与后续退票造成的损失没有因果联系，因此不应承担责任。笔者以为，法院判决机械地割裂了购票行为和退票行为的联系。正是因为张某的购票行为，使退票人具备了表见代理的特征，才决定了退票行为得以完成的结果。有观点认为，电子客票并非必须开具行程单，在不要求开具行程单的情况下，旅客根本无法根据电子客票行程单来判断电子客票的真假。如果本案中张某未要求出具行程单，可以认为其审查责任不存在，而本案中张某在要求出具并收到行程单的情况下，应尽合理注意义务及审查责任，否则应当就损失承担责任。

关于赔礼道歉的责任形式，法院采纳了 A 航意见，以张某诉由为合同纠纷，赔礼道歉为侵权行为民事责任的承担方式为由予以驳回，适用法律正确。

笔者认为，法院的判决在公平公正的前提下，还应考虑判决结果的社会效果。民航局、公安机关、航空公司就类似本案的各类诈骗案件多次提出警示，在报纸、网络等各种媒体均有对此类案件的多次报道，以提醒广大公众应当向航空公司或其正规销售代理购票，切勿贪图便宜或方便向非法代理点购票，以免上当受骗。本案判决在责任分配上未正确界定张某作为合同一方应尽的注意义务，加重了航空公司的责任，在社会效果上不利于建立诚实信用的价值取向，在实际操作上会明显增加交易成本，浪费社会资源。

【相关法条】

《中华人民共和国合同法》

第八条 依法成立的合同，对当事人具有法律约束力。当事人应当按照约定履行自己的义务，不得擅自变更或者解除合同。

依法成立的合同，受法律保护。

第一百零七条 当事人一方不履行合同义务或者履行合同义务不符合约定的，应当承担继续履行、采取补救措施或者赔偿损失等违约责任。

第一百一十三条第一款 当事人一方不履行合同义务或者履行合同义务不符合约定，给对方造成损失的，损失赔偿额应当相当于因违约所造成的损失，包括合同履行后可以获得的利益，但不得超过违反合同一方订立合同时预见到或者应当预见到的因违反合同可能造成的损失。

第二百九十三条　客运合同自承运人向旅客交付客票时成立，但当事人另有约定或者另有交易习惯的除外。

《中国民用航空电子客票暂行管理办法》

第十九条　旅客未在客票有效期内完成部分或全部航程，可以在客票有效期内要求退票。

旅客要求退票，应凭旅客本人有效身份证件和电子客票行程单办理退票手续，出票时未打印行程单的旅客凭有效身份证件办理退票手续。

票款只能退给客票上列明的旅客本人或客票的付款人。

如委托办理，须提供旅客本人和受委托人的有效身份证件。

2. 徐某诉机票销售代理商取消机票赔偿纠纷

原告：徐某

被告：上海不夜城国际旅行社有限公司

第三人：上海复旦华安科技发展有限公司

　　　　A 航空公司

案由：航空旅客运输合同纠纷

【案情概述】

2009 年 5 月，徐某向自称上海不夜城国际旅行社有限公司（以下简称不夜城）的机票销售网站订购了一张 2009 年 7 月 13 日从上海至美国洛杉矶的来回机票，在向 A 航空公司（以下简称 A 航）客户服务电话确认机票真实性后，向送票人员支付了 7000 元机票款，来人向徐某提供了加盖有不夜城发票专用章的国际航空旅客运输专用发票一张（经证实为假发票）。经事后查实，2009 年 5 月 15 日，上海复旦华安科技发展有限公司（以下简称复旦华安）在机票销售系统内为旅客徐某进行了订座操作，5 月 17 日，由不夜城进行了出票操作。因未收到机票款，不夜城于出票当日又将该机票作撤销处理。不夜城与复旦华安均系 A 航机票销售代理商。

其后，徐某再次致电确认机票时，被告知机票已因未付票款被取消，故另行支付了票款 8938 元在 A 航官方网站上重新购买了机票成行。徐某诉至法院，要求被告不夜城、第三人复旦华安及 A 航共同赔偿其机票款损失 8938 元。

【争议焦点】

1. 本案中各当事人之间的法律关系？

2. 原、被告之间的运输合同是否成立？第三人是否需要承担连带赔偿责任？

【处理结果】

上海市闸北区人民法院经开庭审理后判决：驳回徐某的诉讼请求。

徐某不服一审判决，向上海市第二中级人民法院提起上诉，二审法院经开庭审理后，于 2010 年 11 月 19 日作出终审判决：驳回上诉，维持原判。

【法律评析】

一审法院认为：合同纠纷案件中，主张合同关系成立并生效的当事人应对合同订立和生效的事实承担举证责任。虽然系争机票由不夜城确认出售，但系由复旦华安预定，可见徐某并非直接向不夜城提出购票要约，不夜城的出票行为亦难以认为系向徐某作出的承诺行为。徐某提供的用以证明已支付机票款 7000 元的专用发票系假发票，难以证明徐某向不夜城购买机票以及支付机票款的事实成立。实际上，不夜城在出票当日即将徐某的机票撤销的行为也进一步印证了不夜城未收到机票款的事实。因此，依据本案当事人的举证及经查明事实，仅依据不夜城的出票行为，难以认定原、被告之间买卖机票的合同关系成立。即使原、被告之间买卖合同关系成立，依据《中国民用航空电子客票暂行管理办法》的规定，销售代理企业在出票后冻结客票状态，使用挂起操作时，应在确认旅客付款后及时解除该状态，可见在旅客未支付票款时不夜城亦有权拒绝履行给付飞机票的义务。复旦华安仅为机票预定单位，并非出票单位，虽不夜城辩称出票行为系接受复旦华安委托所为，但复旦华安予以否认，亦无证据予以证明，故难以认定复旦华安系买卖合同的一方当事人。第三人 A 航系销售机票的委托方，承担被告不夜城代理行为的法律后果。综上，徐某以买卖合同为由要求不夜城及复旦华安、A 航赔偿机票款损失的诉讼请求，于法无据，法院难以支持。若徐某认为本案涉及诈骗，可另行向有关部门报案解决。

二审法院认为：买卖合同的买方应当按照合同约定向卖方支付价款。徐某所提供的付款凭证经证实为伪造，因此该份证据尚不足以证明其支付价款的事实。即使徐某有支付 7000 元的付款行为，因无法证明其支付对象为不夜城，故其所主张的付款行为属于错误给付，不能发生债务履行的法律效果。不夜城在未收到机票款的情况下，对已出票的机票采取了冻结措施，并未违反合同约定及法律规定。

本案实际上系航空旅客运输合同纠纷，合同当事人应为徐某和 A 航，而本案的被告不夜城系 A 航的机票销售代理人。由于徐某在起诉时并未将 A 航列为被告，而是主张其与不夜城之间存在机票买卖关系，故以买卖合同纠纷立案。作为买卖合同中买方的主要义务是支付价款，本案中徐某既没有证据证明交易对象系不夜城，也没有证据证明其向不夜城支付了机票款。故不夜城在未收到机票款的情况下将机票挂起或撤销是合法的，双方合同并未成立，不夜城对徐某的损失也不存在过错。

庭审中徐某认为，因 A 航客户服务电话向其证实客票真实有效，其才向送票人支付了机票款，A 航对其损失的产生负有直接责任。对此笔者认为，根据徐某在付款前向 A 航客服人员核实客票真伪的行为本身，证明其在购票时是要求先出票，送票上门时再付款。客服人员告知机票真实有效符合事实，且徐某并未告知客服人员票款未付的情况，A 航客服人员的告知并无过错，因此 A 航无须承担赔偿责任。法院在判决中未对此情节进行阐述，而是从代理的角度，认定 A 航承接被告不夜城代理行为的法律后果，在不夜城无须承担赔偿责任的前提下，A 航亦无须承担赔偿责任。

本案一审、二审判决对本案所涉及的法律关系、买卖合同的成立条件、航空售票过程中的法律规定及当事人各自权责判断准确。

【相关法条】

《中华人民共和国合同法》

第四十四条第一款 依法成立的合同，自成立时生效。

《最高人民法院关于民事诉讼证据的若干规定》

第二条　当事人对自己提出的诉讼请求所依据的事实或者反驳对方诉讼请求所依据的事实有责任提供证据加以证明。

没有证据或者证据不足以证明当事人的事实主张的，由负有举证责任的当事人承担不利后果。

《中国民用航空电子客票暂行管理办法》

第十五条　销售代理企业在出票后冻结客票状态，使用挂起操作时，应在确认旅客付款后及时解除该状态。

《中国民用航空旅客、行李国际运输规则》

第二十条第一款　旅客应当按照承运人规定的手续定座，并在承运人规定的购票时限内交付票款。在承运人或者其授权代理人为旅客填开客票，并将该定座列入客票有关乘机联后，方能认为座位已经定妥和有效。旅客未在承运人规定的购票时限内交付票款，承运人有权取消该旅客所定座位。

3. 李某诉航空公司取消机票赔偿纠纷

原告：李某

被告：A 航空公司

案由：财产损害赔偿纠纷

【案情概述】

2008 年 11 月中旬，李某等 4 人均由张某通过淘宝网向不具有机票销售代理资质的案外人订购 A 航空公司（以下简称 A 航）上海至美国洛杉矶的往返机票 4 张。2008 年 11 月 18 日，上海华程西南旅行社有限公司（以下简称华程西南公司，系 A 航的机票销售代理企业）接到订票电话，订票人要求购买李某等 4 人上海至美国洛杉矶的 4 张往返机票，并以信用卡担保要求出票。华程西南公司遂根据订票人提供的旅客姓名及相关信息，办理了机票出票手续。张某通过其委托订票的案外人了解到出票情况后拨打 A 航客户服务电话，查询上述机票信息，但未向客服人员提及机票款是否支付的问题，在确认机票真实有效后向案外人支付了机票款。之后华程西南公司通过担保信用卡扣款不成功，在确认未收到机票款后将涉案机票作挂起处理，其后将机票撤销。李某遂诉至上海市浦东新区人民法院（以下简称浦东新区法院），要求 A 航承担其全部购票损失。

【争议焦点】

1. 李某等 4 人与 A 航之间是否建立了运输合同关系？

2. A 航是否应承担责任？

3. 李某是否应当对自己的经济损失承担责任？

【处理结果】

浦东新区法院受理案件并经审理后，认为 A 航的行为客观上不具有违法性，主观上没有过错，李某主张 A 航构成侵权依据不足，法院不予支持，故判决驳回李某的诉讼请求。一审判决后李某没有上诉。

【法律评析】

1. 李某等 4 人与 A 航之间是否建立了运输合同关系？

订票行为是一种买卖合同行为，即便当事人之间没有书面买卖合同，订票和出票也构成了买卖合同的要约与承诺，是一种实践合同。本案中李某选择了财产损害赔偿纠纷作为案由，但究其本质，是基于买卖合同产生的违约责任和侵权责任的竞合。

目前，法律并未对订票、付款和出票行为的发生制定法定的行为履行顺序，在这种情形下，交易习惯亦可成为法律渊源，作为法院行为判断标准。先订票，后付款，再出票，有利于交易安全，且为国内航空公司普遍接受，此种交易规则已成为一种交易惯例。因此可以认为，在合同履行过程中，订票人有义务先付款，承运人有权利在收到订票人的机票款项后再行出票。

2. A 航是否应承担责任？

《合同法》第 67 条规定了后履行抗辩权：当事人互负债务，有先后履行顺序，先履行一方未履行的，后履行一方有权拒绝其履行要求。先履行一方履行债务不符合约定的，后履行一方有权拒绝其相应的履行要求。

中国民用航空局颁布的《中国民用航空电子客票暂行管理办法》第 15 条规定："销售代理企业在出票后冻结客票状态，使用挂起操作时，应在确认旅客付款后及时解除该状态"，此规定从侧面对未收款先出票以及未付款状态下对机票使用挂起操作的合法性作了确认。

3. 李某是否应当对自己的经济损失承担责任？

李某作为旅客，应当选择有销售资质的代理人代为购票。李某作为经常乘坐国际航班的商务人员，未审慎选择，通过网络委托了不具有代售资

中国民航法律案例精解

质的第三人代为购票。另外，李某明知订购的该时段航线处于空运旺季，其支付给案外人的机票款明显低于机票的正常价格，却仍与其进行交易，未尽适当注意义务。

《合同法》第65条规定："当事人约定由第三人向债权人履行债务的，第三人不履行债务或者履行债务不符合约定，债务人应当向债权人承担违约责任。"本案中，李某通过其网购的代理人向航空公司订票，该代理人没有履行付款义务，应当视为李某对航空公司违约。

鉴于上述理由，李某应当对自己的经济损失承担责任。

【相关法条】

《中华人民共和国民法通则》

第六十三条第一、二款　公民、法人可以通过代理人实施民事法律行为。

代理人在代理权限内，以被代理人的名义实施民事法律行为。被代理人对代理人的代理行为，承担民事责任。

第一百零六条　公民、法人违反合同或者不履行其他义务的，应当承担民事责任。

公民、法人由于过错侵害国家的、集体的财产，侵害他人财产、人身的，应当承担民事责任。

没有过错，但法律规定应当承担民事责任的，应当承担民事责任。

《中华人民共和国合同法》

第二百九十二条　旅客、托运人或者收货人应当支付票款或者运输费用。承运人未按照约定路线或者通常路线运输增加票款或者运输费用的，旅客、托运人或者收货人可以拒绝支付增加部分的票款或者运输费用。

《中国民用航空电子客票暂行管理办法》

第十五条　销售代理企业在出票后冻结客票状态，使用挂起操作时，应在确认旅客付款后及时解除该状态。

《中国民用航空旅客、行李国际运输规则》

第二十条第一款　旅客应当按照承运人规定的手续定座，并在承运人规定的购票时限内交付票款。在承运人或者其授权代理人为旅客填开客票，并将该定座列入客票有关乘机联后，方能认为座位已经定妥和有效。旅客未在承运人规定的购票时限内交付票款，承运人有权取消该旅客所定座位。

（二）机 票

4. 樊某诉航空公司退票款项纠纷

原告：樊某

被告：银川阳光航空服务公司

A 航空公司

案由：航空旅客运输合同纠纷

【案情概述】

2010 年 3 月，樊某受曾某等 130 人委托，代理其从银川阳光航空服务公司（以下简称阳光公司）处购买 A 航空公司（以下简称 A 航）机票，后由于樊某所订机票均为 Q 舱（中转舱）往返机票，而 A 航有关运价政策明令禁止在 RT（往返）航程中销售 Q 舱机票，如有操作将按照公布运价向代理人补收票款差价，因此，阳光公司取消了该 130 人的机票。2010 年 9 月，樊某将阳光公司、A 航诉至银川市兴庆区人民法院（以下简称兴庆区法院），称其已将曾某等 130 人的损失给予了足额补偿，要求阳光公司返还机票款并赔偿因其违约行为造成的损失共计 12 万余元，同时由 A 航承担连带责任。

【争议焦点】

1. 樊某是否为适格的诉讼主体？

2. A 航在本案中是否应当承担民事责任？

【处理结果】

兴庆区法院受理案件后，使用简易程序进行了公开审理，法院同意双方自行达成以下调解协议：

1. 由阳光公司向樊某退还机票款并赔偿损失 8 万元；

2. 由樊某向其代理的第三人赔偿票款损失，如果该第三人通过诉讼向阳光公司或者 A 航任何一方主张权利，樊某应当按照法院判决书确定金额的两倍向阳光公司、A 航赔偿损失；

3. 减半收取的诉讼费由阳光公司承担。

【法律评析】

樊某认为：（1）其代理曾某等 130 人从阳光公司处购买了 A 航机票，并称已向曾某等人做了足额赔偿，因此阳光公司、A 航应当向樊某返还该机票款；（2）阳光公司、A 航的行为属于重大违约行为，应当承担违约赔偿的连带责任。

1. 本案性质为航空旅客运输合同纠纷。

本案在一审阶段，兴庆区法院定性的案由为"债权纠纷"，实际上，根据《合同法》第 293 条规定，客运合同自承运人向旅客交付客票时成立，但当事人另有约定或者另有交易习惯的除外。在航空旅客运输合同中，由于目前通行的为电子客票，因此在乘机人交付票款并定妥机票的那一刻，合同即已成立。阳光公司取消客票的行为，发生在航空旅客运输合同成立后，是单方终止合同的行为，因此，本案应定性为航空旅客运输合同纠纷。

2. 原告樊某诉讼主体错误。

本案作为航空旅客运输合同纠纷，合同当事人应为乘机人曾某等 130 名旅客和承运人 A 航及其销售代理人阳光公司。樊某受曾某等 130 人委托，代其购买 A 航机票。在该委托关系中，樊某作为受托人，其义务是以委托人（即购票人曾某等 130 人）的名义为委托人代办购票相关手续，在购票手续完成后，委托关系即告结束。阳光公司出具机票的主体是曾某等 130 名乘机人，是航空旅客运输合同权利义务的承载主体，而非樊某。除非樊某取得曾某等130人的书面委托，委托其向A航、阳光公司索要票款，否则，即使樊某已向曾某等赔付票款，也无权要求阳光公司或者A航承担违约责任。

3. 旅客本人可以向A航主张权利。

旅客曾某等130人与A航之间的案由为航空旅客运输合同纠纷，与阳光公司之间为买卖合同法律关系，曾某等与两被告之间不是同一法律关系，阳光公司作为A航的代理人，其代理行为的后果理应由A航承担，因此在航空旅客运输合同纠纷中曾某等旅客只能向A航主张权利。

4. 樊某代理购票人在购票过程中，有重大过错。

根据A航有关规定，Q舱价格为Y舱价格的3.5折，故规定Q舱位不得单独销售，即不得出成直达，如：银川—上海，只能出成银川—西安—上海。同时，Q舱位不能直接在往返航程中使用，以防止售票单位套取打折机票。该规定在每次向各售票公司发布的A航客运销售通告中，明确通知且反复强调。本案中，樊某作为购票代理人身在云南，其明知Q舱往返在云南的任何航空服务公司均不能出具机票，却故意隐瞒事实，从云南昆明以电话、网络的形式向远在宁夏银川的阳光公司为130名乘机人购买不同航班Q舱昆明始发的春节期间往返程机票，在阳光公司某些售票人员不了解政策产生重大误解的情况下错误出票，故樊某存在重大过错行为，其行为后果由被代理人曾某等130人承担，曾某等人作为本纠纷一方当事人应当承担一定责任。

【相关法条】

《中华人民共和国民法通则》

第六十三条第一、二款　公民、法人可以通过代理人实施民事法律行为。

代理人在代理权限内，以被代理人的名义实施民事法律行为。被代理人对代理人的代理行为，承担民事责任。

第六十四条　代理包括委托代理、法定代理和指定代理。

委托代理人按照被代理人的委托行使代理权，法定代理人依照法律的规定行使代理权，指定代理人按照人民法院或者指定单位的指定行使代理权。

第六十五条第一、二款　民事法律行为的委托代理，可以用书面形式，也可以用口头形式。法律规定用书面形式的，应当用书面形式。

书面委托代理的授权委托书应当载明代理人的姓名或者名称、代理事项、权限和期间，并由委托人签名或者盖章。

第六十六条第一款　没有代理权、超越代理权或者代理权终止后的行为，只有经过被代理人的追认，被代理人才承担民事责任。未经追认的行为，由行为人承担民事责任。本人知道他人以本人名义实施民事行为而不作否认表示的，视为同意。

《中华人民共和国合同法》

第二百九十三条　客运合同自承运人向旅客交付客票时成立，但当事人另有约定或者另有交易习惯的除外。

《中华人民共和国消费者权益保护法》

第四十条第一款　消费者在购买、使用商品时，其合法权益受到损害时，可以向销售者要求赔偿。销售者赔偿后，属于生产者的责任或者属于向销售者提供商品的其他销售者的责任的，销售者有权向生产者或者其他销售者追偿。

5. 孙某诉航空公司退票款项纠纷

原告：孙某

被告：A 航空公司

案由：航空旅客运输合同纠纷

【案情概述】

2011 年 12 月 5 日，孙某通过案外人银联在线网站向 A 航空公司（以下简称 A 航）购买了由 A 航承运的 2012 年 1 月 4 日 10 点 30 分由上海浦东机场飞往山东烟台 5543 次航班的机票，舱位为 X 舱。该机票为特价机票，价格为人民币 210 元，燃油税 140 元，机场建设费人民币 50 元，该机票使用条件为"不得签转 X 舱，不得变更，如若自愿签转、变更，则收取票面价值的 80% 作为退票费"。2012 年 1 月 3 日孙某因故取消行程，A 航按约定向其收取了 168 元的退票费（机票款的 80%）。

原告认为 A 航未对退票条款进行足以引起注意的标识且未说明，侵犯了其的合法权益，遂起诉至上海市浦东新区法院，要求 A 航全额返还其退票费 168 元及至判决生效之日止的利息损失。

2012 年 4 月 20 日，一审法院判决认为原被告之间的合同系格式合同，承运人具有缔约优势，以格式条款的形式强行向旅客收取高达票价 80% 的退票费，违反公平交易原则，应予调整，考虑到原告于飞机起飞前夜 23 时 40 分才办理退票手续，会给被告运营带来较大不利因素，故酌情调整至票价的 40%。

A 航提出上诉，2012 年 8 月 16 日，上海市第一中级人民法院作出裁定，认为：价款打折伴随一定的权利限制在日常生活中也普遍存在，孙某自愿选择票价较低但限制相应较多的机票，孙某作为一个有完全民事行为能力的成年人，应当对自己选择的后果承担相应的责任。孙某所购机票为特价票，A航就特价票设定使用条件并不违反公平原则，并未导致双方的权利义务失衡，故该条款应属合法有效。二审法院据此撤销一审判决，驳回孙某的全部诉讼请求。

【争议焦点】

A航收取原告80%机票款作为退票费的合理性。

【法律评析】

1. 退票费纠纷中被告胜诉的困难。

A航特价机票的退票费政策，多次受到法院的质疑。法院认为A航制定的退票费政策过高，不应当超过票面价格的20%。其依据为《最高人民法院关于适用〈中华人民共和国合同法〉若干问题的解释（二）》第29条第2款："当事人约定的违约金超过造成损失的30%的，一般可以认定为合同法第114条第2款规定的'过分高于造成的损失'。"法院同时参考了国家计委《关于规范运输业退票费有关问题的函》，认定退票费不能高过票面价格的20%。

在这类案件里面，A航可能会遇到三个困境：（1）如何证明收取80%退票费的条款已经纳入双方之间签订的合同？（2）如何证明收取的退票费不足以弥补A航的损失？A航虽然在每个案件中都主张特价机票本身票价就低于成本，退票费远远不足以弥补单座位成本，但是由于A航所支出的各项成本都是按月或按季度支付，其在具体案件中也体现为按照航班的核定座位数平均分摊，故从举证角度没有具体到某一航班，无法给法院提供相关票据，也无第三方对该具体航班的审计和测算，法院难以采信；（3）如何证明旅客退票与航空公司的损失之间具有因果关系？如果旅客在起飞之前很早就退票，A航的机票是越临近起飞票价越高，等旅客退票时，A航已经没有同等舱位折扣的票出售了，法院倾向于认为，A航在旅客退票后，还以更高的价格将机票售了出去，因此没有损失，从而不认同A航收取的退票费。

2. 本案胜诉原因分析。

（1）案件事实非常特殊，几乎绕过了前述三个 A 航会遇到的困境：①A 航可以证明已告知：旅客通过网站购票，网站对于购票条件的告知非常清楚。而且旅客需要手动点选相关栏目，确认其已经知悉购票条件后才能进入下一环节。②由于退票费金额非常小，对于 A 航证明退票费是否足以弥补 A 航损失方面压力很小。③旅客在起飞前 10 小时深夜退票，使得 A 航对于主张旅客退票与 A 航损失之间有因果关系的阐述易于被接受和采纳。

（2）双方签订的合同从总体上是平等的。在合同签订程序上，孙某有充分挑选产品的权利（A 航通过第三方的购买，就同一个航班给予了消费者多种不同价位和权利限制的产品选择），在合同内容上，折扣票旅客与全价票旅客享受一样的服务，只是退改签权利受到一些限制。A 航主张尊重合同的严肃性，对双方自愿平等签订的合同不进行调整。

（3）A 航在诉讼中还强调了这种操作是国际性行业惯例，法院应尊重经济现实。

【相关法条】

《中华人民共和国合同法》

第五条　当事人应当遵循公平原则确定各方的权利和义务。

第六条　当事人行使权利、履行义务应当遵循诚实信用原则。

第三十九条　采用格式条款订立合同的，提供格式条款的一方应当遵循公平原则确定当事人之间的权利和义务，并采取合理的方式提请对方注意免除或者限制其责任的条款，按照对方的要求，对该条款予以说明。

格式条款是当事人为了重复使用而预先拟定，并在订立合同时未与对方协商的条款。

第四十条　格式条款具有本法第五十二条和第五十三条规定情形的，或者提供格式条款一方免除其责任、加重对方责任、排除对方主要权利的，该条款无效。

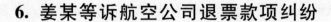

6. 姜某等诉航空公司退票款项纠纷

原告：姜某、陈某、王某、胡某

被告：A航空公司

案由：航空旅客运输合同纠纷

【案情概述】

2011年8月10日，姜某等4人购买了A航空公司（以下简称A航）2011年9月7日上海至丽江及2011年9月11日丽江至上海的低价往返程机票，其中，陈某、王某、胡某的机票通过上海的一家代理点购得，姜某则通过携程旅行网订购。8月15日，姜某等4人的配偶所在公司在深圳一代理点为其重复订购了上述同一航班高价往返机票各一张。同年9月7日，在办理上海至丽江航班的值机过程中，姜某等4人均使用了高价机票的去程段；回程时姜某、王某、胡某使用了高价机票中的回程段，仅陈某使用了低价机票中的回程段。

为此，姜某等4人认为，其在机场办理值机手续时，在原告不知情、被告也未说明存在重复订票的情况下，被告擅自使用其订购的高价机票为其办理登机手续，未履行告知义务，遂起诉至上海市浦东新区人民法院（以下简称浦东新区法院），要求A航全额退回其已使用的高价机票票款。

【争议焦点】

1. A航是否知晓姜某等4人重复购票的事实？

2. A航在知情的情况下，是否应承担告知姜某等4人选择使用高价或低价机票的义务？

【处理结果】

浦东新区法院审理后认为，姜某等4人与A航之间订立航空旅客运输合同，在合同成立以后，按照相关行业规定和惯例，购票人有退票解除合同的权利，出票人也有收取退票费用的权利。但合同的解除应公平合理，以不损害另一方的利益为前提。鉴于姜某等4人重复购票，自己存在一定过错，其退票行为必然会增加A航的经营成本支出及对A航的生产经营带来影响，故姜某等4人要求全额退款，有损A航利益，法院难以支持。A航作为承运人一方，在姜某等4人重复订票时，未善意提醒，亦存在一定不当之处，因此，判决A航按照姜某等4人未使用机票票价的20%收取退票费，返还姜某等4人未使用机票款80%的费用。一审判决后，双方均未上诉。

【法律评析】

1. 关于是否知晓姜某等4人重复购票的事实，视情况而定。

（1）A航无法在订票环节中知晓旅客重复购票的事实。

姜某等4人出于自身原因重复购票，其本身存在过错；同时，其分别通过两个不同城市的代理点购得，代理人出票信息在中航信汇总，传递到承运人存在时滞，且系统无自动提醒功能；即使系统显示了姜某等4人重复购票的情况，但由于此类情形时有发生（如携带贵重物品、体型需要等），承运人在航班量如此巨大的情况下不可能逐个提醒旅客重复购票，再行一一排查旅客是否有重复购票的情况。

（2）A航在人工值机时应知晓旅客有重复购票的情况。

根据调查显示，在上海至丽江段航班值机过程中，姜某等4人中有两位通过自助值机系统办理登机手续，一位通过网上系统办理登机手续，一位在值机柜台办理。一方面，通过自助模式值机的两位原告应知晓自身重复购票的事实，其知情权和选择权有实现途径（值机界面仅显示舱位等级不显示票价，但是原告可通过咨询确认，但原告未实施，对其行为应负有责任）；另一方面，在人工值机柜台，根据目前的值机系统设置，有理由证明旅客重复购票的情况可以被显示。

2. A 航应及时向旅客告知其重复购票的情况。

在 A 航工作人员可通过系统知悉姜某等人重复购票的情况下，根据相关法律法规的规定，消费者享有知悉其购买、使用的商品或者接受的服务的真实情况的权利。因此，A 航应告知或确认姜某等知晓重复购票事实，并提示其不同舱位等级差异，在均可使用的前提下提醒姜某等选择。但 A 航是否已履行善意提醒义务，双方均无证据进行强有力的举证。特别在丽江至上海的回程航班上，A 航均通过人工值机方式为姜某等 4 人办理登机手续，却为其中 3 位使用了高价机票的回程段，另一位则使用了低价机票的回程段。这一事实对 A 航是否履行告知义务提出了质疑。因此，在上述情况下，法院本着公平合理的原则作出了上述判决。

【相关法条】

《中华人民共和国合同法》

第五条　当事人应当遵循公平原则确定各方的权利和义务。

第六十条　当事人应当按照约定全面履行自己的义务。当事人应当遵循诚实信用原则，根据合同的性质、目的和交易习惯履行通知、协助、保密等义务。

《中华人民共和国消费者权益保护法》

第八条第一款　消费者享有知悉其购买、使用的商品或者接受的服务的真实情况的权利。

第九条第一款、三款　消费者享有自主选择商品或者服务的权利。

消费者在自主选择商品或者服务时，有权进行比较、鉴别和挑选。

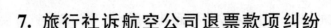

7. 旅行社诉航空公司退票款项纠纷

原告：泰州康辉旅行社有限公司

被告：昆明康辉旅行社有限公司

　　　A 航空公司云南公司

案由：旅游委托合同纠纷

【案情概述】

2005 年 6 月 27 日，由 A 航空公司（以下简称 A 航）武汉公司执飞的昆明—景洪航班，因机械故障延误了 6 个多小时，后调配 A 航云南公司飞机执行该航班，又因景洪顺风超标返航，最终由 A 航云南公司飞机在当天 19 时 48 分执行该航班。延误的旅客中，由昆明康辉旅行社（以下简称昆明康辉）接受泰州康辉旅行社（以下简称泰州康辉）委托接待的旅游团队决定退票取消行程。旅游团队一行 27 人的昆明—景洪航程的机票全退并获得每人 400 元的补偿，赔付工作由 A 航武汉公司驻昆办事处工作人员完成。A 航云南公司值机人员应该团队要求，在该旅游团次日要乘坐的 B 航景洪—昆明航班的机票上盖章证明去程航班延误。而 B 航对于 2005 年 6 月 28 日景洪—昆明航班其团队的回程客票，仅承诺退票款的 50%。昆明康辉不接受，认为 A 航云南公司既然已在该旅游团在 B 航的回程客票上加盖了章，证明延误由 A 航原因造成，那么 A 航云南公司也应承担退票损失。因为上述问题没有解决，昆明康辉没有在规定时间内为该旅游团队办理退票，导致客票作废，票款不退。泰州康辉诉至法院将 A 航云南公司列为第二被告，第一被告为昆明康辉。

【争议焦点】

1. 本案第二被告 A 航云南公司就原告损失是否存在过错？
2. 原告对其经济损失是否存在过错？

【处理结果】

泰州康辉于 2005 年 12 月首次向兴化市人民法院提出起诉，后泰州康辉撤诉，换为兴化市博大广告装潢有限公司（旅行团的成员是该公司的职员）向兴化市人民法院起诉，而昆明康辉被列为第一被告，A 航云南公司向兴化市人民法院提出了管辖权异议。随后，兴化市博大广告装潢有限公司撤诉。泰州康辉又基于同一事实及理由向兴化市人民法院起诉，A 航云南公司再次提出管辖异议，将此案件的管辖权移送至昆明市官渡区人民法院（以下简称官渡区法院）审理。官渡区法院一审判决 A 航云南公司不承担任何责任，昆明康辉赔偿泰州康辉公司机票款 10 260 元。昆明康辉不服判决，上诉至昆明市中级人民法院，2008 年终审判决驳回昆明康辉公司的上诉，维持原判。至此，本案结束，A 航云南公司不承担任何责任。

【法律评析】

一审法院认为：原告与被告昆明康辉系委托合同关系，被告应按双方约定的行程履行合同。关于违约责任，我国实行严格责任制度，即无论是否存在过错，只要未履行合同义务，即构成违约。故本案中，被告昆明康辉未能按约定行程安排完旅游的行为，已构成违约，应当承担违约责任。原告起诉被告 A 航云南公司与本案并非同一法律关系，对此请求不予支持。

二审法院认为：昆明康辉对因意外因素导致的团队行程变动并无过错，但作为专业提供旅游服务的从业者，在团队行程发生变动后对后续行程产生的影响变化负有调整义务。旅游服务提供的是多方面的综合服务，包含了诸如餐饮、住宿、运输等多种具体的服务内容，虽然作为具体的服务内容可能涉及不同履行主体、不同内容，但对于旅游服务合同而言系一个不可分的整体，故上诉人主张其不是运输合同中的承运人而不承担责任的主张不能成立。本案存在的法律问题如下：

1. 委托合同中的合同义务。

合同法上将合同义务划分为主合同义务与附随义务两大类：主合同义务是指合同关系所固有的、必备的，并决定合同类型的基本义务；附随义务是指为履行主合同义务或保护当事人人身或财产上之利益，在合同发展过程中基于诚实信用原则而产生的义务。昆明康辉在此案中明显没有履行附随义务，没有及时将明显不能搭乘的航班订座取消，而导致了委托方泰州康辉的损失，应当承担违约责任。

2. 本案中的法律关系。

在本案中，存在两种合同关系：泰州康辉与昆明康辉之间属于委托合同关系，即委托人和受托人约定，由受托人处理委托事务的合同。昆明康辉接受泰州康辉的委托，接待旅游团队，但因其他原因没有完成委托合同中所列明的全部义务，因此昆明康辉需要向泰州康辉承担违约责任。

昆明康辉与 A 航云南公司之间属于运输合同关系，运输合同是承运人将旅客或者货物从起运地点运输到约定地点，旅客、托运人或者收货人支付票款或者运输费用的合同。A 航云南公司虽然因天气原因没有将旅客运至指定的目的地，但 A 航云南公司办理了退票并进行了补偿，实际上已经承担了运输合同的违约责任。

【相关法条】

《中华人民共和国民法通则》

第六十三条第二款 代理人在代理权限内，以被代理人名义实施民事法律行为。被代理人对代理人的代理行为，承担民事责任。

第一百零六条 公民、法人违反合同或者不履行其他义务的，应当承担民事责任。

公民、法人由于过错侵害国家的、集体的财产，侵害他人财产、人身的，应当承担民事责任。

没有过错，但法律规定应当承当民事责任的，应当承担民事责任。

《中华人民共和国合同法》

第一百零七条　当事人一方不履行合同义务或者履行合同义务不符合约定的，应当承担继续履行、采取补救措施或者赔偿损失等违约责任。

第一百二十一条　当事人一方因第三人原因造成违约的，应当向对方承担违约责任。当事人一方和第三人之间的纠纷，依照法律规定或者约定解决。

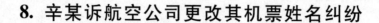

8. 辛某诉航空公司更改其机票姓名纠纷

原告：辛某

被告：A 航空公司

案由：航空旅客运输合同纠纷

【案情概述】

辛某委托案外人辛甲于 2014 年 6 月 14 日在 A 航空公司（以下简称 A 航）官网购买了 2014 年 6 月 18 日由临沂机场飞往南苑机场的 3830 航班机票，以及同年 6 月 19 日由南苑机场飞往临沂机场的 3831 航班机票。6 月 17 日，案外人辛甲发现其误将辛某的姓名输入为辛某样，遂与 A 航联系修改旅客姓名，被告知网上购票的旅客姓名出错，一旦出票后不得更改，但旅客可另行购买同一航班的机票后，申请前张机票全额退款。辛甲遂另行购买了两张相应航班的机票，但金额略高于前期购买的机票。辛甲代为购买的两张姓名错误的机票后期完成了全额退款。辛某认为因 A 航的格式条款致使其退票后重新购票而发生机票差价、公证费等损失，故将 A 航诉至上海市浦东新区人民法院，要求判令 A 航关于"姓名错误不能更改"的格式条款无效，同时判令 A 航承担其机票差价及公证费损失830 元。

【争议焦点】

1. A 航网站上"出票后不得变更旅客姓名"格式条款的效力认定。

2. 辛某诉请的损失与 A 航之间的因果关系。

【处理结果】

一审上海市浦东新区人民法院判决：驳回原告诉讼请求。原告不服一审判决向上海市第一中级人民法院提出上诉，二审法院经审理后，判决：驳回上诉，维持原判。

【法律评析】

1. A 航网站上"出票后不得变更旅客姓名"格式条款的效力认定。

"出票后不得变更旅客姓名"系 A 航单方制定的格式条款，A 航通过网站公示、订票前特别提示等常态化方式向消费者进行告知，使用的语言通俗易懂，告知内容明确，可认定该方式能够引起消费者的注意。对于旅客姓名输入错误的后果，A 航也在订票提示中对于旅客身份信息输入不一致将按退票处理的操作方式进行了说明，符合一般消费者的通常理解。

在航空旅客运输中要求实名制购票，姓名的准确性和唯一性对旅客运输合同的成立有着至关重要的意义。如出票后可以随意更改合同重要信息，显然对合同双方均有风险。根据网络购票的交易规则及交易方式，A 航"出票后不得更改旅客姓名"不属于加重消费者责任、排除和限制消费者权利的行为。该格式条款的效力应认定为有效。

2. 辛某诉请的损失与 A 航之间的因果关系。

首先，一般情况下旅客凭有效身份证件购买机票和登机属于大众常识，旅客在填写乘客信息和确认机票订单过程中有多次核对信息准确性的机会。本案中由案外人代购机票，更应注意所输入姓名的准确性。在辛某未尽注意义务的情况下，输入姓名错误系其自身的过错，因此造成合同无法履行的后果应自负责任。

其次，本案中 A 航已提供给旅客重新订票后全额退票的方式作为旅客修改姓名的替代方式，即 A 航已给旅客自身主观错误导致的后果提供了适当的救济途径。订票人从确认订单至发现姓名输入错误之间存在 3 天的时间差，致使重新购票产生差价，故相关损失应由辛某自担。

【相关法条】

《中华人民共和国合同法》

第三十九条 采用格式条款订立合同的，提供格式条款的一方应当遵循公平原则确定当事人之间的权利和义务，并采取合理的方式提请对方注意免除或者限制其责任的条款，按照对方的要求，对该条款予以说明。

格式条款是当事人为了重复使用而预先拟定，并在订立合同时未与对方协商的条款。

第四十条 格式条款具有本法第五十二条和第五十三条规定情形的，或者提供格式条款一方免除其责任、加重对方责任、排除对方主要权利的，该条款无效。

第四十一条 对格式条款的理解发生争议的，应当按照通常理解予以解释。对格式条款有两种以上解释的，应当作出不利于提供格式条款一方的解释。格式条款和非格式条款不一致的，应当采用非格式条款。

第五十八条 合同无效或者被撤销后，因该合同取得的财产，应当予以返还；不能返还或者没有必要返还的，应当折价补偿。有过错的一方应当赔偿对方因此所受到的损失，双方都有过错的，应当各自承担相应的责任。

9. 王甲等诉航空公司常旅客计划
积分兑换机票补票纠纷

原告：王甲、王乙

被告：A 航空公司

案由：服务合同纠纷

【案情概述】

王甲系 A 航空公司（以下简称 A 航）常旅客计划会员。该常旅客计划会员规则规定，会员可通过有效消费积累常旅客计划积分，积分可以兑换包括免票在内的各种免费奖励。该规则同时规定，积分一经兑换，即使完全未使用，也不可退回账户或者兑换其他产品，积分兑换的 A 航机票一经出票，不可以退票，遗失不补。2006 年 8 月 17 日，王甲使用常旅客计划积分 4 万分，兑换了旅客为王甲和王乙的两张丽江至上海的 A 航纸质机票。2006 年 9 月 9 日，王甲前往机场乘机时发现机票遗失，因无法挂失、补票，遂以每张 2580 元的价格，另行购买了同一航班的机票两张成行。之后，A 航向王甲退还了两张遗失机票的燃油附加费 220 元，但未退还积分。2007 年王甲诉至上海市浦东新区人民法院（以下简称浦东新区法院），要求判令 A 航退还其常旅客计划积分 4 万分，赔偿其因调查 A 航企业信息产生的经济损失 40 元。

【争议焦点】

1. 常旅客计划积分的法律性质是什么？

2. 通过常旅客计划积分兑换的客票与正常途径购买的客票是否存在

差别?

3. 常旅客计划规则中，关于"奖励积分兑换的客票遗失不补、不退、积分不予退还"的条款是否合理?

4. 王甲的积分是否应当全额退还?

5. 二审法院撤销一审判决的做法是否妥当?

【处理结果】

浦东新区法院经审理后判决：（1）A 航应于判决生效之日起 10 日内退还王甲常旅客计划积分24 000分；（2）王甲的其余诉讼请求不予支持。

王甲不服浦东新区法院判决，向上海市第一中级人民法院（以下简称上海市一中院）提起上诉，经上海市一中院调解，A 航同意将 4 万分积分返还给王甲，并支付王甲主张的 40 元经济损失，但王甲拒绝和解。上海市一中院经审理后作出终审判决：（1）撤销浦东新区法院（2007）浦民一（民）初字第 4048 号民事判决书；（2）驳回王甲的全部诉讼请求。

【法律评析】

1. 常旅客计划积分的性质等同于消费积分，其实质是 A 航为鼓励乘客选择其航班而推出的消费赠与行为，一般依据双方约定或者活动规则，当乘客选择乘坐 A 航航班并累积了一定里程后，A 航即赠送乘客相应的积分，乘客可以凭积分直接换取一定的礼品（实物）或者客票。在这一法律关系中，乘客通过消费获赠一定的常旅客计划积分并进而通过处分积分来获取一定的财产或财产利益；A 航则通过赠送积分鼓励乘客选择 A 航航班来获取更多的利润以及其他预期利益。因此，积分虽然不同于传统意义上的有形财物，但其实质是一种无形财产性权利（利益）凭证，其本身即具有一定的财产价值。

浦东新区法院认为：常旅客计划会员取得积分是以履行特定义务为对价的，因此常旅客计划活动性质属互易合同，不构成赠与合同。

2. 既然常旅客计划积分的实质是一种无形财产性权利（利益）凭证，

那么用这种无形财产性权利（利益）凭证换取的客票，也应当受到法律法规对于客票相关规定的规范。因此用积分兑换的客票应当具备与通过正常途径购买的客票相同的性质和权益。

浦东新区法院认为：积分兑换的机票与普通购买的机票性质及权利相同，并在此基础上依过错确定责任。

3. 根据《民用航空法》以及《中国民用航空旅客、行李国内运输规则》的相关规定：客票出票后，乘客如要求改变航班、日期、舱位等级，承运人及其销售代理人应根据实际可能积极办理；客票可根据相关规定退票；客票遗失不影响合同的存在和有效，客票遗失可根据相关规定挂失和补发。

对此，浦东新区法院认为：客票遗失不影响合同的存在或有效。遗失客票有条件地补、退，应属航空运输合同的主要权利，王甲遗失客票后要求获得救济，应属合理。奖励积分兑换的机票也应允许办理补票，但办理补票手续应符合民航管理部门的相关规定。

4. 本案中，王甲在航班即将离港前才提出挂失，也未提供相应的证明材料，A航不予办理补票手续并无不当。由于免费客票系由积分兑换，退票退款显然有悖公平。按照恢复原状的原则，仍应以退还积分的形式予以救济，A航不予办理退票亦无不当。王甲因自身疏忽导致客票遗失，由于客观原因无法补票。为此，浦东新区法院认定由此引起的风险应由王甲承担40%，A航承担60%，并判令A航退还王甲常旅客计划积分24 000分。

5. 本案二审中，在承办法官的调解下，A航对王甲的各项诉讼请求均表示接受，并履行完毕，但王甲拒绝和解。为此，上海市一中院认为：王甲的诉讼请求已经全部实现，其再坚持主张最初的诉请，没有依据，应不予支持。法院所作的责任分担的判决，已为A航的全额履行行为所涵盖，无继续之必要，予以撤销。

对于撤销原审判决、驳回王甲上诉请求，上海市一中院的理由是：王甲在诉讼请求得以满足的情况下坚持诉请，拒绝撤回上诉，其行为明显不合常理。综合其在诉讼过程中的言行，上海市一中院法院认为王甲有意图获得示范性判决的诉讼目的，不仅增加当事人的讼累，也浪费司法资源，且如果以判决的方式定分止争，一旦判决有所不当，可能会产生难以预料的后果。为此，上海市一中院作出了撤销原审判决并驳回王甲上诉请求的判决。

【相关法条】

《中华人民共和国合同法》

第五条 当事人应当遵循公平原则确定各方的权利和义务。

第四十条 格式条款具有本法第五十二条和第五十三条规定情形的，或者提供格式条款一方免除其责任、加重对方责任、排除对方主要权利的，该条款无效。

第五十六条 无效的合同或者被撤销的合同自始没有法律约束力。合同部分无效，不影响其他部分效力的，其他部分仍然有效。

第五十八条 合同无效或者被撤销后，因该合同取得的财产，应当予以返还；不能返还或者没有必要返还的，应当折价补偿。有过错的一方应当赔偿对方因此所受到的损失，双方都有过错的，应当各自承担相应的责任。

第一百九十条 赠与可以附义务。

赠与附义务的，受赠人应当按照约定履行义务。

第一百九十一条 赠与的财产有瑕疵的，赠与人不承担责任。附义务的赠与，赠与的财产有瑕疵的，赠与人在附义务的限度内承担与出卖人相同的责任。

赠与人故意不告知瑕疵或者保证无瑕疵，造成受赠人损失的，应当承担损害赔偿责任。

《中华人民共和国民用航空法》

第一百一十一条 客票是航空旅客运输合同订立和运输合同条件的初步证据。

旅客未能出示客票、客票不符合规定或者客票遗失，不影响运输合同的存在或者有效。

《中国民用航空旅客、行李国内运输规则》

第二十五条　旅客遗失客票，应以书面形式向承运人或其销售代理人申请挂失。在旅客申请挂失前，客票如已被冒用或冒退，承运人不承担责任。

《中华人民共和国民事诉讼法》

第一百七十条　第二审人民法院对上诉案件，经过审理，按照下列情形，分别处理：

（一）原判决、裁定认定事实清楚，适用法律正确的，以判决、裁定方式驳回上诉，维持原判决、裁定；

（二）原判决、裁定认定事实错误或者适用法律错误的，以判决、裁定方式依法改判、撤销或者变更；

（三）原判决认定基本事实不清的，裁定撤销原判决，发回原审人民法院重审，或者查清事实后改判；

（四）原判决遗漏当事人或者违法缺席判决等严重违反法定程序的，裁定撤销原判决，发回原审人民法院重审。

原审人民法院对发回重审的案件作出判决后，当事人提起上诉的，第二审人民法院不得再次发回重审。

10. 张某诉航空公司儿童购买成人票退票款项纠纷

原告：张某

被告：A 航空公司

上海携程商务有限公司

案由：航空旅客运输合同纠纷

【案情概述】

张某（系 8 岁儿童），于 2008 年 8 月 30 日与父母同乘 A 航公司（以下简称 A 航）南京—乌鲁木齐航班，并购买了成人折扣机票，支付了机票价款（3 折）790 元，以及机场建设费 50 元和燃油附加费 150 元。该航班正常承载并安全抵达目的地乌鲁木齐。但事后，张某认为 A 航为了经济利益，使得其不得不购买成人机票，属于利用强势地位进行的消费欺诈，行为已经构成了对儿童权利的侵害，遂向乌鲁木齐市新市区人民法院（以下简称新市区法院）提起诉讼，要求 A 航退还其已经支付的票价款的 50% 即 395 元，赔偿损失 790 元，退还机场建设费 50 元，退还已支付燃油附加费的 50% 即 75 元，赔偿损失 200 元。同时，因该票系通过上海携程商务有限公司（以下简称携程公司）携程旅行网购买，张某要求携程公司承担连带责任。

【争议焦点】

1. 本案是否构成航空售票中的消费欺诈？

2. 儿童自行选择儿童票或成人折扣票，是否构成强制交易？

3. 如何理解"成人普通票价"？以及又如何理解"儿童票价按照同一

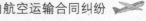

航班成人普通票价的50%计算"?

【处理结果】

新市区法院认定，无论张某以航空旅客运输合同纠纷起诉还是按照侵权纠纷起诉，均不能支持其诉讼请求，遂驳回张某的诉讼请求。

新市区法院判决后，张某不服，上诉至乌鲁木齐市中级人民法院（以下简称乌鲁木齐市中院）。乌鲁木齐市中院判决驳回上诉，维持原判。

【法律评析】

新市区法院认为：张某与A航之间的航空旅客运输合同合法有效，A航也依据合同安全将张某运送至目的地，双方合同已经履行完毕。张某虽系儿童，但其法定代理人作为有行为能力的成人，在为其购票时自愿为张某选择了成人折扣票。在法律不禁止儿童购买成人折扣票的情况下，A航尊重张某的选择，并无过错，也不存在强制交易以及欺诈行为。同时，参照相关法规、规章以及交易惯例，"成人普通票价"应理解为全价票而不是折扣票。

乌鲁木齐市中院经审理认为，张某与A航之间的旅客运输合同关系清楚，张某自愿购买的成人折扣票，属于机票类型的一种，在法律不禁止的情况下，张某选择放弃购买儿童票，而自愿购买成人折扣票，属于消费者行使选择权的结果，不存在航空公司强制交易或欺诈的行为。中国民用航空局《中国民用航空旅客、行李国内运输规则》中关于"儿童按照同一航班成人普通票价的50%购买儿童票"的规定，调整的是儿童票与成人票的价值比例，结合文义应当理解为全价成人机票与儿童票的价值比。而本案成人打折机票已低至全价机票的30%，如将儿童票理解为在此基础上再降价50%明显与前述规定的制定原则不符，同时也对航空公司有失公允。

1. 本案是否构成航空售票中的消费欺诈？

张某在诉状以及庭审中多次提到A航存在消费欺诈。所谓欺诈是指故意向对方提供虚假情况或者在有说明义务时，故意隐瞒事实真相以使对方作出对其不利的意思表示。通过本案的庭审调查，张某没有提供任何有关A航存在欺诈行为的相关证据。在本案中，张某的法定代理人通过携程网络自助购买了机票，即表明该航空运输合同的订立是由其法定代理人自主完成的，在携程网络的操作页面中，有明确的机票种类（是成人票还是儿童票）的选择，选择成人机票是张某法定代理人综合机票打折情况从节约角度权衡的结果，是其真实的意思表示。根据相关规定，只有在购买儿童票的前提下，才可以免收机场建设费以及减半收取燃油附加费。既然张某选择购买的是成人机票，则A航收取机场建设费和燃油附加费并无不妥。

2. 儿童自行选择成人票或成人折扣票，是否构成强制交易？

事实上，机票类型被分为成人票、儿童票和婴儿票三种。张某自愿购买成人票，而放弃儿童票，主要在于折扣后的成人票价低于儿童票价，张某选择放弃购买儿童票，而自愿购买成人折扣票，这本身就是其行使选择权的结果。那么，既然自己做了比较之后再做选择，显然张某的法定代理人也明知儿童票价的计算是基于全票价的50%而得出，故此，为节省票价费用而自行选择的购票行为，不构成强制交易。

3. 如何理解"成人普通票价"，以及又如何理解"儿童票价按照同一航班成人普通票价的50%计算"？

张某认为购票当日成人票为3折票即790元，既然儿童票的优惠是相对成人而言的，那么儿童的票价应当是790元的50%即395元，张某认为只有这样才能体现出国家制定《中国民用航空旅客、行李国内运输规则》时对儿童群体的特殊关爱。那么到底什么是"普通票价"？"普通票价"是民航业务中的专业术语，但在法律上也确实没有权威的定义。本案中就张某曾提到的"航线票价"与"航班票价"，以及本案中争议的"成人票价"与"成人普通票价"，在现实中确实容易产生理解上的歧义。本案中成人打折机票已低至全价机票的30%，如将儿童票理解为在此基础上再降价50%，则与《中国民用航空旅客、行李国内运输规则》的制定原则不符，同时也对航空公司有失公允。

事实上，《中国民用航空旅客、行李国内运输规则》（1996 年修订版，已失效）第 15 条规定："儿童按适用成人票价的 50% 购买儿童票，提供座位。"2004 年中国民航局将《中国民用航空旅客、行李国内运输规则》第 15 条修改为"儿童按照同一航班成人普通票价的 50% 购买儿童票"。之所以作出如此修改，是因为航空主管部门根据航空运输市场的变化，进行航空运输价格的改革，票价制定进一步市场化、国际化。在这种情况下，将会形成多级票价，如果继续沿用"成人票价"这一容易产生歧义的表述，优惠的标准将会难以确定。引入"成人普通票价"这个概念正是基于这种现实的需要。

【相关法条】

《中国民用航空旅客、行李国内运输规则》

第十五条　革命伤残军人和因公致残的人民警察凭《中华人民共和国革命伤残军人证》和《中华人民共和国人民警察伤残抚恤证》，按照同一航班成人普通票价的 50% 购票。

儿童按照同一航班成人普通票价的 50% 购买儿童票，提供座位。

婴儿按照同一航班成人普通票价的 10% 购买婴儿票，不提供座位；如需要单独占座位时，应购买儿童票。

航空公司销售以上优惠客票，不得附加时限等限制性条件。

《中华人民共和国消费者权益保护法》

第五十五条第一款　经营者提供商品或者服务有欺诈行为的，应当按照消费者的要求增加赔偿其受到的损失，增加赔偿的金额为消费者购买商品的价款或者接受服务的费用的三倍；增加赔偿的金额不足五百元的，为五百元。法律另有规定的，依照其规定。

《中华人民共和国未成年人保护法》

第三条第三款　未成年人不分性别、民族、种族、家庭财产状况、宗教信仰等，依法平等地享有权利。

11. 陈某等诉航空公司特价票误机造成损害赔偿纠纷

原告：陈某等 6 人

被告：A 航空公司

第三人：B 航空国际旅游（集团）有限公司

案由：航空旅客运输合同纠纷

【案情概述】

2011 年 6 月 19 日，原告陈某等 6 人报名参加 B 航空国际旅游（集团）有限公司组织的"昆明、大理、丽江、香格里拉双飞 8 日游"活动。双方签订了旅游合同并通过 S 航国旅预订了 2011 年 7 月 6 日上午 11 点 A 航空公司（以下简称 A 航）的航班。

7 月 6 日当天，航班 10 点 32 分停止办理登机手续后，陈某等人来到 A 航值机柜台前要求办理登机手续。A 航的工作人员告知其该航班已经停止办理登机手续，陈某等人遂与 A 航工作人员发生争议。最终，陈某等人每人以 3990 元的价格购买了当天的另一班航班飞到昆明。事后，陈某等 6 人以 A 航未告知提前登机时间且在其未迟到的情况下，不履行航空运输服务合同，给其造成了较大经济损失为由提起诉讼，要求 A 航赔偿经济损失每人 3990 元，精神抚慰金每人 1000 元。

【争议焦点】

1. 提前到达机场办理登机手续是否属于常识？

2. A 航是否尽到了必要的提醒和告知的义务？

【处理结果】

本案经过上海市浦东新区人民法院一审审理，驳回了陈某等6人的诉讼请求。陈某不服提出上诉，上海市第一中级人民法院终审判决，驳回上诉，维持原判。

【法律评析】

1. 提前到达机场办理登机手续是否属于常识？

一审法院认为：对于原告来说，不管其之前是否有过乘坐飞机旅行的经历，乘飞机外出旅行在目前已经成为大众化的出行方式，因此，乘飞机旅行必须提前到机场办理登机手续已经成为生活常识，原告也理应知晓。二审法院支持了一审法院的观点。

2. 航空公司是否履行了提醒告知义务？

一审和二审法院均认为：通过查明的事实可以认定 A 航已经对乘客作出了必要的提示。同时，第三人出具的《出团通知书》和旅游线路行程信息表也已经将提示的内容告知了原告。

3. 航空公司作为承运人的提醒义务。

由于航空运输的特殊性，其存在着区别于传统运输方式的特殊要求和规定。其中，某些要求和规定因为航空业的发展已经成为公众所知悉的常识，而绝大部分的要求和规定，需要作为承运人的航空公司采用合适的方式在订立和履行合同的过程中向旅客作出提醒，这是诚实信用原则在航空运输合同法律关系中的体现。根据《中国民用航空旅客、行李国内运输规则》第 30 条第 2 款的规定，承运人规定的停止办理乘机手续的时间，应以适当方式告知旅客。本案中，由于航空公司在机票行程单中作出了提示、在公司的官方网站中公布了全部的旅客须知的内容。法院最终认定航空公司已经履行了必要的提醒和告知义务。

4. 乘客未按照规定时间到达机场的后果。

根据《中国民用航空旅客、行李国内运输规则》第 32 条的规定，旅客应当在承运人规定的时限内到达机场，凭客票及本人有效身份证件按时办理客票查验、托运行李、领取登机牌等乘机手续。若旅客因为自身原因没有在承运人规定的时限到达机场的，由此导致无法乘坐航班出行的，由乘客自行承担责任。

【相关法条】

《中华人民共和国合同法》

第六条　当事人行使权利、履行义务应当遵循诚实信用原则。

第一百零七条　当事人一方不履行合同义务或者履行合同义务不符合约定的，应当承担继续履行、采取补救措施或者赔偿损失等违约责任。

《最高人民法院关于民事诉讼证据的若干规定》

第二条　当事人对自己提出的诉讼请求所依据的事实或者反驳对方诉讼请求所依据的事实有责任提供证据加以证明。

没有证据或者证据不足以证明当事人的事实主张的，由负有举证责任的当事人承担不利后果。

《中国民用航空旅客、行李国内运输规则》

第三十二条　旅客应当在承运人规定的时限内到达机场，凭客票及本人有效身份证件按时办理客票查验、托运行李、领取登机牌等乘机手续。

承运人规定的停止办理乘机手续的时间，应以适当方式告知旅客。

承运人应按时开放值机柜台，按规定接受旅客出具的客票，快速、准确地办理值机手续。

（三）误　机

12. 杨某诉航空公司未告知登机机场纠纷

原告：杨某

被告：A 航空公司

　　　上海某航空服务有限公司

案由：航空旅客运输合同纠纷

【案情概述】

原告杨某在被告上海某航空服务有限公司购买上海至厦门九折机票一张。机票载明出发地为上海 PVG，时间为 2003 年 1 月 30 日 16 时 10 分，票价 770 元，不得签转，填开单位为被告 A 航空公司（以下简称 A 航）。另载明航空旅客须知，包括"在航班规定离站时间前 2 小时以内要求退票，收取客票价 20% 的退票费"等内容。上海某航空服务有限公司为 A 航的销售代理商。在杨某赴虹桥机场乘坐该次航班时，被告知应在浦东机场乘坐，其所持机票系打折机票、不得签转。杨某在不能按时赶赴浦东机场乘坐该次航班的情况下，于当日 15 时 04 分在 A 航上海虹桥机场办理了退票申请手续，并购买了 A 航当日 21 时至厦门的全价机票，票价为 850 元。杨某回沪后，要求 A 航退票，A 航表示应到上海某航空服务有限公司办理退票手续；杨某遂要求上海某航空服务有限公司全额退款，上海某航空服务有限公司表示应由出票人 A 航退票，并须按票价的 20% 扣除手续费。

中国民航局 2000 年 4 月下发《关于各航空公司 2000 年全部使用自动打票机填开旅客客票的通知》，通知要求年内在全国范围内完成安装 BSP 自动打票机，各航空公司售票处、营业部要全部使用自动打票机填开旅客客票，最后废除手写机票等。

原告诉称：其春节期间前往厦门旅游，向被告上海某航空服务有限公司购买上海至厦门机票一张。票面记载出发地为上海，起飞时间为 2003 年 1 月 30 日 16 时 10 分。由于机票上没有明确标识机场名称，上海某航空服务有限公司也没有告知原告应到哪个机场乘坐飞机，结果当原告于 1 月 30 日 15 时赶到虹桥机场时，被机场工作人员告知应在浦东机场乘坐该次航班。原告即要求 A 航上海虹桥机场办事处签转，又被告知因票面金额打了 9 折，不能签转，可以退票后改乘其他航班。原告不得已向该办申请退票，并在该处购买一张同日 21 时至厦门的全价机票离开。原告回上海后，要求被告 A 航退票，被告知按规定只能退还票面金额的 80%。原告认为，由于被告没有明确告知乘机地点，导致原告不能乘坐当次航班，在机场滞留 6 小时之久，严重损害了原告的合法权益。要求全额退还机票金额 770 元，赔偿经济损失 700 元，判令被告在其出售的机票上标明机场名称。

被告 A 航辩称：作为承运人，其按民航局的规定，使用自动打票机填开机票，自动打票机无法在机票上以中文打印机场名称，其用代码 PVG 在机票上标明机场名称，已尽到义务。不同意原告的诉讼请求。

被告上海某航空服务有限公司辩称：其严格按照民航局的规定操作，已在机票上用代码 PVG 标明了机场名称。原告应当知道上海有两个机场，机票上有 PVG 和 SHA 之区别，原告可自行致电询问。机票上没有以中文标明机场名称，并非被告的责任。原告没有证据证明其未乘坐飞机与机票上未以中文标明机场名称有必然的因果关系，不同意原告的诉讼请求。

【争议焦点】

1. 航空公司是否应该通过一般人可以认知的方式告知旅客客票信息？航空承运人以英文代码记载始发机场的名称，是否已经履行法定告知义务？

2. 本案中杨某的损失应该如何进行弥补？

【处理结果】

一审法院认为，依照 1999 年《合同法》第 288 条、293 条、299 条规定，判决：被告 A 航于本判决生效之日起 3 日内，退还原告杨某机票款 770 元；被告 A 航于本判决生效之日起 3 日内，赔偿原告杨某 80 元；原告杨某要求被告 A 航赔偿其他经济损失及要求被告上海某航空服务有限公司退还机票款、赔偿经济损失的请求不予支持。

【法律评析】

1. 航空公司是否应明确告知旅客航班的始发地点？

客票是客运合同成立的凭据，应当载明出发地点和目的地点、航次、运输开始的时间、票价等内容，旅客应当在客票载明的时间内乘坐。杨某与 A 航的客运合同自杨某取得机票时成立，杨某与 A 航系该客运合同的主体。上海有虹桥、浦东两大机场为众人所知，然而专用机场代号 SHA、PVG 并非一般旅客均能知晓其所代表的机场，因此，作为承运人的 A 航及作为 A 航销售代理商的上海某航空服务有限公司，应当以提供良好的服务为准则，在出售机票时，有义务使用我国通用的文字，清晰明白地在机票上标明机场名称，或以其他方式作明确说明。即使按民航局"全部使用自动打票机填开机票"的要求，也应做好衔接工作，以保证客运合同的双方按合同的内容正确履行。对杨某因所持机票仅以"上海 PVG"标识为出发地而未能如期乘坐从浦东机场出发的航班抵达厦门，A 航应承担疏忽告知的过错责任，参照误机处理办法负责全额退票，并对尽快安排旅客抵达目的地所增加的支出负责赔偿。

2. 本案旅客遭受的损失应该如何进行弥补？

本案由于航空承运人未能明确地告知旅客乘坐航班的始发地点，违反法律关于按时运送旅客的基本要求，对因此而遭受损失的旅客理应承担赔偿责任。本案旅客所受的损失主要是旅客的实际损失，它应该包括：（1）机票改签的合理费用；（2）因跑错机场而造成的不必要的交通费用；（3）其他合理费用。

在本案中，原告向法庭提出全额退票770元，这是原告的实际损失，其他要求承运人赔偿700元，因为原告没能提供相应的损失依据，因此未能得到法庭的支持。

至于原告要求另外一个航空承运人承担连带责任，由于另一个承运人在本案中仅为代理人，并非本客运合同的主体，依据我国法律有关"没有过错的代理人行为应由被代理人全部承担"的规定，该航空承运人不应承担退票和赔偿责任。至于 A 航、上海某航空服务有限公司是否必须在其出售的机票中以我国通用文字标明机场名称，应由其上级主管部门加以规范，不属本案处理范围。

【相关法条】

《中华人民共和国合同法》

第二百八十八条 运输合同是承运人将旅客或者货物从起运地点运输到约定地点，旅客、托运人或者收货人支付票款或者运输费用的合同。

第二百九十三条 客运合同自承运人向旅客交付客票时成立，但当事人另有约定或者另有交易习惯的除外。

第二百九十九条 承运人应当按照客票载明的时间和班次运输旅客。承运人迟延运输的，应当根据旅客的要求安排改乘其他班次或者退票。

（四）残疾旅客

13. 朱某诉航空公司拒载纠纷

原告：朱某

被告：某机场地面服务公司

　　　A 航空公司

案由：航空旅客运输合同纠纷

【案情概述】

　　原告朱某系高位截瘫人员。2011 年 10 月 7 日晚，原告委托朋友帮其预订一张 2011 年 10 月 8 日早晨从昆明飞往成都的航班机票，其朋友于当晚 23 时 36 分在昆明航艺贸易机票售票处成功订购了被告 A 航空公司（以下简称 A 航）的 2224 航班，机票总价格为人民币 860 元，起飞时间为上午 7 时 45 分，购票时未申明原告是残疾旅客。

　　2011 年 10 月 8 日早上 6 时，朱某独自一人到达昆明机场并于 6 时 41 分办理了登机手续，之后朱某到该机场总服务台申请专用窄型轮椅服务，经机场工作人员与被告 A 航电话联系，A 航表示需提前申请，临时申请朱某需有人陪同或者有医院证明，朱某目前情况不能申请轮椅，只能改签。机场工作人员向朱某进行了解释说明，朱某就离开了总服务台，独自通过安检到达登机口准备登机。在登机口被告 A 航工作人员以朱某不具备该次航班乘机条件为由，决定对朱某不予承运。朱某得知情况后对 A 航的决定不能接受，同机场工作人员发生了争执，并滞留候机厅。后 A 航委托其地面服务代理人即被告某机场地面服务有限公司协调为朱某改签航班，免费安排朱某食宿，并送其两次就医，与之沟通后续处理事宜。

2011 年 10 月 13 日，经 A 航委托，某机场地面服务有限公司以该 A 航的机场地面服务代理人身份，向朱某出具一份《告知函》，称朱某的客票有效期为 1 年，可以无条件改签，也可以免收退票手续费办理退票手续，给予人民币 1000 元的人道主义救助，以及帮助解决朱某父亲陪同原告返回成都的机票等解决意见，并表示如朱某不同意上述解决意见，可以通过正规法律途径和程序解决此事。朱某对被告的处理意见不同意，双方协商未果，朱某遂诉至人民法院。

【争议焦点】

1. 某机场地面服务公司和 A 航是否为本案适格主体？
2. A 航对朱某的拒载行为是否构成违约并赔偿其相应损失？

【处理结果】

法院认为，A 航应当退回朱某为该次航班支付的机票票款 860 元，并且向其赔偿经济损失费用 2000 元。但是对于朱某要求的双倍退还机票票款、要求二位被告向其登报道歉，以及要求被告连带承担诉讼费用的请求不予支持。

【法律评析】

1. 在客运合同纠纷中，航空承运人的代理人不应作为被告。

本案原告是选择以航空旅客运输合同纠纷提起民事诉讼，在审理过程中经人民法院询问，原告亦明确要求按航空旅客运输合同纠纷来主张其权益，故本案属合同之诉，应适用《合同法》及相应法律、法规来处理。根据《合同法》第 293 条规定，客运合同自承运人向旅客交付客票时成立，但当事人另有约定或者另有交易习惯的除外。本案中，朱某向 A 航购买了航班客票，从机票定购成功时起，双方即建立了航空旅客运输合同关系。

根据合同相对性原则，与朱某建立航空旅客运输合同法律关系的应当只是被告 A 航，故与原告发生合同纠纷时，只应由合同相对方即被告 A 航来承担相应民事责任。某机场地面服务有限公司不是合同一方当事人，只是作为被告 A 航的地面服务代理人，所实施的代理行为应由被代理人即 A 航来承担民事责任，故在本案中不应承担责任。朱某要求被告某机场地面服务有限公司承担连带责任的主张及诉请无事实及法律依据，人民法院未予支持。

2. A 航对朱某的拒载行为构成违约。

根据民航局制定的《残疾人航空运输办法（试行）》的相关规定，朱某作为残疾乘客，其一人乘坐飞机需要航空公司提供机上专用窄型轮椅等服务或者登离机协助时，应在定座时提出，最迟不能晚于航班离站时间前 72 小时，并应提前 3 小时在机场办理乘机手续。本案中，朱某系高位截瘫人员，其只身一人显然不能正常登离机，需要航空公司提供相应的服务和帮助才能正常登离机。但从本案原告具体购票的情况看，朱某从订票到登机时间不超过 12 小时，且在订票时未申明其因身体健康状况需要航空公司提供专门服务和帮助，也未提前 3 小时到达机场办理乘机手续，在登机过程中也无人陪同。故 A 航以朱某不具备该次航班乘机条件为由，决定对原告不予承运的行为并未违反民航局规范性文件的规定，也符合其经民航四川监管局批准的国内客运手册的操作规程。

但从原、被告具体订立并履行航空旅客运输合同来说，直接约束双方当事人的应当是具体合同条款确定的权利义务。本案中，关于民航局规范性法律文件中对残疾旅客的具体要求和规定，以及被告 A 航制定的国内客运手册中的具体操作规程，A 航自身是明知且必须遵守的，但作为合同相对方的普通旅客是不够清楚的，通常旅客订票选择的只是具体的航班时间和价格。《合同法》第 289 条规定，从事公共运输的承运人不得拒绝旅客、托运人通常、合理的运输要求。第 298 条规定，承运人应当向旅客及时告知有关不能正常运输的重要事由和安全运输应当注意的事项。故我国法律对于公共运输中可能会导致不能正常运输的重要事由和安全运输应当注意的事项,应当由承运人明确告知旅客,而不是要求旅客主动告知承运人。朱某作为残疾旅客,有必要了解一些民航部门的相关规定,以方便其出行。其在定座时未明确告知其身体健康状况,自身存在不当之处,但因被告A航在与朱某具体订立运输合同时,未明确告知购票人对于病残等特殊旅客的一些特殊规定和要求,亦未主动询问其是否属于病残等特殊旅客,且其在电子客票上未明确标明对残疾旅客的具体要求和规定,其订票网站亦未开设针对病残旅客的专门订票通道或者窗口,以便和普通旅客有所区分,应视为原、被告双方在合同中未约定特别条款,对原告没有提出特殊要求。故朱某在购买了机票后,在被告未明确告知其对病残旅客的特殊规定和要求的情况下按正常程序和时间登机属正常行使合同权利,朱某的行为达不到民法意义上的过错,不构成违约。

《合同法》第299条规定,承运人应当按照客票载明的时间和班次运输旅客。承运人迟延运输的,应当根据旅客的要求安排改乘其他班次或者退票。本案中,原告从成功定购被告A航机票时起,双方的航空旅客运输合同关系即成立并生效。在未约定特别条款时,被告应当按照电子客票上载明的被承运人及承运时间和航班履行承运义务。但被告A航并未按合同约定的时间和航班承运原告,在原告达到登机口乘机时也未提供必要的协助,导致原告被拒载,其行为已构成违约,依法应承担相应民事责任。

【相关法条】

《中华人民共和国民用航空法》

第一百二十四条 因发生在民用航空器上或者在旅客上、下民用航空器过程中的事件,造成旅客人身伤亡的,承运人应当承担责任;但是,旅客的人身伤亡完全是由于旅客本人的健康状况造成的,承运人不承担责任。

第一百三十条 任何旨在免除本法规定的承运人责任或者降低本法规定的赔偿责任限额的条款,均属无效;但是,此种条款的无效,不影响整个航空运输合同的效力。

《中华人民共和国合同法》

第三百零二条　承运人应当对运输过程中旅客的伤亡承担损害赔偿责任，但伤亡是旅客自身健康原因造成的或者承运人证明伤亡是旅客故意、重大过失造成的除外。前款规定适用于按照规定免票、持优待票或者经承运人许可搭乘的无票旅客。

《最高人民法院关于民事诉讼证据的若干规定》

第二条　当事人对自己提出的诉讼请求所依据的事实或者反驳对方诉讼请求所依据的事实有责任提供证据加以证明。没有证据或者证据不足以证明当事人的事实主张的，由负有举证责任的当事人承担不利后果。

《国内航空运输承运人赔偿责任限额规定》

第三条　国内航空运输承运人（以下简称承运人）应当在下列规定的赔偿责任限额内按照实际损害承担赔偿责任，但是《民用航空法》另有规定的除外：（一）对每名旅客的赔偿责任限额为人民币40万元；（二）对每名旅客随身携带物品的赔偿责任限额为人民币3000元；（三）对旅客托运的行李和对运输的货物的赔偿责任限额，为每公斤人民币100元。

（五）黑名单

14. 安某诉航空公司拒载纠纷

原告：安某
被告：A航空公司
案由：航空旅客运输合同纠纷

【案情概述】

安某原系A航空公司（以下简称A航）安全员，2003年由于转警落选，与A航发生纠纷，继而有危害航空安全的过激言行。考虑到其熟悉航空安全保障措施和流程，为了保证航班安全，从2005年4月开始，A航拒绝运输安某，并且向各航空公司驻福建营业部、各机票销售代理单位发函，商请不要售予安某航班机票。2004年8月31日，双方劳动合同到期，A航未与安某续签劳动合同。2006年，安某以A航无故终止劳动关系为由提起劳动仲裁。2006年3月，经福州市劳动争议仲裁委员会调解，A航与安某达成协议，A航给予安某一定的经济补偿，安某承诺在没有子女前放弃选乘A航航班。2008年6月安某女儿出生，2008年8月，安某多次购买A航机票，均被取消订座。2008年9月9日，安某将其女儿出生证明传真给A航。2008年9月11日，安某购买当日北京—厦门航班机票，在首都机场换取登机牌时被拒，A航北京营业部请示航空公司领导后，用人工方式给安某办理登机牌，但安某拒绝登机。之后安某又购买9月15日机票，又被拒绝。

2008年9月18日，安某以A航拒载行为侵犯其人格权、名誉权为由向北京市朝阳区人民法院起诉，要求确认 A 航的侵权行为，由 A 航向安某赔礼道歉，赔偿经济损失 5826 元，赔偿精神抚慰金 5 万元。

【争议焦点】

1. 安某是否有人格权受损的事实及 A 航行为是否违法？

2. 从法律上讲，"潜在威胁航空安全"的构成应该由谁来判断、如何进行判断？

【处理结果】

2009 年 11 月 10 日北京市朝阳区人民法院作出一审判决，驳回安某的全部诉讼请求。法院认为：

关于 A 航 2005 年发函的行为，函件内容并未明显背离事实，其措辞未直接对安某进行诽谤和侮辱，从发函的结果来看，其他航空公司并未基于该函件而拒售机票，因此难以认定 A 航的发函行为造成了安某社会评价的降低。综上，安某主张 A 航的发函行为侵犯其人格尊严权和名誉权，无事实依据。

关于 2006 年调解意见书，安某未就 A 航强迫的事实进行举证；调解意见书是在双方劳动争议进入仲裁阶段，在仲裁机关主持下达成，且双方实际按照该调解意见书的条款履行；安某并未请求撤销该调解意见书。综上，安某称签订调解意见书的行为侵犯其人格尊严权，无事实依据。

关于 A 航前后 7 次对其拒载的行为。由于 2006 年安某在调解意见书中承诺在没有子女前放弃选择乘坐 A 航航班的权利，因此对于 2008 年 9 月 9 日 A 航确认安某女儿出生之前的拒载，安某主张 A 航侵权没有事实依据。2008 年 9 月 11 日，A 航允许安某登机但安某拒绝登机，因此 A 航不构成拒载。

关于 A 航 2008 年 9 月 15 日拒载的行为是否具备违法性。法院认为根据《合同法》，公共运输承运人负有强制缔约义务，但该义务相对应的是，旅客的运输要求应当具有通常的合理性。其次，民航有其特殊性，社会对航空安全的标准要求更高，因此对于该行为操作有特殊规定的应依照特殊规定办理。再次，我国《民用航空法》规定，公共航空运输企业应当保证飞行安全和航班正常，公共航空运输企业负有法定的保障航空安全的义务，因此公共航空运输企业如果认为旅客的运输要求可能构成对航空安全的影响，其应有权作出判断并基于合理的判断拒绝承运，此种拒绝既是对其他旅客合法利益的维护，亦是对其法定义务的履行，符合相关国际惯例。本案中，安某此前在处理双方争议时曾有过激的行为表现，可以看出安某对双方纠纷不能通过正常途径冷静处理；另从安某短时间内频繁选择 A 航航班并在 2008 年 9 月 11 日换取登机牌后又拒绝登机的行为来看，其表现有别于一般消费者。综上，A 航在 9 月 15 日出于安全原因拒绝原告登机，具有一定的合理性。况且，从人格尊严权的内涵来看，亦难以认定 A 航的拒载行为是对安某人格尊严的侵害。

关于 A 航对媒体宣称安某是潜在的危险分子，且存在过激言行和性格缺陷等，导致安某社会评价降低的主张。法院认为根据安某提交的证据难以认定 A 航对社会宣称安某系恐怖分子的事实存在。且由于本案的审理受到媒体和舆论的多方关注，安某的行为受到社会各方传播、评价，非仅因 A 航原因所致，亦非 A 航所能控制，安某在名誉、人格尊严等方面如受社会冲击，非 A 航行为直接导致。

综上，法院认为安某关于 A 航侵犯其人格权的主张均不能成立，判决驳回安某的全部诉讼请求。

安某不服一审判决，向北京市第二中级人民法院提起上诉，要求撤销一审判决，支持其一审时的诉求。2011 年 6 月 24 日，北京市第二中级人民法院作出终审判决，驳回安某上诉，维持原判。

【法律评析】

1. 安某是否有人格权受损的事实及 A 航行为是否违法？

本案曾经在社会上引起相当大的关注，被冠以"航空黑名单第一案"。社会关注点在于公共航空运输企业到底有没有权利拒绝运输旅客。不少媒体和公众担心航空公司随意性太大，滥用拒绝运输的权利。

"黑名单"只是一种俗称,在理论上,其内涵和外延都没有明确的界定。实践中,设立"黑名单"的主体,无论是行政机关、企业还是行业协会,都是根据本部门的理解在进行操作,比较混乱。航空业的"黑名单"在航空运输中应被认为是承运人拒绝为某些顾客提供运输服务,这种拒载权实质上是一种拒绝缔约的权利。

《合同法》第289条规定"从事公共运输的承运人不得拒绝旅客、托运人通常、合理的运输要求",这一条在本案审理前后经常被引用来质疑承运人的拒载行为。该条规定体现了强制缔约制度,表明法律对从事公共运输的承运人施加的强制承诺义务。但是,公共航空运输承运人所负有的此项强制缔约义务也不是绝对的,必须在旅客、托运人所提出的运输要求在法律上被认定为"通常、合理"时,承运人方负有与其缔约的义务,这意味着承运人义务的履行应以合理性为前提,在一定条件下,承运人有拒绝履行义务的权利。我国法律中对于何谓"通常、合理"并没有一个明确的定义。按照通常的理解,所谓"通常、合理的运输要求"是指该要求既符合法律保护当事人利益的宗旨,符合行业惯例,同时也符合承运人实施请求人所要求行为的能力和条件要求。

2. 如何判断是否存在"潜在威胁航空安全"?

作为公共运输承运人,承担着维护旅客、财物安全的义务。航空运输是高风险行业,航空安全关系到人民群众生命财产安全,关系到社会的政治稳定和经济发展。航空运输对安全有着特殊要求,为保障国家利益和旅客的人身财产利益,航空公司可以采取各种必要的合理措施。《合同法》第290条规定"承运人应当在约定期间或者合理期间内将旅客、货物安全运输到约定地点",《民用航空法》第95条也规定"公共航空运输企业应当以保证飞行安全和航班正常,提供良好服务为准则"。虽然国内现行法律法规未明文规定承运人有权拒绝运输旅客,但是权利与义务是对应的,在法律赋予承运人安全义务的同时,必须允许承运人有权采取保证安全运输的适当措施,包括拒绝运输,否则承运人将无法全面履行法定义务,也不利于对其他旅客合法权益的保护。当公民个人权利与公共运输安全出现冲突时,航空安全重于一切。航空公司拒载旅客的行为，涉嫌侵害其作为消费者的公平交易权及人格尊严，但航空公司要对飞机上所有旅客的生命安全负责，旅客个人的自由出行权与公众的生命健康权相比，航空公司明显会侧重保障后者的权利。公共利益高于消费者的个体利益，原则上航空公司承担的航空安全保障义务高于一般强制缔约义务。航空公司作为公共航空运输的承担者这一特殊主体，必须将安全运输义务作为第一位的义务，并应当有权在其第一位义务的实现受到威胁时，拒绝履行其他列于次位的义务。

另外，中国作为国际民航组织的缔约国之一，国际民航组织《防止对民用航空非法干扰行为的保安手册》规定，"必须授权经营人拒绝运输被认为对航空器存在潜在威胁的人"。无论是国际还是国内，航空公司普遍都在自己的运输总条件中规定了拒绝运输的情形。"黑名单"制度在欧美一些国家早已实行，并且日趋成熟，其初衷是公共安全，其选择标准也是出于对公共安全的考虑。有些国家甚至有法律规定，当遇有可能对安全造成威胁的情形时，航空承运人是可以拒绝运输的。

综上可见，公共航空运输企业应该有权利拒绝运输旅客，这也得到民航主管机关及两级法院的认可。当然法院也指出这种权利不是绝对的，"在允许公共航空运输企业对旅客运输要求的合理性先行判断的同时，公共航空运输企业应就其判断的合理性作出正当解释，否则应当承担非法拒载的法律责任"。本案正因为A航在拒载的合理性上作出了正当解释，并提供了充分证据，这才得到了法院的支持。

针对国内目前不论是法律法规层面还是航空公司自身规定方面，均缺乏对"黑名单"制度明确规定的现状，我们认为各方还应当加强研究，加快"黑名单"制度相关规定的制定，以便于操作执行和被社会监督，保障旅客合法权益，促进民航健康和谐发展。

【相关法条】

《中华人民共和国合同法》

第二百八十九条 从事公共运输的承运人不得拒绝旅客、托运人通常、

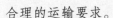

合理的运输要求。

第二百九十条　承运人应当在约定期间或者合理期间内将旅客、货物安全运输到约定地点。

第二百九十四条　旅客应当持有效客票乘运。旅客无票乘车、超程乘运、越级乘运或者持无效客票乘运的，应当补交票款，承运人可以按照规定加收票款。旅客不交付票款的，承运人可以拒绝运输。

第二百九十七条　旅客不得随身携带或在行李中夹带易燃、易爆、有毒、有腐蚀性、有放射性以及有可能危及运输工具上人身和财产安全的危险物品或者其他违禁物品。旅客违反前款规定的，承运人可以将违禁物品卸下、销毁或者送交有关部门。旅客如果坚持携带或者夹带违禁物品，承运人应当拒绝运输。

《中国民用航空旅客、行李国内运输规则》

第三十四条　无成人陪伴儿童、病残旅客、孕妇、盲人、聋人或犯人等特殊旅客，只有在符合承运人规定的条件下经承运人预先同意并在必要时做出安排后方予载运。传染病患者、精神病患者或健康情况可危及自身或影响其他旅客安全的旅客，承运人不予承运。根据国家有关规定不能乘机的旅客，承运人有权拒绝其乘机，已购客票按自愿退票处理。

《中华人民共和国民用航空法》

第九十五条　公共航空运输企业应当以保证飞行安全和航班正常，提供良好服务为准则，采取有效措施，提高运输服务质量。

《防止对民用航空非法干扰行为的保安手册》

必须授权经营人拒绝运输被认为对航空器存在潜在威胁的人。

美国《航空运输法》第 449 章保安 44902（b）

根据局长制定的规章，航空承运人、州内航空承运人或外国航空承运人可以拒绝运输其认定或怀疑对安全构成不利影响的乘客和财物。

（六）航班超售

15. 曲某等诉航空公司航班超售纠纷

原告：曲某等 13 人
被告：A 航空公司
案由：航空旅客运输合同纠纷

【案情概述】

2011 年 3 月初，曲某等 13 人通过 A 航空国际旅游（集团）有限公司出境旅行中心购买了 A 航空有限公司（以下简称 A 航）从上海至泰国普吉岛的往返程机票。2011 年 4 月 10 日，曲某等 13 人在飞机起飞前 3 个小时到达普吉岛机场准备办理登机手续返回上海，被告知由于该航班超售而无法成行，最终通过改乘 4 月 11 日的 B 航空公司（以下简称 B 航）的航班回到上海。B 航保障部在航班到达后接到旅客投诉，现场值班人员提出给予每人 1000 元人民币的补偿，被旅客拒绝。由于协商未果，地面服务人员向曲某等 13 人出具了航班超售的证明，并加盖了 B 航上海保障部营业专用章。

曲某等 13 人认为，承运人在明知机票超售有可能导致乘客无法登机，不能享受原约定服务的情况下，未尽到经营者的告知义务，损害了旅客的知情权。同时，承运人为了获取不正当利益而故意大比例超售的行为属于故意隐瞒，已构成对消费者的恶意欺诈，承运人应当承担惩罚性赔偿责任。因此，起诉至上海市浦东新区人民法院（以下简称浦东新区法院），要求

B航赔偿曲某等13人往返机票款2倍金额的损失。B航遂向法院提出主体异议申请书，后法院变更诉讼主体，将被告由B航变更为A航。

【争议焦点】

1. A航在本次超售过程中的操作是否符合相关法律法规?
2. A航的行为是否构成欺诈?

【处理结果】

浦东新区法院诉前调解中心审理后认为，A航在此次航班中确实存在超售行为，且在超售后并没有进行妥善处理，导致曲某等13人在普吉岛多停留了一日，耽误了工作。在法院的调解下，双方通过自愿协商，同意以和解的方式解决此次纠纷，签署了和解协议。

【法律评析】

1. A航在本次超售过程中的操作是否符合相关法律法规?

所谓超售，是指航班的座位数少于实际购买机票并定妥座位的旅客数量，因此，拒载就不可避免发生了。欧盟于2004年2月17日公布的保护旅客权利的新规定，即"关于航班拒载、取消或延误时对旅客补偿和帮助的一般规定"（简称第261/2004号条例），加强了在超售情况下对旅客的保护。该条例定义的拒载是指在一个航班上承运人拒绝运送符合条件〔在有关的航班上确认了座位并开始办理登机手续，并且应该按承运人、旅行社或授权的旅行代理人的规定、事先指定的时间和书面形式（包括电子形式）办理登机手续，或者，如果没有指明时间，不迟于承运人公布的飞机离站时间之前45分钟；或被承运人、旅行社从他们原已确认座位的航班转到另一航班，而不管什么原因〕的旅客。条例分自愿拒载和非自愿拒载（被强行拒载）两种情形予以规定。条例规定，当运营承运人合理地预计到发生拒载时，应首先寻找自愿放弃其座位并根据其与运营承运人达成的条件以换取好处的旅客。这是第一步。如果没有足够多的志愿者站出来，不能使已定座的其他旅客登机，运营承运人可以违背旅客的意愿拒载。也就是说，只有在这种情况下，才可以强行拒载。

目前，我国关于航班拒载的法律规定很不完善，无论是《民用航空法》还是相关的法规、规章，都没有规定。但《合同法》第290条规定："承运人应当在约定期间或者合理期间内将旅客、货物安全运输到约定地点。"同时，《民用航空法》第95条规定："公共航空运输企业应当以保证飞行安全和航班正常，提供良好服务为准则，采取有效措施，提高运输服务质量。"本案中，4月9日普吉岛飞上海航班已有5人超售，为避免投诉升级，A航普吉岛办事处（以下简称办事处）将此5位旅客安排在4月10日832航班，导致4月10日832航班实际超售13人，致使当天航班中的13人团队旅客被迫滞留。而在4月10日的航班上，办事处在现场处理时未能按公司的超售管理规定，优先保证商务舱旅客登机，而是按先到先得方式登机，所以造成曲某等13人中的4名商务舱旅客同样被滞留一天。同时，办事处在航班值机前没有提前告示航班超售信息，在现场也未按规定采取公告悬赏及签转等超售处理方式，按照我国的相关法律法规，A航已构成违约。

2. 超售行为是否构成欺诈？

虽然航班超售在国内外航空运输业界为视为行业惯例，但一般会将超售比例控制在一定范围内，且应该符合一定的条件。如当天有可签转的航班，承运人必须提前履行告知义务，在超售航班上先通过悬赏等方式安排自愿拒载旅客后方可强制拒载等。其中最为关键的是，航空公司在旅客购买机票时，应对其所购机票是否为超售机票进行明示，否则这种行为很有可能被认定为合同欺诈。

3. 赔偿金额如何认定？

由于国内现行法律法规对航班超售、拒载均没有明确规定，只能依据《合同法》的规定。如果依据《合同法》，对于拒载，按实际损失赔偿，这种赔偿是没有限额的。但一般情况下，拒载不是不履行合同，而是一种迟延履行，按照《民用航空法》第131条的规定，"有关航空运输中发生

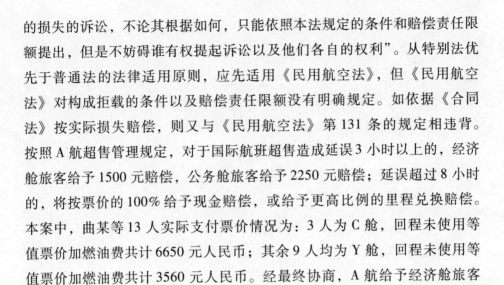

的损失的诉讼，不论其根据如何，只能依照本法规定的条件和赔偿责任限额提出，但是不妨碍谁有权提起诉讼以及他们各自的权利"。从特别法优先于普通法的法律适用原则，应先适用《民用航空法》，但《民用航空法》对构成拒载的条件以及赔偿责任限额没有明确规定。如依据《合同法》按实际损失赔偿，则又与《民用航空法》第 131 条的规定相违背。按照 A 航超售管理规定，对于国际航班超售造成延误 3 小时以上的，经济舱旅客给予 1500 元赔偿，公务舱旅客给予 2250 元赔偿；延误超过 8 小时的，将按票价的 100% 给予现金赔偿，或给予更高比例的里程兑换赔偿。本案中，曲某等 13 人实际支付票价情况为：3 人为 C 舱，回程未使用等值票价加燃油费共计 6650 元人民币；其余 9 人均为 Y 舱，回程未使用等值票价加燃油费共计 3560 元人民币。经最终协商，A 航给予经济舱旅客每人 3100 元人民币的和解费，给予公务舱旅客每人 4500 元人民币的和解费，该些费用包括补偿金、住宿、餐饮、通信及交通费补贴和保密金。

【相关法条】

《中华人民共和国合同法》

第一百一十三条　当事人一方不履行合同义务或者履行合同义务不符合约定，给对方造成损失的，损失赔偿应当相当于因违约所造成的损失，包括合同履行后可以获得的利益，但不得超过违反合同一方订立合同时预见到或者应当预见到的因违反合同可能造成的损失。

经营者对消费者提供商品或者服务有欺诈行为的，依照《中华人民共和国消费者权益保护法》的规定承担损害赔偿责任。

第二百九十条　承运人应当在约定期间或者合理期间内将旅客、货物安全运输到约定地点。

《中华人民共和国消费者权益保护法》

第八条第一款　消费者享有知悉其购买、使用的商品或者接受的服务的真实情况的权利。

《中华人民共和国民用航空法》

第九十五条第一款 公共航空运输企业应当以保证飞行安全和航班正常，提供良好服务为准则，采取有效措施，提高运输服务质量。

第一百三十一条 有关航空运输中发生的损失的诉讼，不论其根据如何，只能依照本法规定的条件和赔偿责任限额提出，但是不妨碍谁有权提起诉讼以及他们各自的权利。

（七）航班延误、取消、更改和拒载

16. 石某诉航空公司天气原因航班延误赔偿纠纷

原告：石某

被告：A 航空公司

案由：航空旅客运输合同纠纷

【案情概述】

2008 年 4 月 6 日，石某持 A 航空公司（以下简称 A 航）电子客票至福建省武夷山机场，欲乘坐航班飞往上海浦东机场，但该航班因天气原因延误，后被取消。同年 4 月 7 日，A 航安排石某乘坐航班从武夷山机场飞往上海。在航班延误过程中及航班取消后，A 航安排石某等旅客入住酒店并提供了免费早餐等服务。因与 A 航就赔偿问题协商未果，石某遂诉至上海市长宁区人民法院（以下简称长宁区法院），请求判令 A 航返还其机票款人民币 770 元，并赔偿一倍机票款人民币 770 元；赔偿其在国家法定工作日的基本工资损失人民币 1000 元、交通费人民币 200 元、误工费人民币 2210 元。

【争议焦点】

1. A 航是否应当承担违约责任？

2. 石某要求赔偿的主张是否有事实和法律依据？

【处理结果】

长宁区人民法院经审理后判决：（1）驳回石某要求 A 航返还机票款人民币 770 元，并赔偿一倍机票款人民币 770 元的诉讼请求；（2）驳回石某要求 A 航赔偿在国家法定工作日的基本工资损失人民币 1000 元、交通费人民币 200 元、误工费人民币 2210 元的诉讼请求。

石某不服长宁区法院判决，向上海市第一中级人民法院（以下简称上海市一中院）提起上诉，上海市一中院经审理后作出终审判决：驳回上诉，维持原判。

【法律评析】

石某与 A 航之间成立了航空旅客运输合同关系，A 航应当在约定期间或合理期限内将石某安全运送至目的地。但 A 航因天气原因未能在约定时间内将石某送至目的地，该天气状况属不能预见、不能避免并不能克服的客观情况，应认定为不可抗力。事后，A 航给石某安排了住宿和餐饮，当天气状况恢复正常后，亦按空中管制的要求在合理期限内尽快安排了航班将石某送至目的地。故 A 航因不可抗力取消原定航班后又及时采取了一切必要的措施以避免损失的发生。无论从国际公约、国际惯例还是国内法上看，不可抗力原因均是违约责任的免责事由。1929 年《统一国际航空运输某些规则的公约》（以下简称《华沙公约》）第 20 条、1999 年《统一国际航空运输某些规则的公约》（以下简称《蒙特利尔公约》）第 19 条以及我国《民用航空法》第 126 条均规定航空公司为避免损失的发生已经采取一切必要措施或者不可能采取此种措施的不承担责任。以上关于"已经采取一切必要措施或者不可能采取此种措施"即指"不可抗力"，即不能预见、不能避免并不能克服的事件，天气因素就属于这种情况，航空公司可以免除违约赔偿责任。

石某认为应基于《消费者权益保护法》要求 A 航对机票"退一赔一"的主张，并依据《民用航空法》《合同法》要求 A 航承担延误造成的损失。

但如前文所述，无论从国际惯例还是我国法规来看，天气情况都是免除航空公司违约责任的不可抗力因素。因此，石某要求赔偿的主张并没有合理的法律与事实依据。

【相关法条】

《中华人民共和国民用航空法》

第一百二十六条　旅客、行李或者货物在航空运输中因延误造成的损失，承运人应当承担责任；但是，承运人证明本人或者其受雇人、代理人为了避免损失的发生，已经采取一切必要措施或者不可能采取此种措施的，不承担责任。

《中华人民共和国合同法》

第六十条　当事人应当按照约定全面履行自己的义务。

当事人应当遵循诚实信用原则，根据合同的性质、目的和交易习惯履行通知、协助、保密等义务。

第一百一十七条　因不可抗力不能履行合同的，根据不可抗力的影响，部分或者全部免除责任，但法律另有规定的除外。当事人迟延履行后发生不可抗力的，不能免除责任。

本法所称不可抗力，是指不能预见、不能避免并不能克服的客观情况。

第二百九十条　承运人应当在约定期间或者合理期间内将旅客、货物安全运输到约定地点。

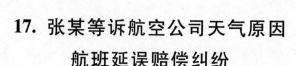

17. 张某等诉航空公司天气原因 航班延误赔偿纠纷

原告：张某、龚某

被告：A 航空公司

案由：航空旅客运输合同纠纷

【案情概述】

原告张某、龚某于 2007 年 10 月 8 日 12 时 15 分乘坐 A 航空公司（以下简称 A 航）的航班由北京飞往宁波，由于天气原因，航班于 14 时左右备降南昌机场。后因天气原因，航班取消。原告称其由于 10 月 9 日在宁波有极其重要的商务合同需要签订，只好当天租车前往宁波。原告认为 A 航对航程变更和无故取消飞行构成根本违约。因此诉至法院，要求 A 航退还机票款 1310 元，赔偿原告交通费 1000 元、经济损失 1000 元，承担律师费 3000元，向原告赔礼道歉。

【争议焦点】

1. A 航对航程变更和取消飞行是否构成根本违约？

2. 原告要求赔偿的主张是否有事实和法律依据？

【处理结果】

案件经过审理，一审法院认为，本案中不能认定 A 航存在违约行为，故 A 航不应承担违约赔偿责任。但基于公平原则，A 航应对航班取消给原告带来不便而发生的额外费用进行适当补偿，损失补偿金额由一审法院酌

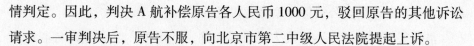

情判定。因此，判决 A 航补偿原告各人民币 1000 元，驳回原告的其他诉讼请求。一审判决后，原告不服，向北京市第二中级人民法院提起上诉。

北京市第二中级法院审理认为本案中由于天气原因，不能认定 A 航履约过程中存在违约行为，故 A 航不承担违约赔偿责任。但基于公平原则，A 航应对给原告带来不便而发生的额外费用进行适当补偿。因 A 航存在服务瑕疵，且表示愿意退还机票款，最终，法院判决 A 航补偿两名原告交通费人民币各 1000 元，退还机票款 2620 元，驳回上诉人的其他诉讼请求。上诉人坚持要求赔偿经济损失 1000 元及律师费 3000 元的主张，因未能提供相关事实依据和法律依据，法院未予支持。

【法律评析】

1. A 航变更航程和取消飞行是否构成根本违约？

本案中，A 航表示因天气原因导致航班备降取消后，其已为旅客免费安排了饮料、餐食和住宿；同时也及时将航班信息通知了所有旅客。由于天气原因是无法预料、无法控制的，也不可能采取任何措施避免或阻止延误的发生，因此，A 航认为其不应承担赔偿责任。本案原告与 A 航之间的争议系航空运输合同履行纠纷，并无证据表明合同履行过程中 A 航侵害了原告的精神性人格权利，故原告主张要求公开赔礼道歉的诉讼请求无法律依据。

原告与 A 航成立了航空旅客运输合同关系，A 航应当在约定期间或合理期限内将原告安全运送至目的地。但是 A 航因天气原因未能在约定时间内将原告送至目的地，该天气状况属于不能预见、不能避免并不能克服的客观情况，应认定为不可抗力。无论从国际公约、国际惯例还是国内法上看，不可抗力原因均是违约责任的免责事由。《华沙公约》第 20 条、1999年《蒙特利尔公约》第 19 条以及我国《民用航空法》第 126 条均规定航空公司为避免损失的发生已经采取一切必要措施或者不可能采取此种措施的不承担责任。以上关于"已经采取一切必要措施或者不可能采取此种措施"即指"不可抗力"，即不能预见、不能避免并不能克服的事件，天气因素就属于这种情况，航空公司可以免除违约赔偿责任。

虽然天气因素属于不可抗力，可以免除由此产生的航班延误与取消导致的违约责任，但是航空公司必须履行法律规定的其他附随义务，如根据《民用航空法》《中国民用航空旅客、行李国内运输规则》等法律法规的规定，发生航班延误后，承运人主要有以下义务：一是告知义务。承运人应当向旅客及时告知有关延误或取消的信息，做好相关解释工作。二是补救义务。承运人迟延运输的，应当根据旅客的要求安排改乘其他班次或者退票。此外，根据运输规则的规定，由于天气原因等非承运人自身原因造成航班延误或取消的，承运人应当协助旅客安排餐食和住宿，费用可由旅客自理。本案的二审审理中，A 航虽然表示已为旅客免费安排了饮料、餐食和住宿，同时也将航班信息通知了所有旅客，但此期间 A 航存在服务瑕疵，北京市第二中级人民法院判决 A 航退还原告张某、龚某机票款 2620 元。

2. 原告要求赔偿的主张是否有事实和法律依据？

根据《民用航空法》的规定，对飞机的延误只赔偿直接经济损失。因此，作为要求索赔的乘客应当在诉讼中向法院提供充分、有效的证据证明自己的损失。而在本案中，旅客张某、龚某因未能提供相关事实依据和法律依据，其要求赔偿经济损失 1000 元及律师费 3000 元的主张最终被北京市第二中级人民法院所驳回。

【相关法条】

《中华人民共和国民用航空法》

第一百二十六条 旅客、行李或者货物在航空运输中因延误造成的损失，承运人应当承担责任；但是，承运人证明本人或者其受雇人、代理人为了避免损失的发生，已经采取一切必要措施或者不可能采取此种措施的，不承担责任。

《中华人民共和国合同法》

第六十条 当事人应当按照约定全面履行自己的义务。

当事人应当遵循诚实信用原则，根据合同的性质、目的和交易习惯履行通知、协助、保密等义务。

第一百零七条　当事人一方不履行合同义务或者履行合同义务不符合约定的，应当承担继续履行、采取补救措施或者赔偿损失等违约责任。

第一百一十七条　因不可抗力不能履行合同的，根据不可抗力的影响，部分或者全部免除责任，但法律另有规定的除外。当事人迟延履行后发生不可抗力的，不能免除责任。

本法所称不可抗力，是指不能预见、不能避免并不能克服的客观情况。

第二百九十条　承运人应当在约定期间或者合理期间内将旅客、货物安全运输到约定地点。

18. 吴某诉航空公司机械原因
航班延误赔偿纠纷

原告：吴某

被告：A 航空公司

A 航空公司成都营业部

案由：航班延误赔偿纠纷

【案情概述】

2004 年 5 月 19 日，吴某购买了两张 A 航空公司（以下简称 A 航）由成都飞往兰州航班机票，准备前往兰州参加 5 月 20 日的兰州大学装修工程开标会。由于航班正点起飞时间是 19 日 20 时 50 分，执行该次航班的飞机在 19 日 20 时 15 分飞抵成都时，在双流机场发现有机械故障，不能按民航局规定准时起飞。在维修过程中，由于成都没有排故的设备和航材，短时间内难以排故。吴某在换登机牌时，机场工作人员告诉吴某，飞机发生机械故障，决定取消该次航班。为此，A 航将航班的旅客安排到民航宾馆休息，并提供餐食住宿等服务。同时，A 航从兰州调来一架 A320 飞机于 2004 年 5 月 20 日清晨 6 时 32 分在成都机场落地，并于 7 时 43 分将航班的旅客于 8 时 40 分运至兰州机场。吴某赶到兰州大学招标会现场时已迟到，招标委员会按招标文件的规定，将其公司的标书作为废标处理。据此，吴某要求 A 航赔偿其因误机造成的经济损失98 211.31元并承担本案诉讼费用。

【争议焦点】

1. 航班延误的原因是否构成不可抗力，承运人 A 航是否可以免责？

2. 承运人 A 航是否已经尽到告知义务？

【处理结果】

四川省双流县人民法院（以下简称双流县法院）经审理后认为：吴某与 A 航之间形成了航空运输合同关系。对于系争航班延误，A 航已作妥善安排，安排宾馆休息、用餐等服务，尽到自己的义务。而吴某所提出的损失赔偿，依据不充分且不是直接经济损失。据此，双流县法院判决驳回吴某的诉讼请求。

【法律评析】

吴某 2004 年 5 月 19 日购买了 A 航 7848 航班的机票，与 A 航形成了航空运输合同，A 航应将吴某安全送达目的地。由于该航班的飞机发生故障，造成航班延误。但 A 航对该航班的旅客已作妥善安排，安排在宾馆休息、用餐等服务，并另行安排飞机将旅客运至目的地。根据《民用航空法》的规定，对于延误的发生属于不可能采取措施予以避免的，或者不可能采取此种措施的，承运人可免责。并且吴某在换登机牌时，机场工作人员已告知吴某，飞机出现机械故障不能准时起飞，吴某已经知道航班延误，并没有拒绝 A 航另行安排的班机。对此，A 航已尽了自己的义务。

根据《民用航空法》的规定，对飞机的延误只赔偿直接经济损失。因此，作为要求索赔的乘客应当在诉讼中向法院提供充分、有效的证据证明自己的损失。而本案中吴某提交的证据很多系他人的票据，故其诉讼请求最终被双流县法院驳回。

【相关法条】

《中国民用航空旅客、行李国内运输规则》

第五十七条　由于机务维护、航班调配、商务、机组等原因，造成航班在始发地延误或取消，承运人应当向旅客提供餐食或住宿等服务。

《中华人民共和国民用航空法》

第一百二十六条 旅客、行李或者货物在航空运输中因延误造成的损失，承运人应当承担责任；但是，承运人证明本人或者其受雇人、代理人为了避免损失的发生，已经采取一切必要措施或者不可能采取此种措施的，不承担责任。

19. 杨某诉航空公司机械原因
航班延误赔偿纠纷

原告：杨某

被告：A 航空公司

案由：航空旅客运输合同纠纷

【案情概述】

杨某购买了 2007 年 12 月 18 日 17 点 35 分从长春飞往上海的 A 航空公司（以下简称 A 航）机票，票价为人民币 1490 元，该航班因为飞机机械故障延误。同年 12 月 19 日，A 航更换其他航班的飞机执行该次航班，该班飞机于 2007 年 12 月 19 日凌晨 3 时 52 分起飞，但杨某不同意乘坐该航班，A 航又为其安排了 B 航空公司的航班成行，起飞时间为 2007 年 12 月 19 日 11 时 05 分。航班延误后，A 航为乘客提供了晚餐、住宿及第二天的早餐等服务，并提出向每位延误旅客给予现金 200 元的补偿办法。杨某领取了补偿金，在补偿表上签字并承诺免于 A 航后续相关责任。之后，杨某以飞机航班延误，导致其未能见到病危父亲最后一面等事由，到中国民用航空局投诉，后又经上海市消费者权益保护委员会调解，A 航同意补偿杨某单程经济舱免票 1 张，有效期为 1 年。但调解协议签订后杨某又以合同纠纷为诉由，向上海市浦东新区人民法院（以下简称浦东新区法院）提起诉讼，要求 A 航赔偿机票款一倍的惩罚性违约金 2980 元，并要求 A 航就航班延误致其未能见到父亲临终前最后一面，支付精神损失费 8000 元。

【争议焦点】

1. A 航与杨某已就航班延误达成协议，后杨某又以运输合同纠纷向人民法院起诉要求追究违约责任，人民法院能否支持？

2. 杨某主张惩罚性违约金和精神损失是否有法律依据？

【处理结果】

浦东新区法院经审理后判决：（1）A航于本判决生效之日起10日内补偿杨某票价款人民币1490元；（2）驳回杨某的其余诉讼请求。

杨某不服判决，向上海市第一中级人民法院（以下简称上海市一中院）提起上诉，上海市一中院经审理后作出终审判决：驳回上诉，维持原判。

【法律评析】

浦东新区法院认为：杨某与A航之间建立了航空旅客运输合同关系，A航应当在约定期间或合理期间内将杨某安全运输到上海。按照法律规定，迟延履行合同义务，应当承担违约责任。A航航班未按时起飞，应属航班延误，且系争航班是因机械故障导致航班延误，没有证据证明属于完全不能预见、不能避免并不能克服的客观情况，因此，航空公司不能免除违约责任。乘客主张赔偿的，应当证明这种延误给其造成了经济上的损失。根据本案的实际情况及双方在上海市消费者权益保护委员会曾经达成的协议，浦东新区法院酌情确定由A航按单程机票价格补偿杨某1490元。关于杨某主张的精神损失费，浦东新区法院认为杨某购买机票时并未向A航告知其系为见病危父亲而乘机，故A航对航班延误造成杨某未能如愿见到父亲最后一面的情况是无法预见的，而且，杨某选择合同违约之诉，其要求A航赔偿精神损失的诉讼请求，法院不予支持。

上海市一中院认为：浦东新区法院根据当事人的起诉请求及双方当事人的陈述，确定本案的基础法律关系是航空旅客运输合同，实属恰当。围绕这一法律关系，浦东新区法院根据查明的事实认定A航在履约过程中存在违约，A航违约后在补救义务的履行方面存在一定瑕疵，杨某并未举证证明A航的违约行为给其造成了经济上的直接损失，本案应当适用《民用航空法》和《合同法》，而非《消费者权益保护法》。经核查，浦东新区法院认定及适用法律正确，且阐述的理由也合法充分，均予以认同；浦东新区法院基于双方当事人的现实状况，对本案的判决合理合法。现杨某上诉，坚持主张精神损害抚慰金及主张本案应适用《消费者权益保护法》，综观本起事件全过程，杨某的上诉请求缺乏法律依据，难以支持。

本案属航空旅客运输合同纠纷，杨某起诉时亦确认系基于合同纠纷的违约责任起诉，因此本案应当适用合同法进行处理。杨某的诉讼请求均基于 A 航负有侵权责任提出，与本案的案由相悖，缺乏法律依据，浦东新区法院、上海市一中院予以驳回是有法律依据的。航班因机械故障延误，不属于可免责之不可抗力情形，A 航就航班延误负有责任。笔者认为，杨某已经同意了 A 航关于航班延误的补偿方案，签收补偿金并确认免于 A 航后续责任，应视为双方已就争议处理达成协议并履行完毕，事后双方在上海市消费者权益保护委员会达成的调解协议，可视为双方达成了新的协议，杨某再起诉要求 A 航承担赔偿责任是没有法律依据。在新的协议签订后，双方的原有争议已经解决，已形成新的法律关系，双方均应按合同执行。而杨某再次以运输合同违约为由起诉到人民法院，其享有诉权，但其诉讼请求人民法院应当依法予以驳回。本案浦东新区法院判令 A 航支付一定补偿，缺乏法律依据。

【相关法条】

《中华人民共和国合同法》

第六十条　当事人应当按照约定全面履行自己的义务。

当事人应当遵循诚实信用原则，根据合同的性质、目的和交易习惯履行通知、协助、保密等义务。

第一百一十二条　当事人一方不履行合同义务或者履行合同义务不符合约定的，在履行义务或者采取补救措施后，对方还有其他损失的，应当赔偿损失。

第二百九十条　承运人应当在约定期间或者合理期间内将旅客、货物安全运输到约定地点。

第二百九十八条 承运人应当向旅客及时告知有关不能正常运输的重要事由和安全运输应当注意的事项。

第二百九十九条 承运人应当按照客票载明的时间和班次运输旅客。承运人迟延运输的,应当根据旅客的要求安排改乘其他班次或者退票。

《中华人民共和国民用航空法》

第一百二十六条 旅客、行李或者货物在航空运输中因延误造成的损失,承运人应当承担责任;但是,承运人证明本人或者其受雇人、代理人为了避免损失的发生,已经采取一切必要措施或者不可能采取此种措施的,不承担责任。

20. 沈某诉航空公司流量控制原因
航班延误赔偿纠纷

原告：沈某

被告：A 航空公司云南公司

案由：航空旅客运输合同纠纷

【案情概述】

2003 年 9 月 27 日 12 点 50 分，沈某乘坐 A 航空公司（以下简称 A 航）云南公司沈阳—郑州—昆明航班，在经停郑州机场时，因昆明空军飞行训练，昆明机场民用航班实行流量控制，延误了近 8 个小时。沈某认为在延误期间 A 航云南公司对滞留旅客未做任何解释及安排，故请求沈阳市东陵区人民法院判令 A 航云南公司返还其机票款 1110 元，赔偿损失 200 元，精神损失费 1 元，并在全国媒体上公开道歉。

【争议焦点】

1. 本案中 A 航云南公司是否应对航班延误负责？

2. 郑州的地面服务代理是否提供延误解释及安排？

3. 此案应由沈阳市东陵区人民法院管辖还是昆明市官渡区人民法院管辖？

【处理结果】

A 航云南公司提出管辖异议，认为应由航班始发地法院管辖，东陵区人民法院出具裁定书，裁定本案由昆明市官渡区人民法院审理，沈某不服裁定，向沈阳市中级人民法院提起上诉，沈阳市中级人民法院撤销原裁定书，裁定由东陵区人民法院审理。东陵区人民法院一审判决驳回沈某的所有诉讼请求。后沈某不服，向沈阳市中级人民法院提起上诉。沈某为了达到个人目的，在各大媒体上大肆宣扬对 A 航云南公司不利的言论。沈阳市中级人民法院在了解到 A 航云南公司并无过错的情况下，提出庭外调解方案。该案以调解的方式结案。

【法律评析】

1. 本案中 A 航云南公司是否应对航班延误负责？郑州的地面服务代理是否应提供延误解释及安排？

一审法院和二审法院根据双方提供的证据，认为虽然 A 航云南公司在合同履行过程中，未按约定的时间将旅客运抵目的地，但此延误的责任不是 A 航云南公司主观过错造成的，空中管理中心对进出昆明的运输进行流量控制是由于军事原因，这种状态是 A 航云南公司所不能控制和克服的，而且沈某也已乘坐航班到达运输合同约定的目的地。根据合同法的规定，承运人将旅客运输到目的地，已经完成了运输合同约定的义务，因此要求返还机票款的请求不予支持。并且，A 航云南公司在郑州的地面服务代理已经向延误旅客作了相应的解释，并提供了休息和娱乐设施，沈某要求 A 航云南公司承担郑州机场的旅店床位费的请求也是不能被支持的。沈某提出 A 航云南公司应向其本人和在全国性媒体上道歉及赔偿 1 元精神损害抚慰金要求，法院也不予支持，原告的目的在于炒作，不存在精神赔偿之说。

在本案中双方争议的焦点在于，因空中管制原因造成的航班延误，承运人是否应承担责任。我国《民用航空法》第 126 条规定"旅客、行李或者货物在航空运输中因延误造成的损失，承运人应当承担责任；但是，承运人证明本人或者其受雇人、代理人为了避免损失的发生，已经采取一切必要措施或者不可能采取此种措施的，不承担责任"，《中国民用航空旅客、行李国内运输规则》第 59 条规定，"航班在经停地延误和取消，无论何种原因，承运人均应负责向经停旅客提供膳宿服务"。由上述规定可以看出，法律已经明确了本案情况的责任归属问题，因此法院对于沈某的诉讼请求不予支持的判决是有法律依据的。

2. 本案中的另一个焦点是如何确定法院管辖权。

A 航云南公司认为其住所地在昆明市官渡区，应由昆明市官渡区人民法院审理。东陵区法院认为该案是由于 A 航云南公司侵权行为造成沈某的经济损失，应由侵权行为地或被告住所地人民法院管辖，因此裁定由昆明市官渡区人民法院审理该案。沈某不服，遂向沈阳市中级人民法院提起上诉。沈阳市中级人民法院认为，该案中双方的纠纷是客运合同纠纷，《民事诉讼法》第 27 条规定"因铁路、公路、水上、航空运输和联合运输合同纠纷提起的诉讼，由运输始发地、目的地或者被告住所地人民法院管辖"。第 35 条规定"两个以上人民法院都有管辖权的诉讼，原告可以向其中一个人民法院起诉；原告向两个以上有管辖权的人民法院起诉的，由最先立案的人民法院管辖"。因此作为始发地的东陵区法院和目的地的昆明市官渡区法院对该案均有管辖权，沈某选择其中之一的东陵区法院诉讼并无不当。因此，裁定由东陵区人民法院审理此案。

【相关法条】

《中国民用航空旅客、行李国内运输规则》

第五十九条　航班在经停地延误和取消，无论何种原因，承运人均应负责向经停旅客提供膳宿服务。

《中华人民共和国民用航空法》

第一百二十六条　旅客、行李或者货物在航空运输中因延误造成的损失，承运人应当承担责任；但是，承运人证明本人或者其受雇人、代理人为了避免损失的发生，已经采取一切必要措施或者不可能采取此种措施的，不承担责任。

21. 旅行社诉航空公司机械原因航班取消赔偿纠纷

原告： 上海方舟旅行社有限公司

被告： A 航空公司

案由： 航空旅客运输合同纠纷

【案情概述】

上海方舟旅行社有限公司（以下简称方舟旅行社）组团 10 人由上海飞赴黄山旅游，出发日期为 2002 年 5 月 17 日，并预订了回程航班。团费每人人民币 2880 元，团费中包含机场建设费、航空旅游意外险、机场接送费等。之后，方舟旅行社以支票的形式在上海东美航空发展有限公司下属的复兴中路售票处，购买了 A 航空公司（以下简称 A 航）2002 年 5 月 17 日从上海至黄山，以及同年 5 月 19 日从黄山至上海的机票，共 20 张。方舟旅行社同时将该旅行团的行程安排及服务内容传真至黄山电力旅行社，其服务总费用为人民币 8986 元。2002 年 5 月 17 日，因 A 航的飞机机械故障，该旅行团原定乘坐早 7 时的航班不能按时起飞，该航班延误至同日 15 时起飞。期间，A 航相关业务部与乘客协商，表示可选择由 A 航赔偿损失及退票，或去宾馆休息再乘坐航班。乘客考虑到航班延误导致黄山行程延误，故决定取消行程。之后，由该旅行团的领队倪某签收了 A 航赔偿给 10 位乘客的款项，共计人民币 3000 元。事后，方舟旅行社就 20 张机票到原售票处办理了退票。2002 年 7 月 8 日，方舟旅行社向黄山电力旅行社发出传真，表示因团取消，对该旅行社所受损失，给予总团款（人民币 8986 元）的 20%（人民币 1797.2 元）的赔偿。之后，方舟旅行社就其为组织该团支付的旅游保险费、出车送乘客到机场的费用、对黄山电力旅行社的赔偿款以及该团成行后的可得利润要求 A 航作出赔偿。

【争议焦点】

方舟旅行社与 A 航之间是否存在客运合同关系？

【处理结果】

本案于 2002 年 8 月 16 日经上海市浦东新区人民法院（以下简称浦东新区法院）受理后，采用简易程序先后两次公开开庭进行审理。因案情较为复杂，后转为普通程序，并于 2002 年 11 月 14 日在浦东新区人民法院公开开庭审理，最终判决驳回了方舟旅行社的诉讼请求。

【法律评析】

1. 如何认定航空旅客运输合同的当事人？

《民用航空法》第 111 条规定："客票是航空旅客运输合同订立和运输合同条件的初步证据。"本案所涉的 10 个旅客的客票为针对自然人开出的，故 10 位旅客才是航空旅客运输合同的当事人。

2. 关于团体票问题的法律分析。

我国民航局颁布的《中国民用航空旅客、行李国内运输规则》第 3 条第 5 款规定："团体旅客指统一组织的人数在 10 人以上（含 10 人），航程、乘机日期和航班相同的旅客。"事实上，团体票是一种被他人集中起来进行购买机票的形式。本案所涉的 10 个旅客的客票，A 航出示的出票记录仅证明了 A 航对该 10 个旅客出售了 10 张团体票。

3. 付款行为是否能够作为认定建立航空旅客运输合同的证据？

方舟旅行社的付款行为是基于其与 10 位旅客之间签订的旅游合同而实施的旅行合同义务的行为，系为 10 名旅客代为购买机票，即方舟旅行社仅是 10 位旅客的代理人，其代理权限范围内的代理行为之后果理应由被代理人承担。另一方面，方舟旅行社作为法人，不可能成为航空运输合同的相对人被航空公司进行异地运输，因此，方舟旅行社与 A 航之间并不存在航空运输合同法律关系。

【相关法条】

《中华人民共和国民用航空法》

第一百一十一条 客票是航空旅客运输合同订立和运输合同条件的初步证据。

旅客未能出示客票、客票不符合规定或者客票遗失，不影响运输合同的存在或者有效。

在国内航空运输中，承运人同意旅客不经其出票而乘坐民用航空器的，承运人无权援用本法第一百二十八条有关赔偿责任限制的规定。

在国际航空运输中，承运人同意旅客不经其出票而乘坐民用航空器的，或者客票上未依照本法第一百一十条第（三）项的规定声明的，承运人无权援用本法第一百二十九条有关赔偿责任限制的规定。

《中华人民共和国民法通则》

第六十三条 公民、法人可以通过代理人实施民事法律行为。

代理人在代理权限内，以被代理人的名义实施民事法律行为。被代理人对代理人的代理行为，承担民事责任。

依照法律规定或者按照双方当事人约定，应当由本人实施的民事法律行为，不得代理。

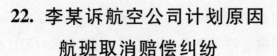

22. 李某诉航空公司计划原因
航班取消赔偿纠纷

原告：李某

被告：A 航空公司

案由：航空旅客运输合同纠纷

【案情概述】

李某购买了由 A 航空公司（以下简称 A 航）执飞的 2005 年 4 月 24 日 15 时的航班从深圳前往北京。2005 年 4 月 23 日，李某收到 A 航发来的短信，告知李某其拟乘坐的航班由于"公司内部计划原因"被取消，可免费换签 24 日下午 18 时的航班回京。李某声称因工作原因，选择改签 24 日上午 9 时 30 分时的航班回京，并支付了 610 元的差价票款。李某认为 A 航单方面更改客运合同构成了违约，因此向法院提起诉讼，要求赔偿经济损失 610 元和误工费 800 元。后又认为 A 航行为涉嫌消费欺诈构成侵权而变更诉讼请求：要求 A 航双倍赔偿机票款 3600 元，精神抚慰金 500 元和误工费 800 元。

【争议焦点】

1. A 航的行为是否涉嫌消费欺诈构成侵权？

2. A 航是否存在违约？

【处理结果】

一审法院经审理后认为，李某主张 A 航有欺诈行为没有事实依据，双方因机票的订购而达成了航空旅客运输合同，双方均应严格遵守。A航在该合同因故不能实际履行之际提出了相应的解决方案，即安排李某改签24日下午18时的飞机返京并不用补交其他任何费用。该行为已表明A航弥补李某损失的诚意。若李某搭乘24日下午18时的飞机返京也不会对其工作产生影响。但李某以乘坐24日下午18时的飞机返京到家时间过晚为由，执意改签了24日上午9时30分的飞机返京，因此李某补交了差价票款610元，该损失系李某个人主观过错所致，由此产生的一切损失应由李某自身承担。据此作出一审判决：驳回李某全部诉讼请求，案件受理费66元，由李某负担。

李某因不服一审判决提出上诉，请求撤销一审判决，赔偿其因欺诈销售行为而产生的赔偿金3600元、精神抚慰金500元和误工费800元，并判令A航承担一审、二审诉讼费用。后在北京市第二中级人民法院主持调解下，双方达成如下协议：A航返还李某610元差价票款，双方各自承担一审、二审诉讼费用的一半即66元。

【法律评析】

1. A航的行为不构成消费欺诈。

本案中李某购买了A航从深圳至北京的机票，并支付了购票款，双方已形成了航空运输客运合同关系，A航作为承运人有义务按照客票载明时间和班次运输旅客，并应在不能正常运输的情况下及时向旅客告知原因，根据旅客的要求安排改乘其他班次或退票。当深圳到北京的航班因故取消后，A航及时通知了李某，并积极协调处理此事，安排改签24日下午18时的飞机返京，并不用补交其他任何费用。

李某在起诉状中主张，根据《消费者权益保护法》第55条规定，A航作为服务企业，在提供服务时存在欺诈，侵犯了消费者的合法权益，应承担机票票款的双倍赔偿责任。但在本案中，双方是因合同产生的法律关系，A航并未存在欺诈行为，此案并非侵权之诉，李某提出的双倍赔偿请求得不到法律支持。

2. A 航存在违约。

李某通过购票与 A 航形成了航空运输客运合同关系，A 航作为承运人有义务按照客票载明时间和班次运输旅客，并应在不能正常运输的情况下及时向旅客告知原因，根据旅客的要求安排改乘其他班次或退票。本案中，A 航在李某乘机前通知其由于计划取消了原定班次，但未能证明该次航班的取消系由于不可抗力等法定事由造成，法院据此可以认定 A 航未按约定时间、约定班次履行承运义务，应对李某承担违约责任。

《合同法》第 107 条规定，当事人一方不履行合同义务或者履行合同义务不符合约定的，应当承担继续履行、采取补救措施或者赔偿损失等违约责任。航空公司与旅客之间的合同系航空旅客运输合同，航空公司因自身原因单方面取消航班，系对旅客的违约行为，应当对旅客承担违约责任。同时根据《合同法》第 299 条规定，承运人应当按照客票载明的时间和班次运输旅客。承运人迟延运输的，应当根据旅客的要求安排改乘其他班次或者退票。在本案中，A 航提出了免费改签 24 日下午 18 时的航班，但是作为旅客的李某要求改签 24 日早上 9 时 30 分的飞机。A 航应根据李某的要求安排改乘，而不应该收取其改签的差价票款 610 元。

【相关法条】

《中华人民共和国合同法》

第六十条　当事人应当按照约定全面履行自己的义务。

第一百零七条　当事人一方不履行合同义务或者履行合同义务不符合约定的，应当承担继续履行、采取补救措施或者赔偿损失等违约责任。

第二百八十八条　运输合同是承运人将旅客或者货物从起运地点运输到约定地点，旅客、托运人或者收货人支付票款或者运输费用的合同。

第二百九十九条　承运人应当按照客票载明的时间和班次运输旅客。承运人迟延运输的，应当根据旅客的要求安排改乘其他班次或者退票。

《中华人民共和国消费者权益保护法》（2009 年修正）

第四十九条 经营者提供商品或者服务有欺诈行为的，应当按照消费者的要求增加赔偿其受到的损失，增加赔偿的金额为消费者购买商品的价款或者接受服务的费用的一倍。

《中华人民共和国消费者权益保护法》（2013 年修正）

第五十五条第一款 经营者提供商品或者服务有欺诈行为的，应当按照消费者的要求增加赔偿其受到的损失，增加赔偿的金额为消费者购买商品的价款或者接受服务的费用的三倍；增加赔偿的金额不足五百元的，为五百元。法律另有规定的，依照其规定。

23. 赵某诉航空公司改变运输方式赔偿纠纷

原告：赵某

被告：A 航空公司

案由：航空旅客运输合同纠纷

【案情概述】

A 航空公司（以下简称 A 航）于 2011 年 5 月 16 日收到赵某的诉状，诉状中赵某称 2010 年 8 月 25 日从北京飞往屯溪的航班经停合肥后航班取消，A 航改为大巴将乘客送至屯溪，导致赵某到达屯溪的时间比预期晚了 7 个小时。赵某认为 A 航构成欺诈，向法院起诉要求 A 航赔偿 30 000 元损失、返还双倍机票款 2360 元，并由 A 航承担该案诉讼费用。后来了解到，2010 年 8 月 25 日北京飞合肥段由 6012 飞机执行，合肥飞屯溪段由当日从重庆飞回的 6002 飞机执行，因 6002 飞机出现故障，当日未飞回合肥，故公司决定用大巴将旅客从合肥运至屯溪，6012 飞机到合肥后，按照航班计划当日继续执行了合肥至北京航班。旅客误认为 6012 飞机应继续执行合肥至屯溪段，遂起诉 A 航欺诈。

【争议焦点】

1. 飞机故障后，A 航退还取消航段票款、安排其他运输方式将旅客免费运至目的地的行为是否构成欺诈？

2. 由于航班取消而给旅客造成的经济损失如何界定？

【处理结果】

北京市朝阳区酒仙桥法庭经过审理，判决驳回赵某的全部诉讼请求，案件受理费由赵某负担。

【法律评析】

1. A 航已经尽到了法定告知义务。

A 航因飞机机械故障取消了合肥至屯溪段航班，并通知了所有乘客，同时免费将乘客运送至目的地屯溪，之后又将合肥至屯溪段的全部机票款项退还给了包括赵某在内的乘客，其行为并不符合《消费者权益保护法》中的欺诈的情形，故认定赵某要求适用欺诈经营责任条款的诉讼请求，无事实及法律依据，法院未予支持。

2. 原告主张的实际损失证据不足。

法院认为，当事人对自己提出的诉讼请求所依据的事实或者反驳对方诉讼请求所依据的事实有责任提供证据加以证明。没有证据或者证据不足以证明当事人的事实主张的，由负有举证责任的当事人承担不利后果。本案中赵某虽然主张 A 航提供航空运输服务时存在欺诈行为，并给其造成了实际经济损失，但未能提供确实、充分的证据予以证明。

【相关法条】

《中华人民共和国消费者权益保护法》

第五十五条第一款 经营者提供商品或者服务有欺诈行为的，应当按照消费者的要求增加赔偿其受到的损失，增加赔偿的金额为消费者购买商品的价款或者接受服务的费用的三倍；增加赔偿的金额不足五百元的，为五百元。法律另有规定的，依照其规定。

《中华人民共和国民事诉讼法》

第六十四条第一款 当事人对自己提出的主张，有责任提供证据。

24. 王某诉航空公司后段航班被更改赔偿纠纷

原告：王某

被告：湖北省荆州市恒信旅游运输有限公司

　　　湖北空港航空地面服务有限公司

　　　A 航空公司

案由：航空旅客运输合同纠纷

【案情概述】

2012 年 1 月 8 日，王某在湖北省荆州市恒信旅游运输有限公司（以下简称恒信公司）购买了 2012 年 1 月 23 日上午 8 点 30 分 B 航空公司（以下简称 B 航）执飞的武汉至乌鲁木齐、下午 2 点 45 分由 A 航空公司（以下简称 A 航）宁波公司执飞的乌鲁木齐至阿克苏的联程机票，支付购票款 1940元。机票显示，填开单位为湖北空港航空地面服务有限公司（以下简称航服公司）。2012 年 1 月 11 日，恒信公司电话通知王某 1 月 23 日下午 2 点 45分由 A 航空公司承运的乌鲁木齐至阿克苏的航班取消，自认为在征得王某同意下，为王某变更了后续 B 航执飞的乌鲁木齐至阿克苏的航班。后王某并未乘坐航班。2012 年 2 月，王某向荆州市沙市区人民法院（以下简称沙市法院）起诉，要求恒信公司和航服公司双倍返还因违约导致原告作废的机票款 3880 元，并就非法获取王某的个人电话向王某赔礼道歉，沙市法院受理了该案。后恒信公司在开庭前向沙市法院申请追加 A 航为被告，沙市法院经审理后裁定同意追加，并于 2012 年 9 月 25 日重新开庭审理了此案。

【争议焦点】

1. 恒信公司、航服公司是否存在过错？

2. 被告在提供服务时是否有欺诈行为？

【处理结果】

因本案中 A 航是因恒信公司追加申请才成为案件当事人，王某并未对 A 航提出诉讼。庭审结束后，A 航经与恒信公司、航服公司及主审法官积极沟通，两被告均同意撤销对 A 航的追加申请，王某也未提出异议。2012 年 10 月，沙市法院作出了撤销 A 航为被告的裁定。同时，沙市法院作出判决：恒信公司自判决生效之日起 3 日内返还王某机票款 1940 元，航服公司与恒信公司承担连带赔偿责任，并驳回王某的其他诉讼请求。此后，王某未提起上诉。

【法律评析】

1. 恒信公司、航服公司存在过错。

本案中，王某提出变更航班的电话不是本人所接，而恒信公司无法提供相反的证据。沙市法院认定王某在恒信公司购买了武汉至乌鲁木齐、乌鲁木齐至阿克苏的联程机票，并支付了购票款，双方已形成了航空运输合同关系，应切实履行合同义务。当乌鲁木齐至阿克苏的航班取消后，恒信公司应积极协调处理此事，保证合同对方当事人王某的权益，但恒信公司在处理此事上存在过失，致使王某未达到合同目的，应该按照王某的要求改乘其他班次或者退票，现王某拒绝改乘其他班次，恒信公司应全额退还王某的机票款 1940 元。因航服公司与恒信公司是委托代理关系，沙市法院判定航服公司应与恒信公司向王某承担连带责任。

2. 被告行为不构成欺诈。

王某在起诉状中主张的双倍赔偿是基于认为恒信公司与航服公司作为服务企业侵犯了消费者权益而提出，王某认为两家公司在提供服务时存在欺诈行为。但在本案中，三方是因合同产生的法律关系，恒信公司与航服公司并未存在欺诈行为，此案并非侵权之诉，王某提出的双倍赔偿得不到法律支持。

【相关法条】

《中华人民共和国合同法》

第六十条第一款　当事人应当按照约定全面履行自己的义务。

第二百八十八条　运输合同是承运人将旅客或者货物从起运地点运输到约定地点，旅客、托运人或者收货人支付票款或者运输费用的合同。

第二百九十九条　承运人应当按照客票载明的时间和班次运输旅客。承运人迟延运输的，应当根据旅客的要求安排改乘其他班次或者退票。

25. 严某等诉航空公司航班拒载赔偿纠纷

原告：严某、魏某

被告：A 航空公司

      B 航空公司

案由：航空旅客运输合同纠纷

【案情概述】

严某、魏某系夫妻关系。2011 年 3 月 2 日严某、魏某通过 A 航空公司（以下简称 A 航）的网络旗舰店进行订票，预订了 2011 年 5 月 28 日 13 时 50 分的航班从上海浦东飞往三亚。然后，严某、魏某对在三亚的酒店和旅游做了预订和安排。2011 年 4 月 11 日，严某、魏某接到 A 航的客服短信，称原先预订的航班取消，计划将其安排到 5 月 28 日下午 16 点 50 分航班。严某、魏某没有同意 A 航提出的航班变更安排。最终，严某、魏某签转至 B 航空公司（以下简称 B 航）航班，起飞时间为 5 月 28 日当天 12 点 10 分。

5 月 28 日当天，严某、魏某在 B 航柜台顺利办理完登机手续领取登机牌。但是，二人在登机时遭到 B 航的工作人员的阻拦，以航班超售为由拒绝让二人登机。A 航的工作人员到场协调无果。最终，严某、魏某乘坐 A 航 16 点的航班飞往三亚。

事后，严某、魏某将 A 航和 B 航诉至法院，认为 A 航的行为构成违约，B 航的行为构成侵权，要求两被告共同赔偿原告经济损失 1618 元和精神损失 1 万元。

【争议焦点】

1. 签转是权利义务的概括转移还是第三人代为履行？

2. 签转后，严某、魏某与 A 航之间是否还存在航空运输法律关系?

3. B 航拒绝原告的登机请求后，A 航是否需要为此承担责任?

【处理结果】

经过法庭调解，各方达成和解并签署和解协议，A 航、B 航共同支付 2000 元，作为给严某、魏某的人道关怀，其中 A 航承担 600 元，剩余的由 B 航支付。严某、魏某承诺对和解协议保密。严某、魏某收到补偿款后，向法庭提出撤诉申请。法院出具裁定书，同意其撤诉。

【法律评析】

1. 签转的法律属性。

在本案中，严某、魏某与 A 航协商一致同意将航班签转至 B 航的航班，因此，实际提供航空运输服务的是 B 航。即，因为签转的出现，导致本案中出现了两个承运人，其中 A 航为缔约承运人，而 B 航为实际承运人。根据《民用航空法》第 138 条的规定:"除本节另有规定外，缔约承运人和实际承运人都应当受本章规定的约束。缔约承运人应当对合同约定的全部运输负责。实际承运人应当对其履行的运输负责。"所以，改签行为不属于航空旅客运输合同项下权利义务的概括转移，而是由原航空旅客运输合同缔约方之外的第三方代替原航空公司履行合同，提供航空运输服务。

2. 第三人拒绝履行或者履行不符合约定时的责任。

根据《合同法》第 65 条:"当事人约定由第三人向债权人履行债务的，第三人不履行债务或者履行债务不符合约定，债务人应当向债权人承担违约责任。"根据《民用航空法》第 139 条第 1 款的规定:"实际承运人的作为和不作为，实际承运人的受雇人、代理人在受雇、代理范围内的作为和不作为，关系到实际承运人履行的运输的，应当视为缔约承运人的作为和不作为。"所以，若第三人拒绝履行或者履行不符合约定，应当由原债务人承担违约责任。当然，在原债务人承担责任后，可以向第三人追偿。而根据《民用航空法》第143条的规定："对实际承运人履行的运输提起的诉讼，可以分别对实际承运人或者缔约承运人提起，也可以同时对实际承运人和缔约承运人提起；被提起诉讼的承运人有权要求另一承运人参加应诉。"所以，严某、魏某可以直接将缔约承运人和实际承运人作为被告进行起诉。

【相关法条】

《中华人民共和国合同法》

第六十五条 当事人约定由第三人向债权人履行债务的，第三人不履行债务或者履行债务不符合约定，债务人应当向债权人承担违约责任。

《中华人民共和国民用航空法》

第一百三十七条 本节所称缔约承运人，是指以本人名义与旅客或者托运人，或者与旅客或者托运人的代理人，订立本章调整的航空运输合同的人。

本节所称实际承运人，是指根据缔约承运人的授权，履行前款全部或者部分运输的人，不是指本章规定的连续承运人；在没有相反证明时，此种授权被认为是存在的。

第一百三十八条 除本节另有规定外，缔约承运人和实际承运人都应当受本章规定的约束。缔约承运人应当对合同约定的全部运输负责。实际承运人应当对其履行的运输负责。

第一百三十九条第一款 实际承运人的作为和不作为，实际承运人的受雇人、代理人在受雇、代理范围内的作为和不作为，关系到实际承运人履行的运输的，应当视为缔约承运人的作为和不作为。

（八）航空食品

26. 郭某等诉航空公司机上食品质量纠纷

原告： 郭某、徐某
被告： A航空公司
案由： 航空旅客运输合同纠纷

【案情概述】

2008年9月29日，郭某、徐某乘坐A航空公司（以下简称A航）航班由太原至上海，飞行途中，郭某、徐某以A航提供的餐包包装袋上未标注保质期和生产日期为由向乘务长提交了书面投诉信。收到上述投诉信息后，A航立即将事件转交该航班配餐单位山西航空食品公司（以下简称山西航食）处理。处理过程中，郭某根据山西航食的回函及其提供的资料进一步发现面包袋上标注的生产商"太原航空食品有限公司（以下简称太原航食）"与作为处理投诉的"山西航食"名称不符，郭某遂于2008年10月20日、11月25日、12月9日，2009年2月5日、2月29日、3月19日6次乘坐A航航班调查餐食标记情况，其中前三次餐包包装袋上标注"生产商：山西航食"，后三次包装袋上标注"生产商：太原航食；销售商：山西航食"。2008年12月2日，郭某再次向A航写信投诉，从面包袋上无生产日期为起因，已经演变为如下四个问题：(1) 山西航食所称"太原航食2008年8月28日更名为山西航食"证据不足；(2) 山西航食制造面包的行为超出了工商登记核准的经营范围；(3) 山西航食至今未取得食品生产许可证，制造面包属于非法经营；（4）山西航食向旅客供应伪造生产许可证标志和编号的食品，已构成对运输消费者的欺诈。随后，郭某以"航空食品有限公司冒用他人生产许可证违规生产糕点"为由分别向上海市质量技术监督局、国家质检总局、国家工商总局等单位进行投诉。在投诉无效的情况下，郭某、徐某于2009年5月27日向上海市长宁区法院（以下简称长宁区法院）提起诉讼，以A航"对飞行航班上供应给旅客的食品无进货验收制度，不验明产品合格证明和产品标识，就直接提供给旅客，且长期向消费者供应无证生产的食品。……已构成欺诈"为由，要求法院判令A航赔礼道歉，并进行赔偿。在第一次开庭过后，即2009年7月9日，郭某向法院递交《变更诉讼请求书》，将诉讼请求变更为判令A航承担违约责任；第三次开庭（2009年12月11日）经法院释明，郭某同意按照2009年3月19日的航空旅客运输合同，以欺诈为由要求双倍赔偿。

【争议焦点】

1. A航在提供航空运输服务过程中有无违约行为？
2. A航在提供航空运输服务过程中有无欺诈行为？

【处理结果】

2009年12月24日，长宁区法院就本案依法作出判决，驳回了郭某、徐某的诉讼请求。郭某、徐某不服一审法院判决，向上海市第一中级人民法院提起上诉。2010年5月19日，上海市一中院就本案作出判决，驳回上诉，维持原判。

【法律评析】

1. A航在提供航空运输服务过程中有无违约行为？

航空旅客运输合同约定被告应将旅客从起飞港安全运往目的港，但没有关于向旅客提供餐饮服务的约定。关于机票中是否包含食品费用，国家法律法规也没有明文规定。因此，对于"食品费用已经包含在机票价格中"的说法，郭某不能举证证明系"约定"，也不能举证证明系"法定"。

国家发改委、国家民航局 2004 年 3 月 17 日发布的第 18 号公告附件，即《民航国内航空运输价格改革方案》规定：客货运输价格，由政府根据航空运输的社会平均成本、市场供求状况、社会承受能力，合理确定基准价及浮动幅度；航空运输企业在规定的幅度内，确定具体价格。A 航也从未就食品费用包含在机票价格之中下发文件或者公示。A 航在航空运输服务中提供餐食，并非约定俗成的惯例，而是一种企业行为。郭某 7 次由太原乘机飞抵上海，A 航均安全将其运抵目的港。A 航在履行本案航空旅客服务合同过程中，没有违约行为，更未造成原告人身和财产的任何损失。

2. A 航在提供旅客运输服务过程中有无欺诈行为？

欺诈是侵犯消费者权益的行为，作为一般侵权行为应具备主观故意、客观行为、损害后果和因果联系四个必要条件。从主观故意来说，山西航食和太原航食都是 A 航投资公司，在重组兼并实施过程中，考虑到新设立的山西航食申领《全国工业产品生产许可证》即 QS 证有一个审批过程，所以两食品公司在《企业兼并重组协议》中约定，涉及需要 QS 证管理的面包、糕点类产品，仍由太原航食在太原市高新技术开发区开拓巷 16 号负责生产，供山西航食配餐使用，直至山西航食取得 QS 证。至于在 2008 年 9 月底印制的一批面包袋上，将生产商印成了"山西食品公司"，以及个别面包袋上漏打生产日期，属工作中偶尔的疏忽和失误，并非故意告知虚假情况、隐瞒真实情况的行为。从客观行为来说，由于郭某、徐某同 A 航订立的是航空旅客运输合同，现有证据也未反映郭某、徐某系因 A 航客运过程中存在特定餐饮服务而选择 A 航为承运人，因此食品包装及标签问题不足以影响郭某、徐某选择乘坐 A 航班机的意思表示。从损害后果来说，郭某、徐某因怀疑面包质量问题未食用，而其他食物食用后未造成任何人身损害。综上，A 航在提供航空运输服务过程中不存在欺诈行为。

【相关法条】

《中华人民共和国合同法》

第一百一十三条第二款　经营者对消费者提供商品或者服务有欺诈行为的，依照《中华人民共和国消费者权益保护法》的规定承担损害赔偿责任。

第二百八十八条　运输合同是承运人将旅客或者货物从起运地点运输到约定地点，旅客、托运人或者收货人支付票款或者运输费用的合同。

（九）行 李

27. 童某诉航空公司行李丢失赔偿纠纷

原告：童某

被告：A 航空公司

案由：航空旅客运输合同纠纷

【案情概述】

2008 年 3 月 6 日某俱乐部邀请童某参加其于 3 月 28 日到 30 日在海南举办的活动，并邀请童某于 3 月 29 日在该活动上发言。因为该俱乐部会员均为中国最优秀的民营企业家，且组委会对活动着装进行了要求，童某为此准备了大量精品服装和配饰。2008 年 3 月 23 日，童某乘坐 A 航空公司（以下简称 A 航）的航班头等舱从北京飞往上海，准备在上海略作停留后再赴海南参加上述活动。但当童某到达上海虹桥机场时，发现托运的大型行李箱丢失，箱里装有大量童某为此次活动购置的服装和配饰。为此童某不得不返回北京重新购置物品并订购机票，并于 2008 年 3 月 28 日从北京直接飞往海口。童某多次与被告联系，并填写被告出具的索赔单，但被告一直没有找到行李。童某认为被告有义务保证乘客托运的行李安全完整地到达目的地，被告丢失旅客托运行李的行为，已经构成违约，故诉至法院要求被告赔偿行李价值 262 260 元，并赔偿其因丢失行李导致的经济损失 3530 元，以上共计 265 790 元。

【争议焦点】

1. 被告是否应按丢失行李的价值赔偿原告？

2. 对于原告因丢失行李导致的其他经济损失 3530 元，被告是否应当承担？

【处理结果】

一审法院判决，被告 A 航空于本判决生效之日起 7 日内给付原告童某行李损失赔偿金 2400 元；驳回原告其他诉讼请求；由被告负担 25 元的案件受理费。原告不服一审判决提出上诉，二审法院经审理后，判决驳回上诉，维持原判。

【法律评析】

1. 对于原告行李丢失，被告是否应按丢失行李的价值赔偿原告？

根据《中国民用航空旅客、行李国内运输规则》第 36 条规定，贵重物品不得夹入行李内托运，承运人对托运行李内夹带贵重物品的遗失或损坏按一般托运行李承担赔偿责任；第 43 条规定，旅客的托运行李每公斤价值超过 50 元时，可办理行李的声明价值，承运人应按照旅客声明价值中超过每公斤 50 元的价值的 5‰收取声明价值附加费，每一旅客声明价值的最高限额为 8000 元。《国内航空运输承运人赔偿责任限额规定》第 3 条第 3 款规定，对旅客托运的行李和对运输的货物的赔偿责任限额为每公斤 100 元。据原告陈述，其丢失的行李物品价值 26 万余元，行李内的大部分物品均可自行携带上飞机，故在原告既未随身携带、妥善保管贵重物品，又未办理行李声明价值的情况下，被告对原告行李丢失的赔偿限额仅限于每公斤 100 元，按照该行李重 24 公斤计算，即 2400 元。

2. 对于原告因丢失行李导致的其他经济损失 3530 元，被告是否应当承担？

原告虽称其于 2008 年 3 月 23 日到上海是想在上海稍作停留后从上海前往海口，但因行李丢失，故返回北京购置物品后才从北京飞往海口。鉴于原告原定于 2008 年 3 月 28 日到海口参加活动，又未对其北京直飞海口与行李丢失本身存在因果关系进行举证。因此，法院无法认定原告从北京到海口发生的机票票款是其因丢失行李而额外产生的损失，对该诉讼请求未予支持。

在航空运输中，旅客对其所提出的损失或损害有证明的义务，需要其提供相关的证据，并且证明损失与其相对方的行为有因果关系，要保证证据的真实性和完整性。

【相关法条】

《中华人民共和国合同法》

第三百一十二条　货物的毁损、灭失的赔偿额，当事人有约定的，按照其约定；没有约定或者约定不明确，依照本法第六十一条的规定仍不能确定的，按照交付或者应当交付时货物到达地的市场价格计算。法律、行政法规对赔偿额的计算方法和赔偿限额另有规定的，依照其规定。

《中国民用航空旅客、行李国内运输规则》

第三十六条第三款　重要文件和资料、外交信袋、证券、货币、汇票、贵重物品、易碎易腐物品，以及其他需要专人照管的物品，不得夹入行李内托运。承运人对托运行李内夹带上述物品的遗失或损坏按一般托运行李承担赔偿责任。

第四十三条　旅客的托运行李，每公斤价值超过人民币50元时，可办理行李的声明价值。承运人应按旅客声明的价值中超过本条第一款规定限额部分的价值的5‰收取声明价值附加费。金额以元为单位。托运行李的声明价值不能超过行李本身的实际价值。每一旅客的行李声明价值最高限额为人民币8000元。如承运人对声明价值有异议而旅客又拒绝接受检查时，承运人有权拒绝收运。

《国内航空运输承运人赔偿责任限额规定》

第三条第三款　对旅客托运的行李和对运输的货物的赔偿责任限额，为每公斤人民币100元。

二、国内航空货物运输合同纠纷

（十）延迟交付

28. 进出口公司诉航空公司货物 延迟交付赔偿纠纷

原告（反诉被告）：中工美凯地进出口有限责任公司

被告（反诉原告）：上海兰生国际货运有限公司

A 航空公司

案由：航空货物运输合同纠纷

【案情概述】

2006 年，中工美凯地进出口有限责任公司（以下简称美凯公司）与 TEE TOP 公司签订买卖合同，美凯公司向 TEE TOP 公司出售男士 T 恤衫 40 590 件，总价 197 297.10 美元。

2006 年 12 月，美凯公司委托上海兰生国际货运有限公司（以下简称兰生公司）办理上述货物出口航空运输事宜，约定运费到付。兰生公司接受委托后，以自身名义向 A 航公司（以下简称 A 航）订舱，A 航出具了编号为 774 - 60476636 的总运单，载明托运人为兰生公司，收货人为 SHIN YOUNG EXPRESS，航班号为 847。兰生公司向美凯公司出具了编号为 0051646 的分运单，分运单载明托运人为美凯公司，收货人为 EAST WEST BANK，通知人为 TEE TOP 公司，交货代理人为 SHIN YOUNG EXPRESS，运费到付。

此后 EAST WEST BANK 开立申请人为 TEE TOP 公司、受益人为美凯公司的不可撤销信用证，结算金额为货款金额。货物交运后，A 航按主运单上载明的目的港和收货人交付货物。兰生公司的海外代理人 SHIN YOUNG EXPRESS 将货物存放于仓库，但因美凯公司与 TEE TOP 公司之间的原因货物一直未能交付。

此后，美凯公司以兰生公司和 A 航未按约定时间将货物交付其指定收货人，造成该公司无法按时收回货款并办理出口退税，该损失应由兰生公司和 A 航承担为由，向上海市浦东新区人民法院（以下简称浦东新区法院）提起诉讼。

兰生公司则主张因美凯公司指定收货人以货物质量问题拒绝收货造成其不能收到运费，反诉美凯公司要求其支付运费。

【争议焦点】

1. A 航是否为本案适格被告？
2. 票据关系和合同关系之间的权利义务如何分配？
3. 兰生公司是否应对美凯公司无法收取货款和办理出口退税承担违约责任？
4. 兰生公司可否向美凯公司主张收取运费？

【处理结果】

浦东新区法院在受理后，查明 A 航出具的总运单托运人为兰生公司，与美凯公司并无合同关系，且 A 航已履行安全出运货物至目的港的义务，不存在违约行为。故 A 航并非本案适格被告，法院驳回美凯公司对 A 航的诉请。

法庭另查明，美凯公司主张兰生公司在总运单和分运单中签署的收货人不同，由此造成其指定收货人无法取回货物并办理货款兑付。按买卖合同约定和信用证兑付条件，美凯公司不能承兑造成的损失与兰生公司并无关联，且美凯公司不能提供银行拒付证明，故法院未予支持。至于退税损失因美凯公司尚未结汇造成，浦东新区法院同样未予支持。对于兰生公司反诉运费损失，因其在接受美凯公司委托时约定运费到付，按合同约定和分运单载明收货人为 EAST WEST BANK，兰生公司应先向 EAST WEST BANK 主张给付，直接向美凯公司主张于法无据，也不予支持。

之后，美凯公司和兰生公司均向上海市第一中级人民法院（以下简称上海市一中院）提起上诉，上海市一中院均予驳回，维持原判。

【法律评析】

1. 本案中，兰生公司虽然是受美凯公司委托办理货物空运事宜，但是在签订航空货物运输合同时是以其自身名义签署。根据司法实践中严格适用《合同法》关于"隐名合同"的原则，在形式上不能认定 A 航知道其委托关系，这就将 A 航排除在兰生与美凯公司合同关系之外，浦东新区法院最终也认定 A 航并非本案适格被告，为 A 航减免了大量的举证责任，A 航也因自身履约无瑕疵避免了承担责任。

2. 本案同时涉及合同关系和票据关系，货款损失和运费损失均有发生，虽主体不同，但是与损失认定和责任承担存在重大关联。在《票据法》中，依无因性理论，票据关系一经形成即与基础关系（如合同关系）相分离，基础关系是否存在、是否有效，不影响票据关系存在及其法律效力，票据关系与基础关系各自独立。因而，票据持有人行使票据权利无须证明其取得票据的原因，义务人也无审查的权利。由此，我们又称票据为无因证券。

因此，对于以合同纠纷提起的涉及票据关系的诉讼，司法实践中需要辨析损失是因何种法律关系导致，如果虽存在合同纠纷，但是因票据关系本身因素导致的兑付不能，则不能适用《合同法》判定。

3. 本案中，美凯公司信用证承兑不能是票据关系问题，其与兰生公司之间的合同关系并不受票据关系的影响。反之，两者之间的合同关系纠纷也不对票据关系形成障碍。兰生公司在诉讼中抓住美凯公司在承兑过程存在的瑕疵造成的银行拒付作为抗辩理由，浦东新区法院因此认定美凯公司票据承兑不能造成的损失与主合同纠纷并不相关，为兰生公司减免责任提供了支持。

法院判决同时阐明了美凯公司在未发生收取货款时不存在结汇事实，

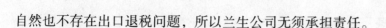

自然也不存在出口退税问题，所以兰生公司无须承担责任。

4. 按兰生公司与美凯公司之间的合同约定，运费到付。在兰生公司应向收货人主张运费，美凯公司不承担支付责任，所以法院判决驳回了兰生公司的反诉主张。

【相关法条】

《中华人民共和国合同法》

第二百八十八条　运输合同是承运人将旅客或者货物从起运地点运输到约定地点，旅客、托运人或者收货人支付票款或者运输费用的合同。

第二百九十条　承运人应当在约定期间或者合理期间内将旅客、货物安全运输到约定地点。

第三百零四条　托运人办理货物运输，应当向承运人准确表明收货人的名称或者姓名或者凭指示的收货人，货物的名称、性质、重量、数量、收货地点等有关货物运输的必要情况。

因托运人申报不实或者遗漏重要情况，造成承运人损失的，托运人应当承担损害赔偿责任。

《中华人民共和国票据法》

第四条第一款　票据出票人制作票据，应当按照法定条件在票据上签章，并按照所记载的事项承担票据责任。

《最高人民法院关于民事诉讼证据的若干规定》

第二条　当事人对自己提出的诉讼请求所依据的事实或者反驳对方诉讼请求所依据的事实有责任提供证据加以证明。

没有证据或者证据不足以证明当事人的事实主张的，由负有举证责任的当事人承担不利后果。

第七十五条　有证据证明一方当事人持有证据无正当理由拒不提供，如果对方当事人主张该证据的内容不利于证据持有人，可以推定该主张成立。

第七十七条　人民法院就数个证据对同一事实的证明力，可以依照下列原则认定：

（一）国家机关、社会团体依职权制作的公文书证的证明力一般大于其他书证；

（二）物证、档案、鉴定结论、勘验笔录或者经过公证、登记的书证，其证明力一般大于其他书证、视听资料和证人证言；

（三）原始证据的证明力一般大于传来证据；

（四）直接证据的证明力一般大于间接证据；

（五）证人提供的对与其有亲属或者其他密切关系的当事人有利的证言，其证明力一般小于其他证人证言。

29. 托运人诉运送服务公司文件
运输延误赔偿纠纷

原告：上海振华港口机械有限公司

被告：美国联合包裹运送服务公司

案由：快递服务合同纠纷

【案情概述】

上海振华港口机械有限公司（以下简称振华公司）于 1993 年 7 月 20 日上午电话通知被告美国联合包裹运送服务公司（以下简称 UPS 公司）揽货员，表明 7 月 21 日需快递一份文件到也门共和国参加投标。当日下午，UPS 公司交给振华公司一份 UPS 公司运单，让原告填写。该运单背面印有"华沙公约及其修改议定书完全适用于本运单"和"托运人同意本运单背面条款，并委托 UPS 公司为出口和清关代理"等字样。7 月 21 日上午，UPS 公司派员到振华公司提取托运物标书，并在 UPS 公司收件代表签字处签名，表示认可。但是，在收到振华公司的标书后，UPS 公司未在当天将标书送往上海虹桥机场报关。直至 7 月 23 日晚，其才办完标书的出境手续。该标书 7 月 27 日到达目的地。振华公司得知标书未在投标截止日期，即 7 月 26 日前到达目的地后，于 7 月 27 日致函 UPS 公司，要求查清此事并予答复。UPS 公司回函承认其在该标书处理上犯有未严格按收件时间收件（截止时间为 16 时，而原告标书到被告上海浦东办事处是 16 时 45 分）、未仔细检查运单上的货品性质、未问清客户有否限时送到的额外要求等三点错误，并表示遗憾。

中国民航法律案例精解

【争议焦点】

1. 本案应适用何种法律法规?
2. 承运人是否需要因延误交付快递承担责任?

【处理结果】

法院于 1995 年 9 月 18 日作出判决,认为 UPS 公司作为承运人,未能迅速、及时、安全地将快递送达指定地点,应当向振华公司赔偿经济损失2000 法郎,折合 12 695.47 元人民币。但是对于振华公司要求 UPS 公司承担诉讼费用等其他要求,法院未予支持。

【法律评析】

1. 本案应适用《华沙公约》和 1955 年《统一国际航空运输某些规则的公约的议定书》(以下简称《海牙议定书》)的相关规定。

根据《民法通则》第 142 条第 2 款、第 3 款的规定,涉外民事法律关系的法律适用顺序为国际条约、国内法、国际惯例。本案案情中,中国和美国都是《华沙公约》和《海牙议定书》的成员国,应当适用《华沙公约》和《海牙议定书》的相关规定,排除对我国国内法的适用。

2. UPS 公司应对延误交付快递承担责任。

根据《华沙公约》和《海牙议定书》的规定,承运人应对货物在航空运输过程中因延误而造成的损失负责任。UPS 公司作为承运人,理应迅速、及时、安全地将振华公司所需投递的标书送达指定地点。但是,UPS 公司于 1993 年 7 月 21 日上午接受标书后,未按行业惯例于当天送往机场报关,直到 23 日晚才将标书报关出境,以致标书在沪滞留两天半。UPS 公司的行为违背了快件运输迅速、及时的宗旨,其行为属延误,应当承担相应的民事责任。振华公司虽未按被告运单规定的要求填写运单,但 UPS 公司在收到其填写的运单后,未认真审核,责任在 UPS 公司。

【相关法条】

《中华人民共和国民法通则》

第一百四十二条　涉外民事关系的法律适用，依照本章的规定确定。中华人民共和国缔结或者参加的国际条约同中华人民共和国的民事法律有不同规定的，适用国际条约的规定，但中华人民共和国声明保留的条款除外。中华人民共和国法律和中华人民共和国缔结或者参加的国际条约没有规定的，可以适用国际惯例。

《华沙公约》

第十八条　（1）对于任何已登记的行李或货物因毁灭、遗失或损坏而产生的损失，如果造成这种损失的事故是发生在航空运输期间，承运人应负责任。

（2）上款所指航空运输的意义，包括行李或货物在承运人保管下的期间，不论是在航空站内、在航空器上或在航空站外降落的任何地点。

（3）航空运输的期间不包括在航空站以外的任何陆运、海运或河运。但是如果这种运输是为了履行空运合同，是为了装货、交货或转运，任何损失应该被认为是在航空运输期间发生事故的结果，除非有相反证据。

第十九条　承运人对旅客、行李或货物在航空运输过程中因延误而造成的损失应负责任。

《海牙议定书》

第十一条　删去公约第二十二条，改用下文：

"**第二十二条**　一、载运旅客时，承运人对每一旅客所负的责任以二十五万法郎为限。

如根据受诉法院法律可用分期付款方式赔偿损失时，则付款的本金总值不得超过二十五万法郎。但旅客得与承运人以特别合同约定一较高的责任限度。

二、（一）在载运登记的行李和载运货物时，承运人的责任以每公斤二百五十法郎为限，除非旅客或托运人在交运包件时，曾特别声明在目的地交付时的利益并缴付必要的附加费。在后一种情况下，除非承运人证明旅客或托运人声明的金额是高于旅客或托运人在目的地交付时的实际利益，承运人应在不超过声明金额的范围内负赔偿责任。

（二）如登记的行李或货物的一部分或行李、货物中的任何物件发生遗失、损坏或延误，用以决定承运人责任限额的重量，仅为该一包件或该数包件的总重量。但如因登记的行李或货物的一部分或行李、货物中的物件发生遗失、损坏或延误以致影响同一份行李票或用一份航空货运单所列另一包件或别数包件的价值时，则在确定责任限额时，另一包件或另数包件的总重量也应考虑在内。

三、关于旅客自行照管的物件，承运人的责任对每一旅客以五千法郎为限。

四、本条规定的限额并不妨碍法院按其法律另外加判全部或一部分法院费用及对起诉人所产生的其他诉讼费用。如判给的赔偿金额，不包括诉讼费及其他费用，不超过承运人于造成损失的事故发生后六个月内或已过六个月而在起诉以前以书面向起诉人提出允予承担的金额，则不适用前述规定。

......

（十一）货　损

30. 机械公司诉航空公司货损赔偿纠纷

原告：上海仁创机械科技有限公司
被告：上海多立货运代理有限公司
上海翔友航空客货代理有限公司
A 航空公司
案由：财产损害赔偿纠纷

【案情概述】

上海仁创机械科技有限公司（以下简称仁创公司）通过货代公司（一级代理）上海多立货运代理有限公司（以下简称多立公司）及（二级代理）上海翔友航空客货代理有限公司（以下简称翔友公司）将进口的鼓风机（以下简称货物）交由 A 航空公司（以下简称 A 航）航班从上海空运至昆明。货物到昆明后发现外包装有破损，应收货人要求 A 航出具了《货物不正常运输记录单》，该记录单中详细说明栏中注明："卸机时发现该货物中有三件外包装破损，内物是否损坏以及短少，待发货时查验；发货时发现：两个大木箱横放。"收货人在昆明提货后陆路运输到攀枝花（收货后 18 天）打开外包装后发现内物变形破损并在当地做了公证，后货物又空运回上海（收货后 27 天），由上海出入境检验检疫部门出具了鉴定报告，该鉴定报告认为货物系航空运输期间内不当操作，货物碰撞或倾倒导致破损。仁创公司将货物运回产地韩国修理，修理完毕后再运回上

113

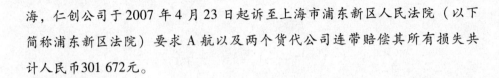

海，仁创公司于 2007 年 4 月 23 日起诉至上海市浦东新区人民法院（以下简称浦东新区法院）要求 A 航以及两个货代公司连带赔偿其所有损失共计人民币301 672元。

【争议焦点】

1. 涉案标的物的实际损害是否发生在航空运输期间？

2. 《货物不正常运输单》是否构成《民用航空法》第 134 条里的书面异议？

【处理结果】

该案经浦东新区法院一审开庭审理，于 2007 年 10 月 22 日作出判决，以收货人没有证据证明损失是否发生在航空运输期间为由不予支持仁创公司的所有诉讼请求。

仁创公司不服一审判决，上诉至上海市第一中级人民法院（以下简称上海市一中院），上海市一中院经开庭审理后以收货人自行放弃验货权利导致无法确认损失是否发生在航空运输期间为由最终维持原判。

【法律评析】

本案一审及二审过程中，货损是否发生于航空运输期间始终是双方争议的焦点。

首先，发货人和收货人依据《不正常运输记录单》所记载的内容，即"卸机时发现该货物中有三件外包装破损，内物是否损坏以及短少，待发货时查验；发货时发现：两个大木箱横放"作为提货时对货物表面状况提出异议及货损的初步证据，结合货到攀枝花打开后的公证照片和后续的上海出入境检验检疫部门出具的鉴定报告，以证明货损发生于航空运输期间。但恰恰又是该《不正常运输记录单》所记载的内容，仅能证明外包装受损，而货物本身的情况则通过"待发货时查验"及"发货时发现：两个大木箱横放"的记载，证明了货物仅外包装破损内部无损及收货人在发现货物外

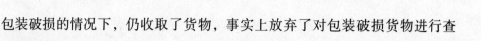

包装破损的情况下，仍收取了货物，事实上放弃了对包装破损货物进行查验的权利。

其次，根据《民用航空法》第 134 条及《中国民用航空货物国内运输规则》第 47 条的规定，货物受损的索赔应自收到货物之日起 14 日内提出。而本案中发货人和收货人收货后并未对货物本身及时验收，导致超过了法定的 14 日的索赔及异议期间。

综上，本案中收货人在收货时怠于对货物本身的及时查验及收货后又怠于及时提出书面索赔或异议，导致发货人和收货人无法证明货损发生在航空运输期间的唯一性，最终导致发货人和收货人对航空货损索赔的败诉。

【相关法条】

《最高人民法院关于民事诉讼证据的若干规定》

第二条　当事人对自己提出的诉讼请求所依据的事实或者反驳对方诉讼请求所依据的事实有责任提供证据加以证明。

没有证据或者证据不足以证明当事人的事实主张的，由负有举证责任的当事人承担不利后果。

《中国民用航空货物国内运输规则》

第四十七条　托运人或收货人发现货物有丢失、短缺、变质、污染、损坏或延误到达情况，收货人应当场向承运人提出，承运人应当按规定填写运输事故记录并由双方签字或盖章。如有索赔要求，收货人或托运人应当于签发事故记录的次日起，按法定时限向承运人或其代理人提出索赔要求。向承运人提出赔偿要求时应当填写货物索赔单，并随附货运单、运输事故记录和能证明货物内容、价格的凭证或其它有效证明。

超过法定索赔期限收货人或托运人未提出赔偿要求，则视为自动放弃索赔权利。

《中华人民共和国民用航空法》

第一百三十四条　旅客或者收货人收受托运行李或者货物而未提出异

议，为托运行李或者货物已经完好交付并与运输凭证相符的初步证据。

托运行李或者货物发生损失的，旅客或者收货人应当在发现损失后向承运人提出异议。托运行李发生损失的，至迟应当自收到托运行李之日起七日内提出；货物发生损失的，至迟应当自收到货物之日起十四日内提出。托运行李或者货物发生延误的，至迟应当自托运行李或者货物交付旅客或者收货人处置之日起二十一日内提出。

任何异议均应当在前款规定的期间内写在运输凭证上或者另以书面提出。

除承运人有欺诈行为外，旅客或者收货人未在本条第二款规定的期间内提出异议的，不能向承运人提出索赔诉讼。

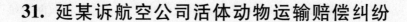

31. 延某诉航空公司活体动物运输赔偿纠纷

原告：延某

被告：A 航空公司

案由：航空货物运输合同纠纷

【案情概述】

原告延某出资75万元从西藏购买了3条藏獒犬，于2011年7月27日上午乘B航空公司航班由西藏运至成都，当日下午转乘A航空公司（以下简称A航）航班，由成都运抵西安，卸货时发现3只藏獒犬均已死亡。延某以A航延误1小时15分钟，造成了藏獒犬的死亡为由，要求全额赔偿购犬款75万元，A航同意按照每公斤100元赔偿货损，未能协商一致。延某遂向西安市莲湖区人民法院（以下简称莲湖法院）提起索赔诉讼。

【争议焦点】

1. 延某是否是本案适格的原告主体？
2. 藏獒犬的死亡是否与承运人及其航班延误有直接因果关系？
3. 货损责任应由谁承担？

【处理结果】

莲湖法院受理案件后，经过开庭审理，认为：因航空货运单显示的托运人系成都C货物运输有限责任公司（以下简称C公司）及其员工罗某，并非延某，故延某不是适格的原告主体，裁定驳回延某的诉讼请求。延某未提出上诉请求。

【法律评析】

1. 延某是否是本案的适格原告？

庭审中，延某认为：自己是 3 只藏獒犬的收货人，因为 A 航航班延误 1 小时 15 分到达西安，致使 3 条藏獒犬全部死亡，A 航是承运人，自然应该承担货物灭失的责任。莲湖法院认为：货运单上显示的托运人系 C 公司及员工罗某，托运人书面表示放弃索赔权利，A 航与延某之间并无其他合同关系。根据《民事诉讼法》相关规定，延某要求 A 航赔偿的诉讼请求，缺乏依据，法院不予支持。

该案中，货运单上显示的托运人 C 公司及其员工罗某，是 3 只藏獒中转成都时货主委托办理转机手续的货运代理人，此货运单收货人栏显示的是延某的名字，根据《民用航空法》第 119 条：收货人的权利依照本法第 120 条规定开始时，托运人的权利即告终止。第 121 条规定：托运人和收货人在履行航空货物运输合同规定的义务的条件下，无论为本人或者他人的利益，可以以本人的名义分别行使本法第 119 条和第 120 条所赋予的权利。因此，延某作为本案原告是有法律依据的，法院的判决给货主主张权利留有空间。但是，延某没有提出上诉。

2. 藏獒犬的死亡是否与承运人及其航班延误有直接因果关系？

A 航认为没有直接因果关系，理由如下：其一，航班延误的直接原因是成都机场对飞机的流量控制，是民航空中交通管理局对双流机场的航空器在空中活动进行管理和控制造成的，属政府管控行为，A 航作为航空运输承运人只能遵照执行。其二，A 航在成都双流机场的代理人严格按照工作流程收货、查验、入库、出库，并特别将该航班的两单活体物装舱于该航班飞机的后舱供氧区域，该区域的实际装载量远远小于最大装载量，装载空间较为宽松，同时，A 航按照《中国民用航空货物国内运输规则》第 14 条要求，将活体物装舱区域以《特种货物机长通知单》与该航班机长签字交接，机长已按照规程在飞行中对特种货物尽到了给氧、通风的合理照料义务。其三，同货舱同区域运输的 40 件鸡苗正常交付，鸡苗的生命力较藏獒显然较低，鸡苗的存活足以证明承运人的有氧货仓具备生命存活的条件，承运人已尽到合理注意义务，没有过错，不应承担货物自然灭失的责任。

3. 货损责任由谁承担？

托运人在运送藏獒中存在侥幸、放任的心态，对藏獒的生命健康没有给予足够的注意，负有过错责任，这与藏獒的死亡有必然的因果关系，应当承担过错责任。理由如下：其一，托运人未能正确填写航空货运单。航空货运单及货物托运书显示，托运人在货物名称栏里填写的是"犬"，而实际运输的是藏獒，违反了"货物运输不得填写表示货物类别的统称或品牌"的行规，以及《民用航空法》第117条第2款"因航空货运单上所填的说明和声明不符合规定、不正确或者不完全，给承运人或承运人对之负责的其他人造成损失的，托运人应当承担赔偿责任"。其二，托运人将藏獒作为普通货物交运，没有提出运输注意事项、没有办理声明价值与保险手续，对藏獒运输未尽到合理关注和照料责任。《中国民用航空货运运输规则》第35条规定，藏獒属"特种货物运输"的贵重物品，而托运人选择运费2.3元/公斤，将藏獒按照普通货物交运，没有办理特殊声明手续。其三，货主明知藏獒从成都转机西安时，其状况可能不支持下一航段的运输，藏獒生命健康将面临极大风险，但托运人采取了放任态度，向承运人隐瞒了事实，办理了转运手续，《民用航空法》第127条第2款规定："在货物运输中，经承运人证明，损失是由索赔人或者代行权利人的过错造成或者促成的，应当根据造成或者促成此种损失的过错的程度，相应免除或者减轻承运人的责任"。其四，托运人在托运书上承诺"死亡自负"。根据合同自由原则，该承诺对发货人及托运人均有约束力。

【相关法条】

《中华人民共和国民用航空法》

第一百一十九条第四款 收货人的权利依照本法第一百二十条规定开始时，托运人的权利即告终止；但是，收货人拒绝接受航空货运单或者货物，或者承运人无法同收货人联系的，托运人恢复其对货物的处置权。

第一百二十条第一、三款 除本法第一百十九条所列情形外，收货人于货物到达目的地点，并在缴付应付款项和履行航空货运单上所列运输条件后，有权要求承运人移交航空货运单并交付货物。

承运人承认货物已经遗失，或者货物在应当到达之日起七日后仍未到达的，收货人有权向承运人行使航空货物运输合同所赋予的权利。

第一百二十一条 托运人和收货人在履行航空货物运输合同规定的义务的条件下，无论为本人或者他人的利益，可以以本人的名义分别行使本法第一百一十九条和第一百二十条所赋予的权利。

第一百二十二条 本法第一百一十九条、第一百二十条和第一百二十一条的规定，不影响托运人同收货人之间的相互关系，也不影响从托运人或者收货人获得权利的第三人之间的关系。

第一百二十五条第四款 因发生在航空运输期间的事件，造成货物毁灭、遗失或者损坏的，承运人应当承担责任；但是，承运人证明货物的毁灭、遗失或者损坏完全是由于下列原因之一造成的，不承担责任：

（一）货物本身的自然属性、质量或者缺陷；

（二）承运人或者其受雇人、代理人以外的人包装货物的，货物包装不良；

（三）战争或者武装冲突；

（四）政府有关部门实施的与货物入境、出境或者过境有关的行为。

第一百二十六条 旅客、行李或者货物在航空运输中因延误造成的损失，承运人应当承担责任；但是，承运人证明本人或者其受雇人、代理人为了避免损失的发生，已经采取一切必要措施或者不可能采取此种措施的，不承担责任。

《中国民用航空货物国内运输规则》

第十四条 承运人应当建立舱位控制制度，根据每天可利用的空运舱位合理配载，避免舱位浪费或者货物积压。

承运人应当按照合理或经济的原则选择运输路线，避免货物的迂回运输。

承运人运送特种货物，应当建立机长通知单制度。

第三十三条　动物运输必须符合国家有关规定，并出具当地县级（含）以上检疫部门的免疫注射证明和检疫证明书；托运属于国家保护的动物，还需出具有关部门准运证明；托运属于市场管理范围的动物要有市场管理部门的证明。

托运人托运动物，应当事先与承运人联系并定妥舱位。办理托运手续时，须填写活体动物运输托运申明书。需专门护理和喂养或者批量大的动物，应当派人押运。

动物的包装，既要便于装卸又需适合动物特性和空运的要求，能防止动物破坏、逃逸和接触外界，底部有防止粪便外溢的措施，保证通风，防止动物窒息。

动物的外包装上应当标明照料和运输的注意事项。

托运人和收货人应当在机场交运和提取动物，并负责动物在运输前和到达后的保管。

有特殊要求的动物装舱，托运人应当向承运人说明注意事项或在现场进行指导。

承运人应当将动物装在适合载运动物的飞机舱内。动物在运输过程中死亡，除承运人的过错外，承运人不承担责任。

（十二）代位求偿

32. 保险公司诉航空地面服务公司
保险代位求偿纠纷

原告： 中国平安财产保险股份有限公司

被告： A 航空公司

B 航空地面服务有限公司

案由： 保险代位求偿权纠纷

【案情概述】

2007 年 9 月，案外人长安福特马自达汽车有限公司（以下简称长安公司）从美国 STRATASYS 公司进口"快速成型机"三件，STRATASYS 公司委托美国 EXPEDITORS INTERNATIONAL 公司（以下简称 EXPEDITORS 公司）为该批货物的承运人，EXPEDITORS 公司签发了发货人为 STRATASYS 公司，收货人为长安公司的航空货运单。其后 A 航空公司（以下简称 A 航）作为实际承运人向 EXPEDITORS 公司签发了航空货运单，货运单发货人为 EXPEDITORS 公司，收货人为北京某货运公司重庆分公司，起运地为芝加哥，目的地为重庆。长安公司向中国平安保险股份有限公司（以下简称平安保险公司）投保了包括协会航空运输保险的海洋运输险。

2007 年 10 月 16 日，货物到达重庆机场，B 空港航空地面服务有限公司（以下简称 B 公司）由于操作不当导致货物从叉车上摔落受损，平安保险公司依据保险合同进行了全额理赔，取得代位求偿权，后起诉至重庆市渝北区人民法院（以下简称渝北区法院），要求 A 航和 B 公司共同赔偿其损失。

【争议焦点】

1. 国际航空运输合同的法律适用问题？
2. 平安保险公司是否享有针对 A 航和 B 公司的诉权？
3. 涉案标的物的实际损害是否发生在航空运输期间？
4. A 航和 B 公司是否应共同承担本案的赔偿责任？
5. 如何理解 14 天的损失异议期？

【处理结果】

2009 年 4 月，渝北区法院结合相关证据推定货损发生在航空运输期间，并根据相关机构的鉴定推定货物全损，援引《民用航空法》的规定，判决 A 航按每公斤 17 特别提款权的赔偿责任限额赔偿平安保险公司，并驳回对 B 公司的诉讼请求。

【法律评析】

庭审中，平安保险公司认为，由于其已经向货物的权利人，亦即被保险人长安公司支付了赔偿款，故取得代位求偿权，要求 A 航及 B 公司作为侵权主体进行赔偿。A 航认为其与长安公司不具有合同法律关系，所以平安保险公司不具有代位追偿的诉权，另货主没有根据准据法的规定在 14 日的期限内提出货损异议失去索赔权，所以其诉请不应得到支持。B 公司认为，其与 A 航系代理关系，且代理合同明确约定 A 航对其代理行为免责，所以不应当承担赔偿责任，同时认为本案应当适用《蒙特利尔公约》进行限额赔偿。

渝北区法院经审理后认为，代位求偿权既可以基于侵权，也可以基于违约，且都以第三者行为人有过错作为前提。本案货主长安公司对 A 航的赔偿请求权是基于 B 公司的过错，而 B 公司是 A 航的代理人，其过错责任应当由被代理人承担，所以平安保险公司代位求偿权成立。同时，由于 B

公司与 A 航的代理协议中免除了代理人责任为由，由此 B 公司不承担赔偿责任。

　　本案所涉及的航空运输是国际航空运输，运输出发地国和目的地国均为 1999 年《蒙特利尔公约》的成员国，但是渝北区法院在判决中却依据最密切联系地原则确定适用国内法，这是值得商榷的。然而，根据《民用航空法》第 115 条第 3 款的规定，货物运输的最终目的地点、出发地点或者约定的经停地点之一不在中华人民共和国境内。依照所适用的国际航空运输公约的规定，应当在货运单上声明此项运输适用该公约的，货运单上应当载有该项声明。本案中，A 航的货运单没有援引该条款，可被认为没有履行告知义务，从而放弃选择准据法。

　　保险公司的代位追偿权是源于《保险法》第 60 条第 1 款的规定，即因第三者对保险标的的损害而造成保险事故的，保险人自向被保险人赔偿保险金之日起，在赔偿金额范围内代位行使被保险人对第三者请求赔偿的权利。此项追偿权有别于《合同法》第 73 条第 1 款的债务代位追偿权。《合同法》所规定的追偿权是基于债务人怠于行使到期债权并对债权人造成损害，而保险代位追偿权并不要求被保险人行使索赔权，只要保险人支付了保险金即可取得追偿权，法律也没有规定此项追偿权必须是基于侵权还是基于违约。本案中，平安保险公司在其诉讼主张中明确其行使追偿权是基于 A 航和 B 公司的侵权行为，故而已经较为巧妙地规避了 A 航缺乏合同关系的抗辩。

　　A 航在抗辩中称没有证据证明货物的实际损害是在航空运输期间发生的，但也无法提供证据证明货损不是在航运期间发生。由此，审理法院结合 B 公司出具的运输事故记录，以及专业检验机构的检验结论，依据民事诉讼证据盖然性标准和经验法则推定货损发生在航空运输过程中。

　　渝北区法院认为，B 公司作为 A 航的地面代理机构，由于其与 A 航签署的代理协议明确约定了责任免除，故而其对货损不承担赔偿责任。但值得注意的是，代理协议是一份双方合同，代理人在对外行使代理权力时，应当向第三人表明其代理人的身份，否则对第三人不具有合同的约束力。

而在本案中，B公司没有就其代理身份对案外人有任何明示或者暗示的告知，案外人也未必知晓B公司仅仅是A航的代理人。故而渝北区法院仅依据代理协议而免除了B公司的责任有违合同相对性原则。至于B公司赔偿后基于代理协议向A航另行主张权利是另一个层面的问题。

1999年《蒙特利尔公约》和《民用航空法》对货损异议期和异议方式都作了类似的规定，即货物发生损失的，收货人至迟应当自收到货物之日起14日内提出。任何异议均应当在前款规定的期间内写在运输凭证上或者另以书面提出。A航提出长安公司迟至收货后两个多月方提出索赔要求的主张未被渝北区法院采纳。事实上，货损异议和索赔应属于两个阶段和层面的问题，故而渝北区法院依据B公司出具的运输事故记录确认长安公司在法定期限内提出货损异议符合客观事实。

【相关法条】

《中华人民共和国合同法》

第三百一十一条　承运人对运输过程中货物的毁损、灭失承担损害赔偿责任，但承运人证明货物的毁损、灭失是因不可抗力、货物本身的自然性质或者合理损耗以及托运人、收货人的过错造成的，不承担损害赔偿责任。

第三百一十二条　货物的毁损、灭失的赔偿额，当事人有约定的，按照其约定；没有约定或者约定不明确，依照本法第六十一条的规定仍不能确定的，按照交付或者应当交付时货物到达地的市场价格计算。法律、行政法规对赔偿额的计算方法和赔偿限额另有规定的，依照其规定。

《中华人民共和国民法通则》

第六十三条　公民、法人可以通过代理人实施民事法律行为。

代理人在代理权限内，以被代理人的名义实施民事法律行为。被代理人对代理人的代理行为，承担民事责任。

依照法律规定或者按照双方当事人约定，应当由本人实施的民事法律行为，不得代理。

第一百零六条　公民、法人违反合同或者不履行其他义务的，应当承担民事责任。公民、法人由于过错侵害国家的、集体的财产，侵害他人财产、人身的，应当承担民事责任。

没有过错，但法律规定应当承担民事责任的，应当承担民事责任。

《中华人民共和国保险法》

第六十条 因第三者对保险标的的损害而造成保险事故的，保险人自向被保险人赔偿保险金之日起，在赔偿金额范围内代位行使被保险人对第三者请求赔偿的权利。

《中华人民共和国民用航空法》

第一百零七条 本法所称国内航空运输，是指根据当事人订立的航空运输合同，运输的出发地点、约定的经停地点和目的地点均在中华人民共和国境内的运输。

本法所称国际航空运输，是指根据当事人订立的航空运输合同，无论运输有无间断或者有无转运，运输的出发地点、目的地点或者约定的经停地点之一不在中华人民共和国境内的运输。

第一百二十五条第五款 本条所称航空运输期间，是指在机场内、民用航空器上或者机场外降落的任何地点，托运行李、货物处于承运人掌管之下的全部期间。

第一百二十九条 国际航空运输承运人的赔偿责任限额按照下列规定执行：

......

（二）对托运行李或者货物的赔偿责任限额，每公斤为 17 计算单位。旅客或者托运人在交运托运行李或者货物时，特别声明在目的地点交付时的利益，并在必要时支付附加费的，除承运人证明旅客或者托运人声明的金额高于托运行李或者货物在目的地点交付时的实际利益外，承运人应当在声明金额范围内承担责任。

托运行李或者货物的一部分或者托运行李、货物中的任何物件毁灭、遗失、损坏或者延误的，用以确定承运人赔偿责任限额的重量，仅为该一包件或者数包件的总重量；但是，因托运行李或者货物的一部分或者托运行李、货物中的任何物件的毁灭、遗失、损坏或者延误，影响同一份行李票或者同一份航空货运单所列其他包件的价值的，确定承运人的赔偿责任限额时，此种包件的总重量也应当考虑在内。

......

第一百三十四条 旅客或者收货人收受托运行李或者货物而未提出异议，为托运行李或者货物已经完好交付并与运输凭证相符的初步证据。

托运行李或者货物发生损失的，旅客或者收货人应当在发现损失后向承运人提出异议。托运行李发生损失的，至迟应当自收到托运行李之日起七日内提出；货物发生损失的，至迟应当自收到货物之日起十四日内提出。托运行李或者货物发生延误的，至迟应当自托运行李或者货物交付旅客或者收货人处置之日起二十一日内提出。

任何异议均应当在前款规定的期间内写在运输凭证上或者另以书面提出。

除承运人有欺诈行为外，旅客或者收货人未在本条第二款规定的期间内提出异议的，不能向承运人提出索赔诉讼。

第一百八十八条 民用航空运输合同当事人可以选择合同适用的法律，但是法律另有规定的除外；合同当事人没有选择的，适用与合同有最密切联系的国家的法律。

第二百一十三条 本法所称计算单位，是指国际货币基金组织规定的特别提款权；其人民币数额为法院判决之日、仲裁机构裁决之日或者当事人协议之日，按照国家外汇主管机关规定的国际货币基金组织的特别提款权对人民币的换算办法计算得出的人民币数额。

（十三）危险品运输

33. 托运人诉机场代理公司等危险品
运输损害赔偿纠纷

　　原告：马来西亚航空公司（以下简称马航）

　　　　　马来西亚保险公司

　　　　　曼班通用保险公司

　　　　　艾米保险公司

　　　　　特卡福保险公司

　　　　　艾思伦敦航空有限公司

　　被告：中国化工建设大连公司（以下简称大连化建）

　　　　　嘉里大通物流有限公司（以下简称大通公司）

　　　　　天航国际货运有限公司

　　　　　利航国际货运服务（天津）有限公司

　　　　　北京迪捷姆空运咨询服务有限公司（以下简称迪捷姆公司）

　　　　　北京空港航空地面服务有限公司（以下简称地服公司）

　　案由：国际航空货物运输合同纠纷

【案情概述】

　　2000 年 3 月，大连化建在购买 80 桶 8 - 羟基喹啉后，将其出售给一家印度公司，后委托马航承运。大通公司作为马航的货运代理人办理了该批货物的报关手续，海关、商检等部门签发了报关单并审验、放行。大通公

128

司将货物交给地服公司包装、装机，在地服公司的要求下，大通公司提供了所需单证，其提供的由迪捷姆公司出具的《鉴定书》的鉴定结论是货物为 8 – 羟基喹啉，按普通货物装卸、运输。虽然迪捷姆公司以检验人的身份参与，但其没有对货物进行样品检验，而是直接变更以前《鉴定书》的运单号作出上述鉴定结论。地服公司根据《鉴定书》的鉴定结论，按照普通货物运输标准将该批货物装入飞机。当飞机抵达马来西亚进行中转卸货时，马航发现该批货物发生泄漏，货物不是 8 – 羟基喹啉，而是强酸性腐蚀化学品，属危险品货物的"草酰氯"。大连化建承认货物真正名称为草酰氯。马航遂按大连化建提供的清理措施，及时对飞机进行了清理、净化和抢救，对剩余货物进行了销毁处理。飞机制造商法国空中客车飞机制造公司作出的飞机修理成本为至少 8900 万美元，且表示飞机修理后的使用价值不大。经鉴定评估，各保险人和再保险人认为飞机修理成本大大超过飞机全额保险金 9500 万美元的 75%，据此推定飞机全损，各保险人和再保险人向马航支付了全额 9500 万美元的保险赔偿金，并取得了保险代位求偿权。

马航等六原告于 2002 年 3 月 13 日将包括地服公司等在内的 6 家公司诉至北京市高级人民法院，请求判令六被告连带赔偿六原告所受经济损失 6000 余万美元及相应利息。一审法院判决后，马航等六原告上诉至最高人民法院，并在上诉状中提出地服公司应承担主要赔偿责任，理由是地服公司在为马航提供地面服务时，没有认真履行核查货物是否与运输单证相符、货物装机前的安全检查义务，造成未能发现货物与单证不符，使危险品"草酰氯"被当作非危险品装上马航飞机，且地服公司将 80 桶货物装上飞机时，没有把它们固定在两个集装箱中，致使货物在运输途中发生猛烈跌撞、挤压及大量泄漏，直接造成本案航空货物运输损坏事故。

【争议焦点】

1. 地服公司是否承担检查真实货物与单证申报是否相符的义务？

2. 地服公司在本案所涉货物运输中是否存在其他过错行为？

3. 其过错行为与事故以及损害的发生是否具有直接因果关系？

【处理结果】

两审法院均认为大连化建对本案事故及损害发生存在过错或者过失行为，并存在直接因果关系，构成对各原告的侵权行为，应对此承担赔偿责任。迪捷姆公司也存在一定过错行为，且与本案事故及损害的发生具有因果关系，构成对各原告的侵权行为，应对此承担相应的赔偿责任。其他各被告对本案事故及损害的发生不存在过错或者过失行为，均不承担法律责任。两审法院判决的不同之处在于对具体赔偿金额和分担比例的认定上。

一审法院判决大连化建赔偿各保险人损失 6500 余万美元；大连化建在赔偿上述第一项损失金额时，将其中 91.5% 的赔偿金 5900 余万美元直接偿付给各再保险人；迪捷姆公司对大连化建不足以赔偿判决前述损失款项部分，承担不超过人民币 200 万元的赔偿责任；因马航要求的 1 万余美元损失，是马航工作人员的劳务费用，且证据不足，因此判决对马航的诉讼请求不予支持，同时判决驳回各原告的其他诉讼请求。

二审法院判决大连化建应支付赔偿金 6500 余万美元，其中 550 余万美元支付给艾迪克、曼班通用、商业、艾迪克特卡福公司，另 6000 余万美元直接支付给艾思伦敦航空有限公司；大通公司、迪捷姆公司应在大连化建不足清偿前项债务部分各自承担 5% 的赔偿责任。

【法律评析】

1. 地服公司是否承担检查真实货物与单证申报是否相符的义务？

《华沙公约》第 16 条规定："一、托运人应该提供各种必需的资料，以便在货物交付收货人以前完成海关、税务或公安手续，并且应该将必需的有关证件附在航空货运单后面。除非由于承运人或其代理人的过失，这种资料或证件的缺乏、不足或不合规定所造成的任何损失，应该由托运人对承运人负责。承运人没有检查这种资料或证件是否正确或完备的义务。"

《民用航空法》第 123 条规定："托运人应当提供必需的资料和文件，以便在货物交付收货人前完成法律、行政法规规定的有关手续；因没有此

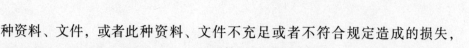

种资料、文件，或者此种资料、文件不充足或者不符合规定造成的损失，除由于承运人或者其受雇人、代理人的过错造成的外，托运人应当对承运人承担责任。

除法律、行政法规另有规定外，承运人没有对前款规定的资料或者文件进行检查的义务。"

《中国民用航空货物国际运输规则》第 16 条规定："承运人可以对货物、货物的包装、货物的资料、文件进行检查，但承运人不承担此种检查的义务。"

地服公司系承运人的地面服务代理人，在航空货物国际运输法律关系中的法律地位从属于承运人。依据有关法律规定，地服公司同样不承担检查真实货物与单证申报是否相符的义务。

2. 地服公司在本案所涉货物运输中是否存在其他过错行为？

（1）在接收货物的过程中，地服公司是否存在过错？

本案所涉货物交付给地服公司时系待运状态货物交运。待运状态货物交运是指货物正式交付承运人或其地面服务代理人时，所有的准备工作已经完成，包括填写托运书、填制货运单、备齐所需要的全部运输文件、查看货物及包装、标记、标签等，办理好海关、商检、联检等相关手续等。这些工作均是由马航的货运代理大通公司（同时也是托运人的代理人）代理完成的。地服公司作为承运人的地面服务代理人，从承运人的货运代理大通公司接收货物后，即可按操作程序配载装机。因此，地服公司在查验货物的申报品名、外包装、尺寸、件数无误后，进一步询问大通公司工作人员是否办理了货物运输条件鉴定手续、是否有货物运输条件鉴定证书。在大通公司工作人员出示由迪捷姆公司出具的《空运普通货物鉴定书》后，地服公司注意到该鉴定书有改动，遂立即主动与迪捷姆公司联系核实，确认该改动系因搭乘航班变动所致，是有效改动。可见，地服公司认真履行了法定和约定范围的注意义务，主动进行了适当的额外核查。地服公司凭申报文件、海关和检验检疫部门的查验结果、货物航空运输条件鉴定机构的鉴定结论以及马航订舱电报接收货物不存在任何过错。

（2）在装运货物的过程中，地服公司是否存在过错？

地服公司在对由大通公司代理提交的大连化建托运货物进行地面服务操作时，按照操作规程完成了查货、确认运输条件、安检、称重和入库、验单和收货以及装载上机等6个流程的工作。上述操作系按照国际航空货物运输的普通货物的标准操作手册和规程进行，没有违反任何操作规范，没有省略任何操作流程，也没有违反地服公司与马航地面服务协议的任何约定。

关于货物的安全检查问题，《中国民用航空安全检查规则》第28条规定："空运的货物应当经过安全检查或存放24小时，或者采取民航局认可的其他安全措施。"根据地服公司提供的有关证件，本案所涉货物存放时间已经超过24小时，符合《中国民用航空安全检查规则》关于空运货物"存放24小时"的规定。并且该规定没有规定存放方式，更没有禁止在集装箱中存放。因此，地服公司在对货物的安全检查方面也不存在失误，不负有发现货物为危险品的责任。

此外，在货物的固定操作上，本案所申报货物而言，相关规则并不要求在集装器内进行固定。《国际航协机场操作手册AHM671》中规定："按照其性质、形状或密度可能构成危害的所有单个物品都应加以固定。固定可以通过按容积填满机舱、填满净区域或填满集装器或系牢的方式来实现。"填放到其高度的3/4就被认为在容积方面填满了机舱、净区域和集装器。"可见，判断货物"性质、形状或密度可能构成的危害"是决定是否需要固定的前提条件，"填放到其高度的3/4"只是固定货物的一种方式，而不是固定货物的前提。国际航协机场操作手册并没有要求任何未装满集装箱3/4的货物都要固定，只要判断货物性质、形状或密度不能构成危害，即使未装满集装箱3/4，也不需要固定。在本案中，地服公司装运的货物被告知是粉末状的普通货物8－羟基喹啉，这些货物被装载在密封的集装器中，且集装器被固定在飞机上，因此从货物性质、形状或密度判断，其并不可能构成危害。对于装在具有合格证书的飞机货舱和集装器中的单件物品是否需要固定，在《国际航协机场操作手册AHM671》中还有一项规定："重量在 150 公斤或以上的物品在装入具有合格证书的集装器时需单个系牢，按容积载满的例外。"本案中所载的物品单件重量为 25 公斤，不符合该项规定的重量要求，因此即使不予固定也不违反国际航协机场操作手册的规定。可见，地服公司在货物的固定操作上也不存在失误。

3. 地服公司的过错行为与事故损害的发生是否具有直接因果关系？

证据显示"事故系因盛装草酰氯的包装桶密封盖密封不严而致"，由此可以得出本案所涉货物泄漏并由此造成腐蚀损害后果与货物是否固定没有因果关系。

【相关法条】

《华沙公约》

第十六条　托运人应该提供各种必需的资料，以便在货物交付收货人以前完成海关、税务或公安手续，并且应该将必需的有关证件附在航空货运单后面。除非由于承运人或其代理人的过失，这种资料或证件的缺乏、不足或不合规定所造成的任何损失，应该由托运人对承运人负责。承运人没有检查这种资料或证件是否正确或完备的义务。

《中华人民共和国民用航空法》

第一百二十三条第一款　托运人应当提供必需的资料和文件，以便在货物交付收货人前完成法律、行政法规规定的有关手续；因没有此种资料、文件，或者此种资料、文件不充足或者不符合规定造成的损失，除由于承运人或者其受雇人、代理人的过错造成的外，托运人应当对承运人承担责任。

《中国民用航空货物国际运输规则》

第十六条　承运人可以对货物、货物的包装、货物的资料、文件进行检查，但承运人不承担此种检查的义务。

《中国民用航空安全检查规则》

第二十八条　空运的货物应当经过安全检查或存放二十四小时，或者采取民航总局认可的其他安全措施。

34. 托运人诉航空公司危险品运输损害赔偿纠纷

原告：新疆新建农资有限公司

被告：A 航空公司乌鲁木齐办事处

A 航空集团公司

A 航空股份有限公司

案由：航空货物运输合同纠纷

【案情概述】

2005 年 3 月 29 日，新疆新建农资有限公司（以下简称新建公司）委托 A 航空公司乌鲁木齐办事处（以下简称 A 航乌鲁木齐营业部）从乌鲁木齐空运货物（货物品名 HCMCL 氯金酸/氯化金，重量202 943.5 克）至香港，指定收货人为案外人三江实业公司（以下简称三江公司）。营业部在收货时得知运送物品为氯化金时，要求托运人新建公司提供鉴定报告，托运人随即提供了两份材料，一份为该批货物厂商江西项式稀贵金属有限公司出具的一份证明：该氯金酸（氯化金）产品系无毒、无害范畴，属普通化工产品；另一份为机械工业表面覆盖层产品质量监督检测中心（以下简称机械工业检测中心）报告复印件一份：检测日期为 2005 年 3 月 24 日，送检单位为江西项式稀贵金属有限公司，产品名称为氯金酸，检测结论为产品无辐射性，无腐蚀性，无有毒气体排放，为普通化工产品。

A 航乌鲁木齐营业部收到上述两份证明后，收取了货物。该批货物于 2005 年 4 月 1 日由航班运抵西安，4 月 2 日再由航班运抵香港，在香港机场卸货时发现涉案货物发生了泄漏，飞机货舱地板被腐蚀。后涉案货物被暂扣于香港空运货站有限公司的危险品仓库内，等待进一步的处理。4 月 4

日，因涉案货物涉嫌违反了危险品（空运）（安全）条例之规定，香港民航处查封了涉案货物，并将涉案转运至德邦有限公司屯门危险品仓库内存放。

因涉案货物发生泄漏，导致承运飞机的后续航班延误 4 小时 28 分钟，发生维修费用 14.93 万元。泄漏事件发生后，由于新建公司提供的机械工业检测中心的报告为复印件，A 航空集团公司（以下简称 A 航集团）至机械工业检测中心开展现场调查，发现该中心为涉案货物所做的报告结论一览为：无结论依据；与新建公司此前提供的报告内容不一致。

2005 年 5 月，新建公司向乌鲁木齐市新市区人民法院（以下简称新市区人民法院）起诉 A 航乌鲁木齐营业部，要求：（1）A 航乌鲁木齐营业部继续履行合同，向新建公司指定的收货人交付承运货物；（2）A 航乌鲁木齐营业部承担新建公司的损失 152 612.13 元（损失按日计算至 2005 年 6 月 1 日，6 月 1 日以后的损失请求按照相同标准计算至 A 航乌鲁木齐营业部实际交付货物之日；（3）本案的诉讼费用由 A 航乌鲁木齐营业部承担。此后，新建公司申请追加 A 航集团和 A 航空股份有限公司（以下简称 A 航股份）为该案被告。

2005 年 7 月，香港特别行政区政府民航处出具《二零零五年四月二日香港国际机场 A 航股份班机上泄漏未经申报的危险品之最终事故调查报告》一份，结论之一为该批托运货物所含的危险品没有按照《危险物品安全空运技术指令》的规定包装、加上标记及标签，而且并未附有危险品运输文件。

2005 年 8 月 10 日，三江公司向新建公司出具《承诺函》一份：新建公司已经按照合同要求将全部货物交运；确认自新建公司将该批货物交运之日起即视为新建公司已经向三江公司交付全部货物；该批货物自交运后（包括运输过程中）的全部风险由三江公司自行承担；该批货物运输过程中与 A 航股份（包括其下属机构）所产生的纠纷由三江公司与 A 航股份（包括其下属机构）自行协商解决，所产生的法律责任及法律风险由三江公司自行承担；在履行合同过程中以及在解决上述纠纷过程中如给新建公司造成损失，三江公司愿意承担全部责任。同日，三江公司补偿 30 万元给 A 航

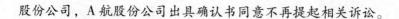

股份公司，A航股份公司出具确认书同意不再提起相关诉讼。

【争议焦点】

1. 本案承运人是否需要承担未交付货物的违约责任？

2. 本案托运人是否需要承担责任？

【处理结果】

收货人三江公司向A航股份公司补偿30万元，托运人新建公司撤诉。

【法律评析】

1. 本案承运人是否需要承担未交付货物的违约责任？

本案中，承运人未将涉案货物交付收货人的原因是涉案货物在运输过程中发生泄漏后被香港民航处以涉嫌违反了《危险品（空运）（安全）条例》之规定而查封。而涉案货物之所以被香港民航处查封是由于新建公司将托运的危险品谎报为普通货物进行托运而造成的，新建公司的行为不仅违反了香港特别行政区的《危险品（空运）（安全）条例》，而且也违反了我国《民用航空法》和《中国民用航空危险品运输管理规定》的规定。由此可知，涉案货物被查封是由于新建公司的违法行为而造成的，并不是由承运人造成的。因此，本案中，承运人对未交付涉案货物不承担责任。

2. 本案托运人是否需要承担责任的问题？

本案中，托运人谎报涉案货物系普通货物，未真实申报涉案货物系危险品，最终涉案货物发生泄漏，导致承运飞机的后续航班延误4小时28分钟，发生维修费用14.93万元。我国《民用航空法》第117条规定："托运人应当对航空货运单上所填关于货物的说明和声明的正确性负责。因航空货运单上所填的说明和声明不符合规定、不正确或者不完全，给承运人或者承运人对之负责的其他人造成损失的，托运人应当承担赔偿责任。"据此，托运人新建公司应当承担赔偿责任。

航空公司及其货运代理在收取托运货物、特别化工用品时应严格依照

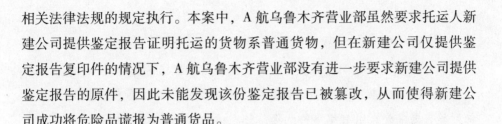

相关法律法规的规定执行。本案中，A航乌鲁木齐营业部虽然要求托运人新建公司提供鉴定报告证明托运的货物系普通货物，但在新建公司仅提供鉴定报告复印件的情况下，A航乌鲁木齐营业部没有进一步要求新建公司提供鉴定报告的原件，因此未能发现该份鉴定报告已被篡改，从而使得新建公司成功将危险品谎报为普通货品。

针对这种风险，航空公司应当制定措施防止货物品中隐含危险品。如要求托运人必须提供化验报告、鉴定报告或其他证明文件的原件以及出具报告的单位的资质证明或营业执照，以避免托运人提交虚假的、篡改的证明文件。

【相关法条】

《中华人民共和国民用航空法》

第一百零一条第一、二款　公共航空运输企业运输危险品，应当遵守国家有关规定。

禁止以非危险品品名托运危险品。

第一百一十七条　托运人应当对航空货运单上所填关于货物的说明和声明的正确性负责。

因航空货运单上所填的说明和声明不符合规定、不正确或者不完全，给承运人或者承运人对之负责的其他人造成损失的，托运人应当承担赔偿责任。

《中国民用航空危险品运输管理规定》（本案发生时的有效规定，现已被2014年3月1日起实施的新规废止）

第276．93条　托运要求

（a）将危险品的包装件或合成包装件提交航空运输前，应当按照本规定和技术细则的规定，保证该危险品不是航空运输禁运的危险品，并正确地进行分类、包装、加标记、贴标签、提交正确填制的危险品航空运输文件。禁止以非危险品品名托运危险品。

（b）托运国家法律、法规限制运输的危险品，应当提供相应主管部门的有效证明。

第276. 107条　货物收运

（a）运营人应当制定检查措施防止普通货物中隐含危险品。

（b）运营人接收危险品进行航空运输应当符合下列要求：（1）除技术细则另有要求外，附有完整的危险品航空运输文件；（2）按照技术细则的接收程序对包装件、合成包装件或盛装危险品的专用货箱进行过检查；（3）确认危险品航空运输文件由托运人签字，并且签字人已按本规定的要求训练合格。

第276. 303条　托运人

（a）托运人违反本规定，交运危险品有任何下列情形之一的，由局方责令改正，并可处以警告或一千元以上一万元以下的罚款：（1）未按规定对危险品进行妥善包装；（2）未作相应分类、标记、标签，或者所作分类、标记、标签内容错误；（3）未填制、未如实填制或者未正确填制危险品航空运输文件。

（b）在托运的普通货物中夹带危险品或者将危险品匿报、谎报为普通货物托运，由局方责令改正，并可处以警告和一万元以上三万元以下的罚款。

（c）托运人有（b）款所述行为，构成犯罪的，依照刑法的有关规定，依法追究刑事责任。

《中国民用航空危险品运输管理规定》

**第四十三条　**托运人应当根据《技术细则》的规定对航空运输的危险品进行分类、识别、包装、标签和标记，提交正确填制的危险品运输文件。

**第四十九条　**托运人将危险品的包装件或者集合包装件提交航空运输前，应当按照本规定和《技术细则》的规定，保证该危险品不是航空运输禁运的危险品，并正确地进行分类、包装、加标记、贴标签、提供真实准确的危险品运输相关文件。

托运国家法律、法规限制运输的危险品，应当符合相关法律、法规的要求。

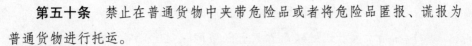

第五十条　禁止在普通货物中夹带危险品或者将危险品匿报、谎报为普通货物进行托运。

第五十一条　凡将危险品提交航空运输的托运人应当向经营人提供正确填写并签字的危险品运输文件，文件中应当包括《技术细则》所要求的内容，《技术细则》另有规定的除外。

危险品运输文件中应当有经危险品托运人签字的声明，表明按运输专用名称对危险品进行完整、准确地描述和该危险品是按照《技术细则》的规定进行分类、包装、加标记和贴标签，并符合航空运输的条件。

必要时，托运人应当提供物品安全数据说明书或者经营人认可的鉴定机构出具的符合航空运输条件的鉴定书。托运人应当确保危险品运输文件、物品安全数据说明书或者鉴定书所列货物与其实际托运的货物保持一致。

第五十七条　经营人应当制定措施防止行李、货物、邮件及供应品中隐含危险品。

香港特别行政区《危险品（航空托运）（安全）规例》（第384A章）

第4条　（1）除第（2）款另有规定外，不得以空运方式托运任何危险品，除非——

（a）该危险品所属的类别，并不是附表第2部内为施行本段而指明的技术指令条文禁止空运的类别；

（b）该危险品是按照附表第2部内为施行本段而指明的技术指令条文分类和包装的；

（c）所使用的包装用品，符合附表第2部内为施行本段而指明的技术指令条文中适用于该危险品的条文的规定；

（d）载有该危险品的包裹，是按照附表第2部内为施行本段而指明的技术指令条文加上标记及标签的；

（e）就任何危险品、包裹或包装用品而言，附表第2部内为施行本段而指明的技术指令条文的规定已获遵从；

（f）载有危险品的包裹的状况适宜空运；及（g）该危险品属已申报危险品。（2006年第75号法律公告）

（2）第（1）款不适用于以下危险品——

（a）在属于政府或用以专为政府服务的飞机上以空运方式托运的危险品，或在任何国家的任何海陆空军飞机上以空运方式托运的危险品；或

（b）属于附表第2部内为施行本段而指明的技术指令条文所述种类的危险品，但以该等条文所述的范围及情况为限。

（3）除第（4）款另有规定外，凡违反第（1）款——

（a）则危险品的托运人；及

（b）而该项违反是与另一人为托运人或代托运人而作出的任何作为或执行的任何职能有关的，则该另一人，即属犯罪，而——

（1）一经循公诉程序定罪，可处罚款＄250000及监禁2年；或

（2）（ii）一经循简易程序定罪，可处第5级罚款及监禁1年。

（4）任何人如使法庭或裁判官信纳以下事项，则不得根据第（3）款被定罪——

（a）构成该项违反的作为或不作为，是在他不知情或不同意的情况下发生的；及

（b）他即使作出合理监管和合理努力，亦不能防止该作为或不作为发生。

（2012年第1号编辑修订纪录）（1985年制定）

第二篇

国内航空运输侵权纠纷

note

（十四）航空运输旅客人身损害赔偿纠纷

35. 郭某诉宾馆及航空公司人身损害赔偿纠纷

原告：郭某

被告：上海鑫港宾馆管理有限公司

A 航空公司

案由：人身损害赔偿纠纷

【案情概述】

郭某原定乘坐 2011 年 1 月 2 日 A 航空公司（以下简称 A 航）航班从呼和浩特至上海再行转机飞往新加坡。因 A 航调整航班起飞时间，郭某根据 A 航安排，于 2011 年 1 月 1 日晚入住上海鑫港宾馆管理有限公司（以下简称鑫港宾馆）的 2028 房间。1 月 2 日凌晨 1 时 40 分左右，郭某在上述房间卫生间滑倒，后被送至上海交通大学医学院附属第六人民医院诊治，其伤情被诊断为鼻外伤、鼻骨骨折等。

郭某认为，因鑫港宾馆安全设施不完善导致其身体受伤，应承担赔偿责任；A 航班机误点安排其入住鑫港宾馆处，构成无意思联络的共同侵权，亦应承担赔偿责任。郭某遂向上海市闵行区人民法院（以下简称一审法院）提起诉讼，要求鑫港宾馆和 A 航连带赔偿医疗费 1659.21 元、交通费 19 914.90 元、住宿费 1116 元、伙食补助费 424 元、营养费 560 元、护理费 7500 元、误工费 6000 元、精神损害抚慰金 83 408.89 元、鉴定费 1000 元、律师费 8000 元，共计 129 583 元。

【争议焦点】

1. 郭某在浴室摔倒受伤是否因鑫港宾馆未尽安全保障义务造成？

2. A航因安排郭某入住鑫港宾馆是否需承担相应的侵权责任？

【处理结果】

鑫港宾馆在郭某受伤后从人道主义出发积极配合帮助其治疗和康复，为其垫付医疗费、交通费、食宿费等共计5887.10元，并承诺在不予承担侵权责任的前提下将不再向郭某主张上述垫付款项，另可自愿支付500元作为人道主义补偿。

一审法院认定，驳回郭某的全部诉讼请求，准许鑫港宾馆自愿补偿郭某500元。

一审法院判决后，郭某不服，上诉至上海市第一中级人民法院（以下简称二审法院）。二审法院判决驳回上诉，维持原判。

【法律评析】

1. 鑫港宾馆是否应对郭某摔伤的损害后果承担赔偿责任？

郭某至鑫港宾馆住宿，与鑫港宾馆成立了消费者与经营者的法律关系，因此鑫港宾馆需向郭某履行合理限度范围内的安全保障义务。区分是否尽了合理限度范围内的安全保障义务，应适用过错责任原则，若安全保障义务人提供的安全保障义务达到社会一般人价值判断所认同的标准，当属尽到了合理限度内的安全保障义务，则无须进行赔偿。本案中所涉的卫生间内置有防滑地垫和地巾，并且在卫生间入口正对面、马桶上方贴有"小心地滑"的警示标识。按照生活经验，一般人如发现地面湿滑应多加注意，及时使用上述设施加以防护或通知客服处理，从而避免损害的发生。另一方面，卫生间属私人使用场所，因使用不慎易有湿滑之虞，使用者应较之其他场所更注意自身安全的防范，郭某作为成年人理应合理使用相关设备设施，须尽较大的注意义务。综观本案事实，鑫港宾馆已尽到合理限度范围内的安全保障义务，郭某不慎摔伤并非宾馆方在管理中怠于履行安全保障义务所致，也不是卫生间存在安全隐患的原因。因此，郭某请求鑫港宾馆承担其在卫生间摔倒受伤的赔偿责任，缺乏事实依据。

经营者对消费者负有的安全保障义务应当是有一定合理限度范围的，并非一旦发生了人身损害后果，即可直接推定经营者违反了安全保障义务而应承担赔偿责任。至于何为合理限度范围，则应根据与安全保障义务人所从事的营业相适应的安全保障义务的必要性和可能性，结合案件具体情况予以认定。

2. A 航是否应承担赔偿责任？

A 航与郭某之间形成航空客运合同关系，A 航因故调整飞行时间并安排郭某入住宾馆，并无不当。对于郭某损害结果之发生，A 航既无过错，亦不存在法律上的因果关系。郭某关于 A 航与鑫港宾馆构成无意思联络共同侵权的主张，缺乏事实和法律依据。

如果郭某认为 A 航航班改动没有合理事由，可根据相关规定主张权利，但在本案中，A 航航班改动与受害人受伤仅是时间上的先后关系，不构成侵权法上的因果关系，郭某的权利主张缺乏充分的事实和法律依据，故其请求没有得到法院的支持。

【相关法条】

《中华人民共和国侵权责任法》

第六条第一款　行为人因过错侵害他人民事权益，应当承担侵权责任。

《最高人民法院关于审理人身损害赔偿案件适用法律若干问题的解释》

第六条第一款　从事住宿、餐饮、娱乐等经营活动或者其他社会活动的自然人、法人、其他组织，未尽合理限度范围内的安全保障义务致使他人遭受人身损害，赔偿权利人请求其承担相应赔偿责任的，人民法院应予支持。

36. 冯某诉航空公司人身损害赔偿纠纷

原告：冯某

被告：A 航空公司

　　　　B 机场

案由：人身损害赔偿纠纷

【案情概述】

2008 年 5 月 27 日上午，冯某在 B 机场 A 航空公司（以下简称 A 航）办票柜台办理登机手续时，因行李超重，其不同意补缴超重费，值机人员告知其可放弃部分行李，冯某即拖带行李到值机区域外整理。在拖行中不慎摔倒导致足部受伤，A 航工作人员陪同其至 B 机场医务室初步处置后，因无法判定是否造成骨裂，冯某要求到当地医院就诊，A 航工作人员又陪同其到浦东川沙人民医院，经诊断为右胫骨下段粉碎性骨折。

为此，冯某向上海市浦东新区人民法院（以下简称浦东新区法院）提起诉讼，声称其是被当时等候值机的人流挤倒，绊倒在 A 航设置的值机隔离带桩上受伤，要求 A 航承担人身损害赔偿责任，并在诉讼中追加 B 机场为第二被告。

【争议焦点】

冯某人身损害发生与 A 航是否存在法律上的因果关系？

【处理结果】

浦东新区法院采信了 A 航提供的证据，驳回了冯某的诉讼请求。一审

判决后冯某没有上诉。

【法律评析】

本案原告要求 A 航及 B 机场承担人身损害赔偿，是一般侵权案件。按一般侵权责任案件的举证责任分配，公共场所的管理人要证明其是否尽到安全保障义务，并且如可以证明是因对方自身原因导致损害发生与管理人行为无因果关系，则可以免除管理方责任。浦东新区法院受理本案后，A 航即积极收集相关证据，由地面保障部门配合从 B 机场处调取了当时的监控录像，并提交法庭作为主要证据。录像清楚显示当时值机区域等候旅客稀少，冯某在行李超重返回等候区域外整理行李过程中，因自身行李滑落导致失去平衡摔倒，并非其所陈述的因拥挤而绊倒在隔离带桩上。因此，冯某的损伤与 A 航不存在法律上的因果关系。此后 A 航工作人员也及时陪同其就诊，体现了人道主义关怀，为此，A 航无须承担任何赔偿责任。本案正是因 A 航和 B 机场举证证明是因受害人自身存在过错，所以免责。

同时，本案也不适用特别法《民用航空法》关于承运人的责任认定。按《民用航空法》第 124 条：因发生在民用航空器上或者在旅客上、下民用航空器过程中的事件，造成旅客人身伤亡的，承运人应当承担责任，而本案中，原告并非由于上、下民用航空器过程中发生的事件造成人身损害。

【相关法条】

《中华人民共和国民法通则》

第五条　公民、法人的合法的民事权益受法律保护，任何组织和个人不得侵犯。

第一百零六条第二、三款　公民、法人由于过错侵害国家的、集体的财产，侵害他人财产、人身的，应当承担民事责任。

没有过错，但法律规定应当承担民事责任的，应当承担民事责任。

《中华人民共和国民用航空法》

第一百二十四条　因发生在民用航空器上或者在旅客上、下民用航空器过程中的事件，造成旅客人身伤亡的，承运人应当承担责任；但是，旅客的人身伤亡完全是由于旅客本人的健康状况造成的，承运人不承担责任。

《最高人民法院关于审理人身损害赔偿案件适用法律若干问题的解释》

第六条第一款　从事住宿、餐饮、娱乐等经营活动或者其他社会活动的自然人、法人、其他组织，未尽合理限度范围内的安全保障义务致使他人遭受人身损害，赔偿权利人请求其承担相应赔偿责任的，人民法院应予支持。

《最高人民法院关于民事诉讼证据的若干规定》

第二条　当事人对自己提出的诉讼请求所依据的事实或者反驳对方诉讼请求所依据的事实有责任提供证据加以证明。

没有证据或者证据不足以证明当事人的事实主张的，由负有举证责任的当事人承担不利后果。

37. 王某诉航空公司人身损害赔偿纠纷

原告：王某

被告：A 航空公司

案由：人身损害赔偿纠纷

【案件概述】

2013 年 11 月 29 日，原告王某乘坐被告 A 航空公司（以下简称 A 航）所属的航班从郑州飞往重庆，航班飞行过程中，原告王某在该航班上被同机一名中年男性乘客沈某咬伤右手食指。后经诊断，原告王某右食指末节离断缺损伤，左侧上眼睑软组织损伤等。2014 年 4 月 2 日，原告王某委托西南政法大学司法鉴定中心对其伤情进行鉴定。2014 年 4 月 29 日，西南政法大学司法鉴定中心出具鉴定意见书，鉴定意见为：被鉴定人王某属于 X（10）级伤残。王某以原告与被告已经建立了运输合同关系，被告未按合同履行将原告安全送达目的地义务为由提起诉讼，请求判令被告立即支付原告医疗费 25 118.95 元、住院期间护理费 8100 元、住院期间伙食补助费 5400 元、误工费 75 000 元、交通费 1000 元、被抚养人生活费 9500.80 元、被抚养人生活费 2672.1 元、伤残赔偿金 50 432 元、鉴定费 800 元、精神损害抚慰金 50 000 元，合计 228 023.85 元；判令被告承担本案诉讼费用。

【争议焦点】

1. 航班上实施加害行为的乘客是否应当被追加为本案的共同被告？

2. 航空公司是否应当为航班上其他乘客的加害行为而对受害乘客承担人身损害赔偿？

【处理结果】

在诉讼庭审过程中，法官未采纳被告申请将加害人（即侵权人），沈某追加为共同被告的请求。后原被告双方在审理法官的调解下，达成了和解。被告 A 航应支付原告王女士赔偿款 158 000 元。该款项包含原告的医疗费 25 118.95 元、住院期间护理费 8100 元、住院期间伙食补助费 5400元、误工费 22 500 元、交通费 1000 元、被抚养人生活费 9500.80 元、被抚养人生活费 2672.1 元、伤残赔偿金 50 432元、鉴定费 800 元及适当的精神损害抚慰金。该款项由被告在 2014 年 8 月 26 日前支付给原告。案件受理费4720 元，减半收取 2360 元，由原告王某负担。

【法律评析】

1. 本案不适用《侵权责任法》，航班上实施加害行为的乘客不应当被追加为本案的共同被告。

本案中，航空公司与旅客之间形成了运输合同关系，如旅客的权利被侵犯，除可依合同关系向承运人主张权利外，亦可依据《侵权责任法》主张权利。由于王某在起诉过程中选择要求航空公司根据《合同法》及《民用航空法》来承担违约责任，未选择依据《侵权责任法》要求加害人及 A航承担侵权责任，因此本案不适用《侵权责任法》，法院未追加加害人为共同被告。

2. 承运人应当对运输过程中旅客的伤亡承担损害赔偿责任。

依据《民用航空法》第 124 条和第 127 条，承运人应当对运输过程中旅客的伤亡承担损害赔偿责任。但是，如果旅客的人身伤亡完全是由于旅客本人的健康状况造成的，承运人不承担责任。此外，如果旅客受伤是其自身过错造成的，应当根据造成或促成此种损失的过错的程度，相应减免承运人责任。

本案王某受伤的情形，显然不属于《民用航空法》第 124 条的例外情形。且本案中，王某的受伤也不是由于其本人造成或促成的，故航空公司不能依据《民用航空法》第 127 条进行免责。综上所述，尽管航空公司在王某手指受伤事件中不是加害人，也不存在明显的过错，但根据原告选择的维权方式及相应的法条，航空公司应当承担一定的赔偿责任。

【相关法条】

《中华人民共和国合同法》

第三百零二条　承运人应当对运输过程中旅客的伤亡承担损害赔偿责任，但伤亡是旅客自身健康原因造成的或者承运人证明伤亡是旅客故意、重大过失造成的除外。

前款规定适用于按照规定免票、持优待票或者经承运人许可搭乘的无票旅客。

《中华人民共和国民用航空法》

第一百二十四条　因发生在民用航空器上或者在旅客上、下民用航空器过程中的事件，造成旅客人身伤亡的，承运人应当承担责任；但是，旅客的人身伤亡完全是由于旅客本人的健康状况造成的，承运人不承担责任。

第一百二十七条　在旅客、行李运输中，经承运人证明，损失是由索赔人的过错造成或者促成的，应当根据造成或者促成此种损失的过错的程度，相应免除或者减轻承运人的责任。旅客以外的其他人就旅客死亡或者受伤提出赔偿请求时，经承运人证明，死亡或者受伤是旅客本人的过错造成或者促成的，同样应当根据造成或者促成此种损失的过错的程度，相应免除或者减轻承运人的责任。

在货物运输中，经承运人证明，损失是由索赔人或者代行权利人的过错造成或者促成的，应当根据造成或者促成此种损失的过错的程度，相应免除或者减轻承运人的责任。

38. 周某诉航空公司人身损害赔偿纠纷

原告：周某

被告：A 航空公司

案由：人身损害赔偿纠纷

【案情概述】

原告周某通过旅行社组团前往厦门旅游，2013 年 2 月 27 日旅行结束，原告搭乘被告 A 航空公司（以下简称 A 航）航班从厦门返回上海。航班落地后，原告在下机过程中，在客梯车上意外摔倒受伤，当即前往医院接受治疗。2013 年 6 月 18 日，经上海枫林国际医学交流和发展中心鉴定，原告构成十级伤残。2014 年 1 月 6 日，原告诉至上海市长宁区人民法院，要求被告承担医药费、物损费、误工费、护理费、残疾赔偿金等损失，合计 146 279.49 元。

另，原告周某在中国平安人寿保险股份有限公司上海分公司投保商业险。2013 年 4 月 8 日，原告周某从平安保险上海分公司获得住院医疗现金补贴保险金 380 元、意外伤害医疗保险金 4824.38 元，合计 5204.38 元的理赔款。

【争议焦点】

1. 本案是否有必要追加旅行社为被告？

2. 原告周某对其自身在客梯上摔到受伤是否存在过错？

3. 被告是否应当对原告的意外摔伤承担赔偿责任？承担多少赔偿责任？

4. 被告承担的赔偿责任是否应扣除原告从平安保险上海分公司获得的理赔款？

【处理结果】

上海市长宁区人民法院经审理后认为，原被告双方形成航空旅客运输合同关系，双方应当依约履行各自义务，旅客在运输过程中受到伤害，承运人应当承担相应的损害赔偿责任。

飞机延误到达目的地，旅客对此会产生焦虑心情；午夜时分天色黑暗，停机坪照明设备有限，均会对旅客通过客梯安全地从飞机下行至地面产生影响。同时，被告提供的自行式客梯为民用航空管理机构核准使用的民用机场专用设备，符合设计规范。如果原告能够考虑到自身近视、视力较差、行动不便因素，放缓行动，或许本次意外能够避免。对于意外受伤，原告自身存在一定过失。

综合考虑各方因素，法院酌定对于原告受伤所致的各项损失，被告承担70%的赔偿责任，合计人民币97 149.1元。另，法院认为被告承担的赔偿款不应扣除原告从平安保险上海分公司获得的理赔款。

法院一审判决后，原被告双方服判息诉。被告在向原告支付了赔偿款后，从旅客责任险中获得了全额理赔。

【法律评析】

1. 是否有必要追加旅行社作为被告？

鉴于旅行社在履行双方合同过程中并不存在过错，且根据2013年10月1日施行的《旅游法》第71条第3款的规定，由于公共交通经营者的原因造成旅游者人身损害、财产损失的，由公共交通经营者依法承担赔偿责任，旅行社应当协助旅游者向公共交通经营者索赔。因此，即使本案成功追加旅行社作为被告，也难以让旅行社承担赔偿责任。

2. 原告周某对其自身在客梯上摔倒受伤是否存在过错？

虽然原告周某与被告之间存在航空旅客运输合同，作为被告的承运人应保障原告在民用航空器上以及在上、下航空器过程中的安全，但作为合同的相对方，原告在航空旅客运输合同的履行中也应尽到配合、注意义务。

在本案中，原告周某在客梯上摔倒受伤，并非直接由于被告的不当操作造成，而且被告也提供证据证明被告使用的客梯是符合相应的规范和标准的，因此被告尽到了一定的保障义务。

另外，原告周某明知自己眼睛近视、行动不便，在下客梯时理应放缓脚步、更加注意安全，但是其在接近地面时仍脚底踏空，意外摔倒受伤，原告自身也存在一定的过错。

3. 被告是否应当对原告的意外摔伤承担赔偿责任？承担多少赔偿责任？

《合同法》是一般法，《民用航空法》是特别法，在一般法与特别法的规定不一致时，应当优先适用特别法。根据《民用航空法》第124条规定，因发生在民用航空器上或者在旅客上、下民用航空器过程中的事件，造成旅客人身伤亡的，承运人应当承担责任；但是，旅客的人身伤亡完全是由于旅客本人的健康状况造成的，承运人不承担责任。在本案中，承运人A航难以证明原告的摔伤完全是由于旅客本人的健康状况造成的，因此承运人应当承担赔偿责任。

但是基于原告自身也存在一定的过错，根据《民用航空法》第127条规定，在旅客、行李运输中，经承运人证明，损失是由索赔人的过错造成或者促成的，应当根据造成或者促成此种损失的过错的程度，相应免除或者减轻承运人的责任。因此，法院最终认定被告承担70%的赔偿责任。

4. 被告承担的赔偿责任是否应扣除原告从平安保险上海分公司获得的理赔款？

法院认为原告个人投保商业保险，保费由原告按期支付，发生保险事故后，原告就此获得的保险利益与原、被告双方对航空旅客运输合同的履行无关，因此，法院没有采纳被告的主张，将原告获得的保险理赔款与赔偿金额进行抵扣。

【相关法条】

《中华人民共和国民用航空法》

第一百二十四条　因发生在民用航空器上或者在旅客上、下民用航空

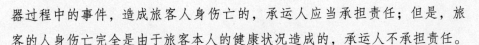

器过程中的事件，造成旅客人身伤亡的，承运人应当承担责任；但是，旅客的人身伤亡完全是由于旅客本人的健康状况造成的，承运人不承担责任。

第一百二十七条第一款　在旅客、行李运输中，经承运人证明，损失是由索赔人的过错造成或者促成的，应当根据造成或者促成此种损失的过错的程度，相应免除或者减轻承运人的责任。……

《中华人民共和国旅游法》

第七十一条　由于地接社、履行辅助人的原因导致违约的，由组团社承担责任；组团社承担责任后可以向地接社、履行辅助人追偿。

由于地接社、履行辅助人的原因造成旅游者人身损害、财产损失的，旅游者可以要求地接社、履行辅助人承担赔偿责任，也可以要求组团社承担赔偿责任；组团社承担责任后可以向地接社、履行辅助人追偿。但是，由于公共交通经营者的原因造成旅游者人身损害、财产损失的，由公共交通经营者依法承担赔偿责任，旅行社应当协助旅游者向公共交通经营者索赔。

39. 陆某诉航空公司紧急撤离造成
人身损害赔偿纠纷

原告：陆某

被告：美国联合航空公司

案由：人身损害赔偿纠纷

【案情概述】

旅客陆某于 1998 年 5 月 12 日乘坐美国联合航空公司（以下简称美联航）的班机由美国夏威夷经日本飞往香港，该机在日本东京成田机场起飞时，飞机的左翼引擎发生故障，陆某在紧急撤离过程中受伤，被送往成田红十字医院救护，经该院摄片诊断为右踝骨折。

5 月 14 日，陆某在香港伊丽莎白医院做检查，检查结论为右踝侧面局部发炎，不能立即进行手术。陆某征得美联航同意后，于 5 月 16 日入住安徽省立医院治疗，该院诊断为右侧内、外、后踝骨折伴粉碎性移位。5 月 27 日，该院为陆某进行了切开复位、松质骨螺钉和克氏钉内固定手术，术后用石膏固定患肢。7 月 30 日，陆某出院。11 月 25 日，其因右髋关节活动受限，右踝关节仍轻度红肿，再次至安徽省立医院住院治疗，12 月 10 日，该院为其进行右踝内固定螺钉取出术。1998 年 12 月 22 日，陆某出院，休息至 1999 年 3 月底。期间工资收入由原每月人民币 1400 元减至人民币 255 元，实际每月减少人民币 1145 元。受伤住院期间，其聘用两名护工护理；出院后至上班期间，其聘用一名护工护理。受伤后，美联航致函陆某，表示事故责任在于航空公司，并于 1998 年 5 月 20 日、1998 年 6 月 17 日、1998 年 12 月 7 日、1999 年 1 月 6 日分 4 次向安徽省立医院汇款人民币

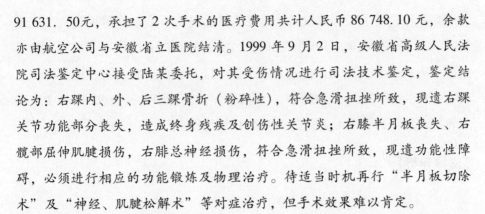

91 631. 50元，承担了2次手术的医疗费用共计人民币86 748.10元，余款亦由航空公司与安徽省立医院结清。1999年9月2日，安徽省高级人民法院司法鉴定中心接受陆某委托，对其受伤情况进行司法技术鉴定，鉴定结论为：右踝内、外、后三踝骨折（粉碎性），符合急滑扭挫所致，现遗右踝关节功能部分丧失，造成终身残疾及创伤性关节炎；右膝半月板丧失、右髋部屈伸肌腱损伤，右腓总神经损伤，符合急滑扭挫所致，现遗功能性障碍，必须进行相应的功能锻炼及物理治疗。待适当时机再行"半月板切除术"及"神经、肌腱松解术"等对症治疗，但手术效果难以肯定。

之后，双方就赔偿事宜多次交涉，但终未达成一致意见，陆某遂起诉至法院，要求美联航按照《吉隆坡协议》规定的100 000个特别提款权（即132 099美元）承担赔偿责任，判令被告承担护理费人民币14 300元（含护理人员的交通费用人民币7800元）、误工损失人民币105 877.50元、不能胜任岗位工作造成的工资损失人民币153 750元、不能担任总经理职务的损失人民币713 700元、精神安抚费人民币50 000元、目前至70岁的护理治疗费人民币138 000元、律师费人民币66 299元、律师差旅费人民币30 000元，以及要求美联航承担本案的诉讼费用。

【争议焦点】

1. 本案应当适用何种法律规定？
2. 航空公司是否应对旅客由于飞机紧急撤离过程中的人身损害承担责任？

【处理结果】

法院认为，陆某购买并乘坐美联航的航班从美国经日本到香港，即与之建立了国际航空旅客运输合同关系。航空公司有义务及时、安全地将旅客送达至目的地，这是承运人应当承担的义务。本案中，美联航的航班在经停地点发生故障，使得旅客陆某在紧急撤离的过程中右踝部位受伤，给其生活和工作带来诸多负面影响。美联航作为承运人，应当对此承担责任。

为更好地保护受害人合法权益，判决美联航向旅客陆某支付护理费人民币7000元、误工费人民币105 877.50元、伤残补偿费人民币186 000元、精神抚慰金人民币50 000元。但是，对于旅客陆某不能正常上班、胜任岗位职责而造成的153 750元工资损失，以及不能担任总经理而造成的713 700元工资损失部分，要求由美联航承担责任，法院未予支持。

【法律评析】

1. 本案应适用《华沙公约》。

中国和美国都是《华沙公约》的成员国，《华沙公约》第24条规定，凡属要适用第18条和第19条的案件，任何损害赔偿诉讼，不论其根据如何，只能依本公约所规定的条件与限制提出。本案符合《华沙公约》对"国际运输"的定义，始发地和目的地分别在两个缔约国内，故排除了适用国内法的可能，应适用《华沙公约》的有关规定。

从本案的实际情况来看，双方当事人已经对法律适用有特别约定。原告所持飞机票背面条款载明的"责任范围国际旅客须知"明确了《华沙公约》的规定可适用于整个旅程。该机票上的特别约定符合《华沙公约》的有关规定。因此，就本案的法律适用而言，应当适用《华沙公约》的有关规定。

2. 航空公司应对紧急撤离中发生的旅客人身损害承担责任。

根据《华沙公约》第17条和第18条规定，对于旅客在航空器上以及上下航空器过程中发生的身体损害，承运人应当承担责任。本案中，紧急撤离属于下航空器的过程，符合公约规定的承运人责任期间，美联航应当对旅客陆某的人身损害承担责任。

【相关法条】

《中华人民共和国民法通则》

第一百四十二条 涉外民事关系的法律适用，依照本章的规定确定。中华人民共和国缔结或者参加的国际条约同中华人民共和国的民事法律有不同规定的，适用国际条约的规定，但中华人民共和国声明保留的条款除外。中华人民共和国法律和中华人民共和国缔结或者参加的国际条约没有规定的，可以适用国际惯例。

《华沙公约》

第十七条　对于旅客因死亡、受伤或身体上的任何其他损害而产生的损失，如果造成这种损失的事故是发生在航空器上或上下航空器过程中，承运人应负责任。

第十八条　（1）对于任何已登记的行李或货物因毁灭、遗失或损坏而产生的损失，如果造成这种损失的事故是发生在航空运输期间，承运人应负责任。

（2）上款所指航空运输的意义，包括行李或货物在承运人保管下的期间，不论是在航空站内、在航空器上或在航空站外降落的任何地点。

（3）航空运输的期间不包括在航空站以外的任何陆运、海运或河运。但是如果这种运输是为了履行空运合同，是为了装货、交货或转运，任何损失应该被认为是在航空运输期间发生事故的结果，除非有相反证据。

40. 程某诉机场等下机后人身损害赔偿纠纷

原告：程某

被告：A 机场

B 航空公司

案由：人身损害赔偿纠纷

【案情概述】

2009 年 5 月 10 日，程某乘坐 B 航空公司（以下简称 B 航）到达 A 机场，随即使用 A 机场提供的手推车前往机场出租车上客点，在从机场候机楼出来后下坡时因雨天坡道较滑摔倒，造成门牙缺失一颗、折断一颗，虎牙错位一颗。诉请咸阳市渭城区人民法院（以下简称渭城区法院）判令：（1）A 机场赔付程某已付医疗费 24 891 元，误工费 7294 元、交通费 1460 元及十级伤残费 28 258 元，共计 60 643 元。（2）A 机场承担原告精神赔偿金 20 000 元。（3）A 机场承担后续医疗费。（4）B 航对前述（1）、（2）、（3）项请求承担连带责任。（5）A 机场、B 航承担本案诉讼费、鉴定费及公证费。

【争议焦点】

1. 程某与 B 航之间订立的航空运输合同是否履行完毕？
2. 本案中被告对程某的人身损害是否存在过错？
3. 在本案中，程某对于损害的发生是否存在过错？

【处理结果】

渭城区法院受理本案后，于 2010 年 9 月 26 日进行了法庭调查，10 月

15 日在 A 机场组织开庭审理。庭审期间，程某将诉讼请求由服务合同纠纷变更为侵权责任纠纷。最终，渭城区法院以 A 机场未尽安全保障义务为原告受伤的主要原因，判决其赔偿程某医疗费及承担案件受理费合计 21 512.8 元；以程某与 B 航之间的航空运输合同已履行完毕，且程某所受损害与 B 航无任何关系为由，驳回其对 B 航的诉讼请求。

【法律评析】

1. 程某与 B 航之间订立的航空运输合同是否执行完毕？

在程某与 B 航之间订立的航空运输合同关系中，B 航的义务是将程某安全送抵约定地点。2009 年 5 月 10 日 14 时 30 分，程某已乘坐 B 航航班从上海安全到达目的地 A 机场，其平安完成下机过程，离开应由 B 航服务或照料的区间。由此可见，B 航与程某之间的航空运输合同所约定的义务已全部履行完毕。

2. 本案中 B 航对程某的人身损害是否存在过错？

首先，程某已安全到达其机票上载明的目的地，航空公司在航空运输合同中的义务已履行完毕。其次，程某在其《民事起诉书》中所述的受伤地点位于机场航站楼外通往出租车上客点的坡道处，该事件发生的地点已脱离航空公司的控制范围。故可认定已超出了《民用航空法》中关于"旅客上下航空器的过程中的事件"所界定的范围。

3. 在本案中，程某对于损害的发生是否存在过错？

关于本案中损害责任的认定，法院认为：A 机场未尽安全保障义务是造成原告受伤的主要原因。程某本人在受到人身损害过程中存在主观过错，即明知坡道处可能会有风险仍然从此处下通道，最终因雨天路滑摔倒导致受伤。

【相关法条】

《中华人民共和国合同法》

第二百八十八条　运输合同是承运人将旅客或者货物从起运地点运输

到约定地点，旅客、托运人或者收货人支付票款或者运输费用的合同。

《中华人民共和国民用航空法》

第一百二十四条 因发生在民用航空器上或者在旅客上、下民用航空器过程中的事件，造成旅客人身伤亡的，承运人应当承担责任；但是，旅客的人身伤亡完全是由于旅客本人的健康状况造成的，承运人不承担责任。

《最高人民法院关于审理人身损害赔偿案件适用法律若干问题的解释》

第六条 从事住宿、餐饮、娱乐等经营活动或者其他社会活动的自然人、法人、其他组织，未尽合理限度范围内的安全保障义务致使他人遭受人身损害，赔偿权利人请求其承担相应赔偿责任的，人民法院应予支持。

因第三人侵权导致损害结果发生的，由实施侵权行为的第三人承担赔偿责任。安全保障义务人有过错的，应当在其能够防止或者制止损害的范围内承担相应的补充赔偿责任。安全保障义务人承担责任后，可以向第三人追偿。赔偿权利人起诉安全保障义务人的，应当将第三人作为共同被告，但第三人不能确定的除外。

《中华人民共和国民法通则》

第一百三十一条 受害人对于损害的发生也有过错的，可以减轻侵害人的民事责任。

《最高人民法院关于民事诉讼证据的若干规定》

第二条 当事人对自己提出的诉讼请求所依据的事实或者反驳对方诉讼请求所依据的事实有责任提供证据加以证明。没有证据或者证据不足以证明当事人的事实主张的，由负有举证责任的当事人承担不利后果。

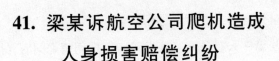

41. 梁某诉航空公司爬机造成
人身损害赔偿纠纷

原告：梁某

被告：A 机场集团

　　　B 航空公司

第三人：C 航空公司

　　　　D 空中管理中心

案由：人身损害赔偿纠纷

【案情概述】

梁某于 2004 年 11 月 11 日从军事禁区违法进入昆明巫家坝国际机场飞行控制区，并攀爬进入 B 航空公司所属的 B320—8670 号飞机起落架舱内，随飞机从昆明飞往重庆，虽被重庆机场工作人员发现并救出，但被诊断为航空性中耳炎和听力受损。2005 年 3 月 29 日，梁某向昆明市官渡区人民法院（以下简称官渡区法院）提起民事诉讼，诉请判令 A 机场集团、B 航空公司赔偿梁某因治疗"航空性中耳炎""噪音性听力损伤"所支付的治疗费、交通费、住宿费共计13 714.2元，梁某母亲因陪同梁某治疗产生的误工损失 5252 元，精神损失费人民币 2 万元，赔偿梁某的后期治疗费用，并承担本案诉讼费。梁某的监护人认为梁某是未成年人，不应对爬机事件负责，而 A 机场集团、B 航空公司未采取有效的防范措施，应对此次事件的发生负主要责任，要求被告 A 机场集团、B 航空公司、D 空中管理中心和 C 航空公司共同承担人身损害赔偿责任。

【争议焦点】

1. 梁某因此次事件造成的损失和产生的费用由谁负担？

2. 本案的被告与第三人有无过错？

3. 如被告与第三人有过错，该过错与原告伤情之间有无因果关系？

【处理结果】

梁某当庭表示不要求 C 航空公司承担责任，官渡区法院判决驳回梁某的所有诉讼请求，诉讼费 1308 元由梁某的监护人负担。梁某不服一审判决，遂向昆明市中级人民法院提起上诉，在审理过程中梁某撤诉。

【法律评析】

原告因"爬机"事件受伤，原因是其擅自攀爬飞机，侵入飞机内部，随飞机高空长距离飞行所致，事实上的因果关系明确。本案中法院认为不适用《民法通则》规定的无过错责任原则，虽涉及高空及高速运输工具，但原告并非合法地居于航空器的周围，或因正常使用航空器而受到损伤，因此原告主张推定被告有过错的观点不成立。本案争论的焦点实质在于当原告出现在飞机起落架舱时过错责任的确定。昆明机场系军民两用机场，设置有军事禁区和飞行控制区，设立军事禁区的目的在于禁止通行。原告从军事禁区进入飞行控制区，而禁区的法律意义在于管理者对侵入者不负安全保障义务，不因侵入人主观上是否明知而否认其行为的非正当性，也不因有人随意攀爬而认定这一行为与管理者履行职责之间存在因果关系，并成为管理者承担民事责任的事由。法院认为本案被告及第三人并非侵权行为人，作为机场及航空器的所有权人、管理人对损害后果的发生无过错，不应承担民事赔偿责任。原告在事件发生时年满 14 周岁，有一定辨别及判断能力，对其攀越军事禁区和攀爬飞行器的危险性应当有足够的认知，其虽系未成年人，但根据其年龄特点，不能以"未成年"为免责事由。

就本案争议焦点而言：

1. 梁某的损失应由其本人还是被告和第三人承担？

我国的《民法通则》根据公民不同年龄智力发育的不同状况或者公民的精神健康状况，将公民的民事行为能力分为完全民事行为能力、限制民事行为能力和无民事行为能力三种。本案中，梁某在事件发生时已满 14 周岁，根据《民法通则》第 12 条的规定，属于限制民事行为能力人，已有一定的辨别及判断能力，对爬机的危险性应当有足够的认知，因此法院认为因其行为造成的损害不在保护范围，而且这种行为具有非正当性和潜在的危险性，人民法院应给予禁止，杜绝以后有仿效的事件发生。因此，梁某要求被告承担因爬机事件使其身体受到的损害及医疗费等相关费用，法院不予支持。

2. A 机场集团、B 航空公司是否有过错？

我国《民法通则》第 123 条规定，"从事高空、高压、易燃、易爆、剧毒、放射性、高速运输工具等对周围环境有高度危险的作业造成他人损害的，应当承担民事责任；如果能够证明损害是由受害人故意造成的，不承担民事责任。"《侵权责任法》第 7 条规定，行为人损害他人民事权益，不论行为人有无过错，法律规定应当承担侵权责任的，依照其规定。《侵权责任法》规定的无过错责任包括：产品缺陷责任、机动车交通事故责任、环境污染责任、高度危险责任、违规饲养动物的责任、饲养违禁动物的责任。

本案中，A 机场集团、B 航空公司负有保障飞行正常秩序及保障正常使用航空器的广大公众安全的义务，但是对于扰乱航空秩序、非法侵入航空器的人员不负有安全保障义务，对损害后果的发生无过错。

【相关法条】

《中华人民共和国民法通则》

第十二条　十周岁以上的未成年人是限制民事行为能力人，可以进行与他的年龄、智力相适应的民事活动；其他民事活动由他的法定代理人代理，或者征得他的法定代理人的同意。

　　第一百二十三条　从事高空、高压、易燃、易爆、剧毒、放射性、高速运输工具等对周围环境有高度危险的作业造成他人损害的，应当承担民事责任；如果能够证明损害是由受害人故意造成的，不承担民事责任。

42. 陈某某等诉航空公司意外死亡赔偿纠纷

原告：陈某某、李某某

被告：A航空公司

案由：生命权纠纷

【案情概述】

陈某某及其儿子陈某买了2009年8月2日由南通至北京A航空公司（以下简称A航）航班机票，并按时到达机场安检。原定航班因天气原因不能降落机场。航班延误后，A航为旅客提供餐饮，将包括陈某在内的旅客安排至南通市吉华花园酒店住宿。8月3日早上，旅客陈某在床上死亡。经南通市公安局法医体检报告，结论为陈某意外死亡。在南通市城东派出所的调解下，A航与陈某的配偶签订了调解协议，出于人道主义支付人民币10万元。此后，陈某父母陈某某、李某某以A航没有向其支付赔偿款及采取相关抚慰措施为由，诉至北京市顺义区人民法院，要求A航向其支付赔偿金人民币30万元，并赔礼道歉。

【争议焦点】

1. A航是否应对陈某死亡承担赔偿责任？

2. 旅客的意外死亡应该如何处理为好？

【处理结果】

一审北京市顺义区人民法院判决：驳回原告诉讼请求。原告不服一审判决向北京市第二中级人民法院提出上诉，二审法院经审理后，判决驳回上诉，维持原判。

【法律评析】

1. A 航是否应对陈某死亡承担赔偿责任？

本案中，在缺少外力伤害情况下旅客陈某在机场以外的宾馆死亡，航空公司除了人道主义慰问以外，对其亲属是否应当承担赔偿责任？我们可以从以下方面进行分析：

第一，陈某与 A 航存在航空客运合同关系，A 航在非因自身原因（天气原因）导致航班延误的情况下，按照有关法律规定，安排其到宾馆住宿，没有违反运输合同约定，不存在应承担违约责任的情形。

第二，陈某意外死亡与航空公司航班延误是否存在法律上的因果关系？侵权民事责任通常是指社会主体对受法律保护的权益实施侵害或者基于特殊法律事实的发生而导致的损害所承担的一种赔偿或补偿的法律责任。因而侵权民事责任的构成，必须将因果关系及过错要素列入其中。本案中，陈某死亡这一事实，公安机关法医鉴定结论为意外死亡。通常认为，意外死亡是指由于机体内潜在的疾病或重要器官发生急性功能障碍，导致意外、突然、非暴力性死亡。这种死亡结果本身与航班延误之间不存在因果联系。如果陈某父母认为航班延误没有合理事由，可根据相关规定主张权利，但在本案中，航班延误与陈某死亡仅是时间上的先后关系，不构成侵权责任法上的因果关系，法律上的因果关系不是当事人依据时间先后就能得出的。

第三，陈某死亡，航空公司是否存在过错？本案中航班延误这一损害事实，是因天气原因不可抗力导致的，航空公司可部分或全部免责，只需尽到通知及协助提供膳宿服务义务。按照规定，航空公司已经全部履行了相关义务，不存在行为的违法性。同时，根据《民用航空法》和《侵权责任法》的有关规定，陈某意外死亡发生地在机场外的宾馆，并非是民用航空器上或者在旅客上、下民用航空器过程中，因而，航空公司对陈某死亡不存在过错。因此，从法律上来讲，陈某意外死亡也就不存在侵权问题，A 航不应当承担民事侵权责任。

第四，赔礼道歉作为一种承担民事责任的方式，要建立在对方应承担民事责任的基础上。根据上述分析，A航对陈某死亡这一事实，不应承担民事责任，因而，陈某父母要求A航赔礼道歉这一诉求，不应得到支持。

　　2. 妥善处理旅客在运输过程中突然死亡事件的问题。

　　因航班延误，航空公司为旅客安排住宿的事例在实践中不在少数。根据法律对于经营者安全保障义务的规定，旅客在住宿期间若发生人身或财产损害，由作为经营者的宾馆承担合理范围内的安全保障责任。

【相关法条】

《中华人民共和国民法通则》

第一百零六条第二款　公民、法人由于过错侵害国家的、集体的财产，侵害他人财产、人身的，应当承担民事责任。没有过错，但法律规定应当承担民事责任的，应当承担民事责任。

《中华人民共和国合同法》

第一百一十七条第一款　因不可抗力不能履行合同的，根据不可抗力的影响，部分或全部免除责任，但法律另有规定的除外。……

《中华人民共和国民用航空法》

第一百二十四条　因发生在民用航空器上或者在旅客上、下民用航空器过程中的事件，造成旅客人身伤亡的，承运人应当承担责任；但是，旅客的人身伤亡完全是由于旅客本人的健康状况造成的，承运人不承担责任。

《中华人民共和国侵权责任法》

第六条　行为人因过错侵害他人民事权益，应当承担侵权责任。

43. 沈某等诉旅行社机上死亡赔偿纠纷

原告：沈某、赵某

被告：上海东美航空国际旅行社有限公司

第三人：中国人民保险公司

案由：生命权纠纷

【案情概述】

沈某系赵女士之夫，赵某系赵女士之女，两人共同诉称，2010 年 3 月 17 日至 22 日，赵女士参加公司安排、由被告上海东美航空国际旅行社有限公司（以下简称东美旅行社）负责组织的柬埔寨旅游，在柬埔寨当地旅游时，因气温较高，赵女士身体不适，有中暑、哮喘迹象。在乘坐飞机回国途中，赵女士突然出现呼吸困难的症状，机组人员对其采取了急救措施，但飞机降落在海南三亚机场时赵女士已无生命体征。原告认为，在赵女士身体出现不宜乘坐飞机的病症时，被告东美旅行社未尽旅游组织者的管理职责，未尽必要的告知、提醒及帮助等安全保障义务，存在明显过错，应承担赔偿责任，第三人中国人民保险公司承保了旅行社责任保险，应与东美旅行社承担连带赔偿责任。因就涉案纠纷与东美旅行社、中国人保协商不成，故诉至法院，要求判令被告东美旅行社、第三人中国人保连带赔偿死亡赔偿金 411 040 元，精神损害抚慰金 50 000 元。

【争议焦点】

1. 赵女士在旅游活动中意外死亡，被告东美旅行社是否应当承担赔偿责任？

2. 在侵权责任中责任主体是否应对旅客承担精神损害赔偿?

3. 东美旅行社对游客的身体状况关注是否属于一般注意义务?

【处理结果】

上海市徐汇区人民法院受理案件后,依法适用简易程序,分别于2011年3月24日、5月11日两次公开开庭进行审理;于2011年5月23日下达判决书。法院认为,被告东美旅行社作为群体性活动经营者,确实应承担合理限度范围内的安全保障义务,但其承担的安全保障义务并非无所限制。本案中,被告东美旅行社在签订旅游合同同时告知了旅游风险,建议旅游者购买旅游个人人身意外保险;出发前,向被告发放出国团队通知书及行程特别说明、行程安排、注意事项等书面材料,较为详尽地告知了旅游途中应该注意的事项,且根据与赵女士一同旅游同事的陈述,在旅游途中,东美旅行社安排的领队亦不时关心赵女士的身体状况。对于赵女士身体状况是否不适合乘坐飞机,本院认为,被告东美旅行社对游客身体状况的关注所承担的仅是一般注意义务,并不要求具备专业医学知识,在赵女士本人无严重身体健康问题及未提出身体不适,要求改期回国的情况下,东美旅行社的安排并无不妥。综上,徐汇区人民法院对原告提出的诉讼请求不予支持。一审判决后,原告未上诉。

【法律评析】

1. 生命权与侵权责任。

生命权是以自然人的性命维持和安全利益为内容的人格权。我国《民法通则》第98条规定:“公民享有生命健康权。”这里的生命健康权,实际上是生命权、健康权与身体权的总称,可见我国的立法是将生命权规定为一项独立的人格权而加以保护的。侵犯生命权在民事方面来说,一般分为故意侵害生命权及未尽必要注意义务侵权,本案争议显然是旅行社是否存在未尽必要注意义务侵权,造成了剥夺他人生命权的后果,构成过失侵害生命权的侵权行为。这种侵权行为较为常见，各种各样的行为人因为自己没有尽到注意义务，造成了他人的生命丧失，就构成这种侵权行为。

2. 在侵权责任中被告是否应承担精神损害抚慰金。

本案为民事诉讼，原告所提出的诉讼请求也是要求被告赔偿侵权所造成的经济损失及精神损害赔偿。《民法通则》第 134 条规定的承担民事责任的方式有 10 多种，如停止侵害、消除影响、赔礼道歉、消除危险、赔偿损失等。但《侵权责任法》的目的和功能主要在于补偿和救济受害人，因此，侵害公民生命健康权的民事责任承担方式最主要表现为赔偿损失。《民法通则》第 119 条规定："侵害公民身体造成伤害的，应当赔偿医疗费、因误工减少的收入、残废者生活补助费等费用；造成死亡的，并应当支付丧葬费、死者生前扶养的人必要的生活费等费用。"而原告诉讼请求中，除要求411 040元死亡赔偿金外，另要求被告承担 50 000 元精神损害抚慰金，根据《最高人民法院关于确定民事侵权精神损害赔偿责任若干问题的解释》的明确规定：自然人的生命权、健康权、身体权、姓名权、肖像权、名誉权、荣誉权、人格尊严权、人身自由权等人格权利遭受非法侵害时，可以依法请求赔偿精神损害。综上，生命权作为自然人独有的权利，我国法律保护力度及相应的赔偿责任极为严格。同时，生命权侵权是可以提出精神损害赔偿的。

3. 东美旅行社对游客的身体状况是否尽到了一般注意义务？

东美旅行社在签订旅游合同时，向游客告知了旅游风险，同时建议游客购买旅游个人人身意外保险。出发前，东美旅行社发放出国团队通知书及行程特别说明、行程安排、注意事项等书面材料，较为详尽地告知了旅游途中应该注意的事项，且根据与赵女士一同旅游同事的陈述，在旅游途中，东美旅行社安排的领队亦不时关心赵女士的身体状况。赵女士作为成年人，自身应当知晓其是否适合乘坐飞机，东美旅行社已经尽到了一般注意义务。

【相关法条】

《中华人民共和国民法通则》

第五条　公民、法人的合法的民事权益受法律保护，任何组织和个人不得侵犯。

第一百一十九条　侵害公民身体造成伤害的，应当赔偿医疗费、因误工减少的收入、残废者生活补助费等费用；造成死亡的，并应当支付丧葬费、死者生前扶养的人必要的生活费等费用。

《最高人民法院关于审理旅游纠纷案件适用法律若干问题的规定》

第七条第一款　旅游经营者、旅游辅助服务者未尽到安全保障义务，造成旅游者人身损害、财产损失，旅游者请求旅游经营者、旅游辅助服务者承担责任的，人民法院应予支持。

44. 旅客家属诉航空公司机上病危赔偿纠纷

原告：詹某某、杨某某、罗某某

被告：A 航空公司

案由：航空旅客运输合同纠纷

【案情概述】

2013 年 1 月 22 日，詹某（詹某某之女）与其 3 名亲友共同搭乘 A 航空公司（以下简称 A 航）深圳—成都航班。该航班因深圳机场流量控制，原计划 7 时 25 分从深圳起飞，9 时 50 分落地成都，实际于 8 时 27 分起飞，10 时 38 分落地。10 时 20 分左右，有机上旅客告知客舱乘务员，19F 座的旅客（即死者詹某）呈昏迷无意识异样，乘务组按照应急处置程序广播寻找医生未果后立即采取急救措施。航班落地并于 10 时 45 分打开舱门后，成都机场医疗救护中心医护人员到场继续对詹某实施抢救。11 时 30 分左右，医护人员宣布詹某因"呼吸心跳骤停"死亡。2013 年 3 月 7 日，四川华西法医学鉴定中心出具《医学鉴定书》，对詹某的死亡原因鉴定结论为：心脏传导系统病变所致急性心源性猝死。2013 年 5 月 3 日，詹某父亲詹某某、母亲杨某某、丈夫罗某某共同向四川省双流县人民法院提起民事诉讼，要求 A 航支付死亡赔偿金、丧葬费、被扶养人生活费、交通费、住宿费、精神损害抚慰金等共计 114 万元人民币。

【争议焦点】

1. 导致旅客身亡的原因是什么？
2. A 航是否应对旅客的身亡承担责任？

【处理结果】

该案诉讼过程中，被告 A 航向法院提交了四川华西法医学鉴定中心出具的"医学鉴定书"，证明詹某系心脏传导系统病变所致急性心源性猝死，并申请事发航班两名空乘人员出庭做证，证明空乘人员给予了必要的救助。最终，四川省双流县人民法院作出一审判决书，认为被告 A 航已尽告知义务和救助义务，詹某死亡系自身健康原因造成，因此驳回了原告的全部诉讼请求。一审判决送达后，原、被告双方均未提出上诉。

【法律评析】

1. 承运人对旅客人身伤亡应承担无过错责任。

本案原告选择的是"违约之诉"，即以合同纠纷为案由而非侵权纠纷。《合同法》和《民用航空法》中都对承运人适用了无过错责任的归责原则，即在旅客人身伤亡事件中，不以承运人在运输过程中存在过错作为其承担责任的前提。原告一方只需要证明詹某死亡是由航空运输过程中发生的事件造成，被告就需要对詹某的死亡承担损害赔偿责任。

2.《民用航空法》对承运人的责任规定最为严格。

《合同法》第 203 条规定，"承运人应当对运输过程中旅客的伤亡承担损害赔偿责任，但伤亡是旅客自身健康原因的或者承运人证明伤亡是旅客故意、重大过失造成的除外"。《民用航空法》第 124 条规定"因发生在民用航空器上或者在旅客上、下民用航空器过程中的事件，造成旅客人身伤亡的，承运人应当承担责任；但是，旅客的人身伤亡完全是由于旅客本人的健康状况造成的，承运人不承担责任"。1999 年《统一国际航空运输某些规则的公约》规定"经承运人证明，损失是由索赔人或者索赔人从其取得权利的人的过失或者其他不当作为、不作为造成或者促成的，应当根据造成或者促成此种损失的过失或者其他不当作为、不作为的程度，相应全部或者部分免除承运人对索赔人的责任。旅客以外的其他人就旅客死亡或者伤害提出赔偿请求的，经承运人证明，损失是旅客本人的过失或者其他不当作为、不作为造成或者促成的，同样应当根据造成或者促成此种损失的过失或者其他不当作为、不作为的程度，相应全部或者部分免除承运人的责任"。《民用航空法》一方面取消了旅客故意或过失造成的情形，另一方面又加入了"完全"二字，给承运人设置的责任不但超过本国的《合同法》，还超过了国际公约，对旅客进行了最大限度的保护。

3. 在发生旅客伤亡事件后，第一时间的应对措施会在很大程度上决定后续案件的结果。

在没有发生航空事故的情况下，旅客在航空运输过程中死亡的，各方均应当在第一时间向公安机关报案，对旅客死亡原因予以查明，排除刑事犯罪的可能。而在公安机关查明旅客死亡原因的过程中，法医鉴定则是最重要的一环。本案中，法院之所以判决承运人免责，很大程度上是因为"医学鉴定书"的结论，这成为承运人证明旅客詹某死亡系"本人的健康状况造成的"有力证据。

【相关法条】

《中华人民共和国合同法》

第三百零二条 承运人应当对运输过程中旅客的伤亡承担损害赔偿责任，但伤亡是旅客自身健康原因造成的或者承运人证明伤亡是旅客故意、重大过失造成的除外。

前款规定适用于按照规定免票、持优待票或者经承运人许可搭乘的无票旅客。

《中华人民共和国民用航空法》

第一百二十四条 因发生在民用航空器上或者在旅客上、下民用航空器过程中的事件，造成旅客人身伤亡的，承运人应当承担责任；但是，旅客的人身伤亡完全是由于旅客本人的健康状况造成的，承运人不承担责任。

1999 年《蒙特利尔公约》

第十七条 对于因旅客死亡或者身体伤害而产生的损失，只要造成死亡或者伤害的事故是在航空器上或者在上、下航空器的任何操作过程中发生的，承运人就应当承担责任。

　　第二十条　经承运人证明，损失是由索赔人或者索赔人从其取得权利的人的过失或者其他不当作为、不作为造成或者促成的，应当根据造成或者促成此种损失的过失或者其他不当作为、不作为的程度，相应全部或者部分免除承运人对索赔人的责任。旅客以外的其他人就旅客死亡或者伤害提出赔偿请求的，经承运人证明，损失是旅客本人的过失或者其他不当作为、不作为造成或者促成的，同样应当根据造成或者促成此种损失的过失或者其他不当作为、不作为的程度，相应全部或者部分免除承运人的责任。本条适用于本公约中的所有责任条款，包括第二十一条第一款。

45. 家属诉航空公司婴儿机上死亡赔偿纠纷

原告：梁永某、梁菊某

被告：A航空公司

案由：航空旅客运输公司纠纷

【案情概述】

2004年1月5日，原告携于2003年12月5日出生的女儿梁轩某，乘坐A航空公司（以下简称A航）航班从湖南长沙飞往浙江宁波。在飞行一小时左右时，原告梁菊某发现梁轩某口、鼻流出异物，遂向航班乘务员求助，航班乘务人员及时广播找寻医生，提供机上配备的抢救设备进行抢救。但梁轩某在经过同机乘客王某某检查后，发现已死亡。

2004年5月24日，原告向宁波市鄞州区人民法院起诉，请求判令被告赔偿死亡赔偿金124 420元、丧葬费10 604元、交通费1000元、住宿费1000元、精神损害抚慰金10 000元，合计人民币147 024元。

被告A航辩称，被告提供的飞机及所配备的设备均符合飞机安全、适航条件，也没有任何不正常的飞行事件发生和违反法律规定与行业惯例的行为，被告已经履行了作为承运人的全部义务，不存在违约情形。在原告梁菊某向机上乘务员报告其女儿梁轩某情况后，工作人员立即对其采取积极救助措施，并尽了最大努力。飞机从起飞到降落的整个过程中，没有任何意外事件发生，不存在导致原告女儿梁轩某死亡的任何外在因素。原告女儿梁轩某在乘机前已经患有严重疾病，且原告梁菊某未向乘务员报告该情况。原告女儿梁轩某的死亡，完全是其自身的健康原因和原告梁菊某监护不当所致，因此，被告请求法院驳回原告的损失赔偿请求。

【争议焦点】

1. 承运人是否对特殊旅客已经尽到了机上安全乘坐的告知义务？

2. 承运人对因旅客的身体原因引起的死亡是否应该承担赔偿责任？

【处理结果】

2004年8月20日，鄞州区人民法院作出判决，驳回原告的诉讼请求。

两原告不服鄞州区法院的判决，向宁波市中级人民法院提起上诉。2005年1月6日，宁波市中级人民法院作出驳回上诉、维持原判的判决。

【法律评析】

1. 承运人是否对特殊旅客已经尽到了机上安全乘坐的告知义务？

鄞州法院根据原、被告的陈述及对原、被告提交的证据、调取的证据、证人证言的认证情况，查明并确认了如下事实：（1）梁轩某在乘机前罹患化脓性脑膜炎、败血症、新生儿肺炎、鹅口疮等多种疾病，并于2003年12月28日开始在湖南省儿童医院住院治疗。在2004年1月5日出院时，经诊断，除鹅口疮治愈外，其化脓性脑膜炎、败血症、新生儿肺炎仅为好转，而未治愈，医嘱需继续治疗。（2）原告梁菊某在购票、乘机前未依A航有关规定告知梁轩某患病情况。（3）在飞行过程中，飞机及所配备的设备均符合飞机安全、适航条件，也没有任何不正常飞行事件发生。

目前医学界对满14天的婴儿乘坐飞机是否具有明显超过成人的危险性无权威的结论。航空公司也并非专业性的医疗机构，不具有专业性医学知识，课加其过重的义务不切实际。根据"危险由其控制者承担"的一般法学原理，航空公司应对飞机航行危险负责，旅客应对其自身特殊原因造成的危险负责。因此，航空公司对婴儿等特殊群体不应负有特殊告知义务。

虽然梁轩某的死亡医学证明书并未确认，但因其死亡之前罹患多种疾病，且这些疾病又都是死亡率高的疾病。飞机在飞行过程中完全符合安全、适航的要求，航行中未出现任何与航空运输操作和航空运输服务有关的意外事件。在梁轩某出现不适症状后，被告也尽了最大的努力进行抢救。因此，根据高度盖然性的证明标准，可以认定为其死亡是因其自身健康原因造成的。

2. 承运人对因旅客的身体原因引起的死亡是否应该承担赔偿责任？

本案梁轩某随其母亲购票乘坐 A 航的航班，双方形成航空旅客运输合同关系，A 航作为承运人应当按客票上载明的内容，在约定时间将梁轩某送至约定的地点，并在此过程中保证梁轩某的人身安全。《民用航空法》第 124 条规定，因发生在民用航空器上或者在旅客上、下民用航空器过程中的事件，造成旅客人身伤亡的，承运人应当承担责任；但是，旅客的人身伤亡完全是由于旅客本人的健康状况造成的，承运人不承担责任。本案梁轩某的死亡虽然发生在航班飞行过程中，但其死亡是因为其自身健康原因造成的，因此作为承运人的 A 航不承担责任。

【相关法条】

《最高人民法院关于民事诉讼证据的若干规定》

第七十三条 双方当事人对同一事实分别举出相反的证据，但都没有足够的依据否定对方证据的，人民法院应当结合案件情况，判断一方提供证据的证明力是否明显大于另一方提供证据的证明力，并对证明力较大的证据予以确认。

《中华人民共和国民用航空法》

第一百二十四条 因发生在民用航空器上或者在旅客上、下民用航空器过程中的事件，造成旅客人身伤亡的，承运人应当承担责任；但是，旅客的人身伤亡完全是由于旅客本人的健康状况造成的，承运人不承担责任。

（十五）其　他

46. 航空公司诉王某传播虚假恐怖信息
损害赔偿纠纷

原告：A 航空公司

被告：王某

案由：侵权赔偿纠纷

【案情概述】

2012 年 12 月 31 日 13 时左右，王某乘坐深圳至广州的长途客车赶往广州白云机场，准备搭乘当日广州—乌鲁木齐航班。因途中遭遇交通事故无法按时抵达机场，王某多次打电话向 A 航空公司（以下简称 A 航）工作人员寻求解决未得到满意答复，遂在电话中称航班上有炸弹。A 航和白云机场各部门接到该信息后，立即启动了应急处置预案，通知飞机滑回指定停机位并报警。飞机上所有乘客及机组人员被紧急疏散至安全地点，对旅客、行李、货物重新进行安检，经检查未发现爆炸物后重新起飞。航班因此延误 2 小时 42 分钟，后续航班延误 1 小时 30 分钟。

事后经公安机关侦查，该次事件系被告王某故意编造虚假恐怖信息所致，其行为已构成犯罪。王某在案发当天抵达白云机场办理改签手续时被公安机关抓获。经审理，广州市白云区人民法院以编造虚假恐怖信息罪判处被告王某有期徒刑 1 年。

事后，A 航向住所地海口市美兰区人民法院提起民事诉讼，要求王某向

A 航赔偿经济损失 23.55 万元人民币。

【案件焦点】

1. 本案被告是否构成侵权并对原告承担损害赔偿责任？

2. 原告 A 航所主张的 23.55 万元损失数额是否具有客观依据？

【处理结果】

2013 年 12 月 24 日，海口市美兰区人民法院作出民事判决，判决被告王某于判决生效之日起 10 日内赔偿原告 234 291 元。判决送达后原、被告双方均未提出上诉，判决生效。

【法律评析】

1. 本案被告是否构成侵权并对原告承担损害赔偿责任？

近年来航空公司遭受虚假恐怖信息威胁，导致航班延误的事件屡有发生。除了司法机关依法予以刑事制裁外，航空公司以提起侵权民事诉讼的方式从经济上惩治罪犯、挽回自身经济损失也尤为重要。

王某违反法律规定，编造并传播虚假恐怖信息，导致 A 航财产损失。因此，王某除了承担刑事责任外，还应依法承担民事侵权责任。

2. 原告 A 航所主张的 23.55 万元损失数额是否具有客观依据？

根据《民法通则》第 117 条和第 134 条，《侵权责任法》第 15 条、第 19 条等规定，王某应承担赔偿损失的民事责任。本着全部赔偿的原则，损失包括直接损失和间接损失。直接损失是现有财产的减少，间接损失是可得利益的丧失。

王某的行为可能导致的直接损失包括：航油损失、货邮运费损失、退票损失、飞机租金损失、餐饮住宿损失、空勤人员用工成本损失，以及依据地面服务协议而额外支出的航班保障费用，如起降费、夜航附加费、停场费、旅客服务费、安检费、进近指挥费、旅客摆渡车费、旅客和行李服务费、航前服务费、货物和邮件服务费、航后服务费等；间接损失即航班正常时航空公司应该获得的运输收益。

目前，法院均认可航空公司对传播虚假恐怖信息行为人提起的侵权损害赔偿诉讼，但赔偿的项目和金额需要航空公司予以举证证明。只有充分的举证才能获得法院认可和全部赔偿，这正是此类诉讼的关键和航空公司诉讼的难点。

【相关法条】

《中华人民共和国民法通则》

第一百一十七条　侵占国家的、集体的财产或者他人财产的，应当返还财产，不能返还财产的，应当折价赔偿。

损坏国家的、集体的财产或者他人财产的，应当恢复原状或者折价赔偿。

受害人因此遭受其他重大损失的，侵害人并应当赔偿损失。

第一百三十四条　承担民事责任的方式主要有：

（一）停止侵害；

（二）排除妨碍；

（三）消除危险；

（四）返还财产；

（五）恢复原状；

（六）修理、重作、更换；

（七）赔偿损失；

（八）支付违约金；

（九）消除影响、恢复名誉；

（十）赔礼道歉。

以上承担民事责任的方式，可以单独适用，也可以合并适用。

……

47. 郑某诉航空公司个人信息泄露赔偿纠纷

原告：郑某

被告：A航空公司

　　　　浙江淘宝网络有限公司

案由：侵权赔偿纠纷

【案情概述】

　　郑某于2014年2月3日通过浙江淘宝网络有限公司（以下简称浙淘公司）所属的天猫网购平台，自A航空公司（以下简称A航）购买了一张同年2月28日8时10分由天津飞往西安的机票。订票成功后，郑某收到了该平台发来的包含确认订票成功并提示谨防诈骗内容的短信。2月27日，郑某收到了由0085264504508号码发来的短信，内容为"尊敬的旅客您好，您所预定的2月28日8时10分从天津—西安航班已经取消，敬请谅解！A航声明：收到信息后请立即与本公司客服联系为您办理改签或退款，以免当天没有航班耽误您的行程。您的满意就是我们的追求！祝您和您的家人旅途快乐，A航指定客服电话4006-091-889"。郑某收到此短信后，按照短信所留客服电话联系，对方告知只能办理退款并索要原告账号，在谈话过程中郑某产生怀疑，此后经核实，并不存在航班取消的情况。

　　郑某认为其个人信息及航班订票情况只有浙淘公司及A航知悉，且相关信息属于其个人隐私。浙淘公司及A航在经营过程中将其个人信息泄露给他人，侵害了其权益，并将其置于险些被诈骗的境地。故诉至天津市东丽区人民法院，要求判令浙淘公司及A航向其书面赔礼道歉，并支付其损失电话费2.9元。

【争议焦点】

1. 原告信息泄露的责任归属。

2. 浙淘公司及 A 航是否应对原告的损失承担赔偿责任？

【处理结果】

天津市东丽区人民法院判决：驳回原告诉讼请求。

【法律评析】

1. 原告信息泄露的责任归属。

原告通过浙淘公司所属的天猫购物平台购买了 A 航由天津飞往西安的机票，在航班起飞前一天收到了陌生短信，提示其航班取消，希望原告联系所谓的航空公司客服热线进行改签或退款。本案中，郑某所购的机票通过天猫购物平台订购，因出票需要，原告的个人信息需流转至代理商、中航信系统及航空公司，再由于登机手续办理及保险购买的需要，航班始发及目的地机场、航空公司在始发站及目的地站合作的地面代理公司、保险公司也会获取到其个人信息。如原告信息因订购机票时泄露，则每个环节均存在泄露信息的可能，且无法排除原告在其他场合曾披露个人信息。原告主张损害赔偿，必须举证证明侵权行为的责任归属。

2. 浙淘公司及 A 航是否应对原告的损失承担赔偿责任？

本案中，原告在通过浙淘公司订购 A 航机票后，浙淘公司向其发送了包含确认订票成功并提示谨防诈骗内容的短信。郑某诉称系浙淘公司及 A 航将其个人信息泄露，却未能提供证据予以证明。同时，A 航也提交了证据证明 A 航通过中国民航信息网络股份有限公司提供的计算机订座系统提供订票服务。以上可以证明本案二被告并不是掌握原告个人信息的唯一介体，原告主张不具唯一性、排他性。原告收到陌生短信，案外人可能涉嫌诈骗犯罪，在公安机关立案侦破以前，法院不能确认系二被告将原告的个人信息泄露。故认定原告的诉讼请求证据不足，不予支持。

【相关法条】

《中华人民共和国侵权责任法》

第六条第一款　行为人因过错侵害他人民事权益，应当承担侵权责任。

第二十八条　损害是因第三人造成的，第三人应当承担侵权责任。

48. 冀某诉航空传媒公司著作权侵权赔偿纠纷

原告：冀某

被告：A 航空传媒有限公司

案由：著作权侵权赔偿纠纷

【案情概述】

上海望源房地产开发有限公司（以下简称望源公司）与 A 航空传媒有限公司（以下简称 A 航传媒）于 2009 年 2 月 14 日签订了投放 2009 年 3 月刊《××航空》杂志广告的合同。该公司提供的广告画面使用了部分照片，其中两张照片的摄影师冀某向上海浦东新区人民法院提起诉讼，诉称 A 航传媒在使用过程中不恰当地裁剪了原告作品，且未注明原告为著作权人，未征得原告同意，也未支付报酬，其行为侵犯了原告的著作人身权和财产权，亦侵犯了作品完整权。其诉讼请求为：（1）在《××航空》杂志以同样位置、同样大小版面刊登赔礼道歉启事一则；（2）赔偿经济损失 5 万元；（3）承担案件诉讼费及律师费。

【争议焦点】

1. 本案 A 航传媒是否存在侵权行为？

2. 本案争议照片是否是职务作品？

3. 关于刊载作品的著作权审查注意义务。

4. 作为媒体发布方 A 航传媒是否对广告著作权存在审查义务？

5. 本案 A 航传媒是否侵犯冀某作品的完整权？

【处理结果】

上海市浦东新区人民法院于 2010 年 8 月 24 日开庭审理了此案。审理中，A 航传媒以与望源公司就涉案广告签订的广告合同中约定由望源公司提供全部菲林为由，向法院提出追加被告申请，但由于原告不同意，法官也无法自行追加。后经法官调解，双方自愿达成调解协议，A 航传媒支付部分赔偿。

【法律评析】

从稿件的提供方望源公司了解到，望源公司于 2009 年 2 月与上海源诚文化有限公司（以下简称源诚文化）下属的关联公司上海源诚通智广告有限公司（以下简称源诚广告）签署了《都市住宅》杂志的广告投放合约，约定由源诚广告负责拍摄楼盘现场照片及广告画面制作，使用在发布的广告中。而冀某为源诚文化聘用摄影师，当时受托为望源公司拍摄了一组楼盘照片，用于《都市住宅》杂志广告的投放。其后，望源公司未经冀某及源诚文化的许可，将其中两张照片用于投放《××航空》杂志的广告画面中。后由于冀某与源诚文化有合同纠纷，于 2009 年相继对望源公司、源诚文化《都市住宅》《东方早报》等提起诉讼。

本案中，由于该图片确属冀某所有著作权之摄影作品，且 A 航传媒确实刊载该作品并因此营利，尽管无主观过失，但在客观事实上仍属侵权。本案最终以调解结案。

1. 关于侵权责任人。在著作权侵权纠纷案件中，往往存在多个侵权人，由于权利人往往很难确定直接侵权人，权利人有权选择将直接侵权人和间接侵权人作为共同被告，或仅起诉间接侵权人。在本案中，直接侵权人是稿件提供者望源公司，以及照片提供者源诚广告。A 航传媒是间接侵权人，冀某有权选择仅起诉 A 航传媒，而法院亦无充分理由依职权追加望源公司为本案第三人。

2. 关于是否是职务作品。尽管涉案摄影作品属于职务作品，冀某作为摄影者仍对该作品享有著作权。冀某所属公司源诚文化尽管享有使用权，但只能在合同限定的范围之内；而其提供给关联公司使用并转让使用权给望源公司，使用在其他刊物上，显然超越了限定的范围，应该取得著作权人同意并支付报酬。冀某对该作品所享有的著作权应当受到我国著作权法的保护。

3. 关于刊载作品的著作权审查注意义务。《著作权法》第 53 条和《最高人民法院关于审理著作权民事纠纷案件适用法律若干问题的解释》第 19 条规定了复制品出版者、制作者对出版、制作的合法授权负有举证责任，复制品的发行者、出租者对复制品的合法来源承担举证责任，否则需承担侵犯著作权的法律责任。该解释第 20 条规定了出版者对于出版行为的授权、稿件来源和署名、所编辑出版物的内容等未尽到合理注意义务的，应承担侵权责任。出版者对所尽的合理注意义务承担举证责任。

4. 关于广告中的作品审查注意义务。根据《广告法》的规定，广告法律关系中涉及广告主、广告经营者和广告发布者三方。广告发布者和广告经营者对于广告内容需要进行核实。根据国家工商总局的答复，核实的内容主要是相关证明文件，以确保广告内容的真实性和合法性。也就是说，广告法所规范的广告内容的审查主要是确保广告内容与产品和服务相一致，不得存在欺诈或者虚假宣传，以保护消费者权益，维护市场经济秩序。但对于广告内容的审查是否包含对相关著作权的审查并未有明确规定。在法律、行政法规未明确规定注意义务的情况下，应以合理谨慎的标准来进行判断。广告发布者多为报纸、期刊等媒体单位，一般设有专门的广告部门，广告部门审核广告时，从一个谨慎之人的标准来看，应当要求广告制作者提供使用作品来源及作者授权的证明。如报社、期刊为自己的栏目或者公益目的使用他人作品，则更需要对作品涉及的著作权权属进行审查。

5. 关于作品完整权。关于是否侵犯冀某保护作品完整权的问题，《著作权法》第 10 条第 1 款第 4 项规定了保护作品完整权，是指著作权人有保护其作品不受歪曲、篡改的权利。A 航传媒将冀某的摄影作品用于杂志的广告中，在使用时虽然对冀某的摄影作品作了小部分删减，但只要这种使用方式没有造成对摄影作品的歪曲，并没有破坏作品形式上的完整，并未影响冀某的摄影作品所反映的内容、主题和美感，一般不应认定为侵犯作者的保护作品完整权。

【相关法条】

《中华人民共和国著作权法》

第十条 著作权包括下列人身权和财产权：

（一）发表权，即决定作品是否公之于众的权利；

（二）署名权，即表明作者身份，在作品上署名的权利；

（三）修改权，即修改或者授权他人修改作品的权利；

（四）保护作品完整权，即保护作品不受歪曲、篡改的权利；

（五）复制权，即以印刷、复印、拓印、录音、录像、翻录、翻拍等方式将作品制作一份或者多份的权利；

（六）发行权，即以出售或者赠与方式向公众提供作品的原件或者复制件的权利；

……

著作权人可以许可他人行使前款第（五）项至第（十七）项规定的权利，并依照约定或者本法有关规定获得报酬。

……

第十六条第一款 公民为完成法人或者其他组织工作任务所创作的作品是职务作品，除本条第二款的规定以外，著作权由作者享有，但法人或者其他组织有权在其业务范围内优先使用。作品完成两年内，未经单位同意，作者不得许可第三人以与单位使用的相同方式使用该作品。

第四十七条 有下列侵权行为的，应当根据情况，承担停止侵害、消除影响、赔礼道歉，赔偿损失等民事责任：

……

（七）使用他人作品，应当支付报酬而未支付的；

……

第三篇

劳动合同纠纷

note

（十六）飞行员

49. 钱某诉航空公司飞行培养费纠纷

申诉人：钱某

被申诉人：A 航空公司

案由：劳动合同纠纷

【案情概述】

钱某系由 A 航空公司（以下简称 A 航）定向招录的飞行员，1994 年 11 月进入 A 航工作，1996 年 6 月与 A 航签订了无固定期限劳动合同。2005 年 12 月 29 日钱某提出辞职，2006 年 1 月 29 日正式离开 A 航。钱某向某市 B 区劳动争议仲裁委员会（以下简称 B 区仲裁委）提起仲裁，要求 A 航为其办理退工手续，退回人事档案、技术档案及身体健康档案。A 航提起反请求，要求裁决钱某赔偿培训费用等损失合计 1100 万元。

【争议焦点】

1. 退回人事档案、技术档案、身体健康档案是否属于劳动争议仲裁受理范围？

2. 钱某是否应当赔偿培训费用？赔偿金额如何确定？

3. A 航关于飞行经历费用的主张是否能够得到支持？

【处理结果】

B 区仲裁委经审理后裁决：（1）A 航应当在裁决书生效之日起 7 日内为

钱某办理退工（仅限劳动关系方面）手续；（2）钱某应当在裁决书生效之日起 30 日内支付 A 航赔偿费 168 万元整。

钱某和 A 航均不服裁决，向某市 B 区人民法院（以下简称 B 区法院）提起诉讼，后双方达成和解协议，各自撤诉。

【法律评析】

本案发生在《劳动合同法》颁布以前，当时审理本案适用的主要依据是《劳动法》及相关规定，以及民航局的相关规定。

1. 劳动合同的解除及退工手续及非劳动关系档案的移交。

在劳动合同解除方面，依《劳动法》相关规定，钱某可以提前 30 天以书面形式通知单位解除劳动合同。

在办理退工手续方面，双方劳动合同关系终止后，A 航应依据《某市招工、退工管理办法》的相关规定，为离职员工办理退工手续及人事档案的移交。但上述规定仅涉及有关劳动关系的相关档案移交。而有关技术档案、身体健康档案的移交，不属于《劳动法》及上述招退工规定的管辖范围，应依据民航局的规定办理。根据民航局《关于规范飞行人员流动管理 保证飞行安全的通知》的规定，"对辞职的飞行人员，其飞行执照交用人单位所在地的民航地区管理局暂存保管；飞行记录本和航空人员健康记录由用人单位封存保管 6 个月后交所在地的民航地区管理局暂存保管"。为此，B 区仲裁委对超出其受理范围的仲裁请求不予处理。

2. 培训费用赔偿的认定。

在培训费用赔偿的认定上，B 区仲裁委认为：A 航要求钱某承担在中国民航飞行学院发生的培训费 71.5 万元，尽管 A 航未能向本会提交直接支付凭证，但根据中国民用航空局收费文件规定、其他员工同期培训发生的培训费和钱某实际发生的事实，确认钱某应当支付该院校培训费 71.5 万元，加上双方在庭审中就培训事实和支付凭证达成一致的养成培训费用等金额，共计人民币 147.4446 万元。考虑到还有一些钱某认可的培训事实，因 A 航无法提供有效凭证而致无法认定损失，以及其他后续培训发生的费用，可以认为 A 航为培训钱某实际支付的培训费用高于此金额，酌情确定应赔偿金额为 168 万元。钱某认为复训系一年一次的岗位培训，属于飞行资格的检查性质，不属于提高性质的培训，故不同意按 A 航的要求支付 6 次复训发生的培训费。B 区仲裁委对 A 航要求钱某赔偿飞行经历费用的请求则未予支持。根据 2005 年民航局《关于贯彻落实规范飞行员人员流动管理保障民航飞行队伍稳定的意见有关问题的通知》文件精神，飞行员复训有别于一般岗位的复训，属于赔偿范围。

B 区仲裁委在培训费用的认定上以实际发生为原则，先确认有支付凭证证明以及经双方协商认可的培训费用总金额为 147.4446 万元，再基于有部分培训钱某认可但无发票可以确定培训费用金额的事实，推断 A 航为培训钱某实际支付的培训费用高于 147.4446 万元，继而依民航局民航人发〔2005〕104 号、民航人发〔2005〕109 号文件确认赔偿金额 168 万元。

事实上最高人民法院转发了民航局相关文件，被转发的相关文件以作为裁判案件的指导意见。因此直接依民航局文件所确定的计算方法，确认培训费金额为 168 万元更为妥当。由于本案发生较早，当时关于飞行员离职的仲裁诉讼尚未形成统一的裁判原则，经过一段时间的审判实践，现在发生的类似案件，均已按民航局相关文件计算培训费用。

3. 关于飞行经历费用被驳回的理由。

关于飞行经历费用，B 区仲裁委认为钱某在飞行劳动过程中，技能得到提高是劳动的延伸，是劳动技能的必然沉淀，A 航在此过程中支付其工资的目的也正因为钱某为公司提供劳动并创造价值的行为。故对 A 航要求钱某赔偿飞行经历费用的请求未予支持。

A 航这一主张具有合理性，并符合飞行行业这一工种的特性。飞行员成长为正驾驶，必须以满足一定的飞行时间为前提。B 区仲裁委认为飞行员的飞行经历积累是其提供劳动的必然结果，与航空公司是否给予培养机会关联不大。事实上，飞行员的飞行经历积累恰恰与航空公司对该名飞行员的培养照顾密切关联。换言之，并不是每位飞行员都会随着工作年限的增长而同步积累飞行经历。航空公司提供给飞行员积累飞行经历的机会，不可

中国民航法律案例精解

否认是有价值的，这种价值最终体现在飞行员的自身价值上，而航空公司之所以给予飞行员积累自身价值的机会，是基于对飞行员将会按照劳动合同的约定为航空公司工作这样一种合理期待或者说信赖之下的。然而，飞行员的提前辞职，带走了这部分价值，并利用该部分价值在新的单位获得了职位和利益，却不给予航空公司任何赔偿。此外新的单位招用已有一定飞行经历的飞行员相当于"坐享其成"，无须等飞行员逐年积累飞行经历而直接享受前单位对其的培养成果。这对原航空公司是极不公平的，也最终会导致航空行业的不正当竞争。

【相关法条】

《中华人民共和国劳动法》

第三十一条　劳动者解除劳动合同，应当提前三十日以书面形式通知用人单位。

第一百零二条　劳动者违反本法规定的条件解除劳动合同或者违反劳动合同中约定的保密事项，对用人单位造成经济损失的，应当依法承担赔偿责任。

《上海市单位招工、退工管理办法》

第十二条　用人单位与全工时制职工终止或解除劳动关系后，应在7日内办妥退工登记备案手续。

......

《违反〈劳动法〉有关劳动合同规定的赔偿办法》

第四条　劳动者违反规定或劳动合同的约定解除劳动合同，对用人单位造成损失的，劳动者应赔偿用人单位下列损失：

（一）用人单位招收录用其所支付的费用；

（二）用人单位为其支付的培训费用，双方另有约定的按约定办理；

（三）对生产、经营和工作造成的直接经济损失；

（四）劳动合同约定的其他赔偿费用。

196

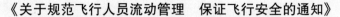

《关于规范飞行人员流动管理 保证飞行安全的通知》

六、对辞职的飞行人员，其飞行执照交用人单位所在地的民航地区管理局暂存保管；飞行记录本和航空人员健康记录由用人单位封存保管6个月后交所在地的民航地区管理局暂存保管。

《关于规范飞行人员流动管理 保证民航飞行队伍稳定的意见》

一、依法规范航空运输企业用工行为，逐步建立和完善飞行人员依法有序的流动机制。航空运输企业招用飞行人员，应当遵守有关法律法规，面向社会，公开招收。对招用其他航空运输企业在职飞行人员的，应当与飞行人员和其所在单位进行协商，达成一致后，方可办理有关手续，并根据现行航空运输企业招收录用培训飞行人员的实际费用情况，参照70—210万元的标准向原单位支付费用。对未与原用人单位终止或解除劳动合同的飞行人员，不得建立新的劳动关系、签订劳动合同。

《关于贯彻落实规范飞行人员流动管理保证民航飞行队伍稳定意见有关问题的通知》

一、航空公司招用在职飞行人员，应积极主动地与飞行员所在航空公司进行协商，并视情支付其为培养飞行员所发生的费用。在确定具体补偿费用标准时，原则上以飞行人员初始培养费70万元为基数，从飞行员参加工作开始，综合考虑后续培养费用，以年均20%递增计算补偿费用，最高计算10年，即最高补偿费用为210万元。45岁以后再从210万元开始，以70万元为基数，以年均20%递减计算补偿费用。

50. 程某诉航空公司飞行培养费纠纷

原告：程某
被告：A航空公司
案由：劳动合同纠纷

【案情概述】

飞行员程某原为B航空公司飞行员，2002年武汉市国资委将B航空公司净资产评估入股，与其他三家股东共同组建了A航空公司（以下简称A航），程某也以412 300元的评估价进入A航工作。2007年，程某向A航提出辞职申请，要求公司解除劳动合同并转移人事、身体及飞行档案。A航不同意其辞职申请，程某向湖北省劳动争议仲裁委员会（以下简称湖北省仲裁委）提出仲裁。

【争议焦点】

1. 飞行员与单位签订了无固定期限劳动合同，并约定了服务期，是否可在约定服务期内解除劳动合同？

2. 飞行员在担任副驾驶期间，作为机组成员，在机长的带领和监督下完成工作任务，提高工作技能，是否应算作培训时间，向公司支付培训费用？

【处理结果】

飞行员程某于2007年6月9日向湖北省仲裁委提出仲裁，2007年8月13日，湖北省仲裁委作出仲裁裁决：程某与A航解除劳动合同，并向公司支付招录费（以 B 航空公司净资产评估价为依据）、后续培训费和违约金，共计 863 418.48 元，A 航为程某办理解除劳动合同相关手续并转移人事、身体及飞行档案。A 航不服仲裁，于 2007 年 8 月 28 日向武汉市硚口区人民法院提起诉讼，武汉市硚口区人民法院经审理，将程某应向 A 航支付的招录费、培训费和违约金提高至 924 044.65 元，其他与湖北省仲裁委裁定相同。A 航向武汉中院提起上诉，武汉中院于 2008 年 8 月 18 日作出终审判决，维持原判。

【法律评析】

1. 依据《劳动法》和《关于劳动者解除劳动合同有关问题的复函》规定，劳动者有提前解除劳动合同的权利。但劳动者因违反劳动合同给用人单位造成损失的，劳动者应承担赔偿责任。因此，程某有权在约定服务期内与 A 航解除劳动合同，但须按法律规定和合同约定向用人单位支付招录费、培训费和合同约定的违约金。

2. 对 A 航提出的飞行员在副驾驶经历期间，其由教员带飞的时间应算作航空公司为其提供的培训时间，需向航空公司补偿培训费用的抗辩理由，仲裁机构和法院均认为劳动法律法规并未规定劳动者通过实际工作锻炼提高了技能，应向用人单位支付培训费用。因此，对 A 航的该条抗辩理由不予支持。

【相关法条】

《中华人民共和国劳动法》

第三十一条　劳动者解除劳动合同，应当提前三十日以书面形式通知用人单位。

《关于劳动者解除劳动合同有关问题的复函》

劳动者提前三十日以书面形式通知用人单位，既是解除劳动合同的程序，也是解除劳动合同的条件。劳动者提前三十日以书面形式通知用人单位，解除劳动合同，无需征得用人单位的同意。超过三十日，劳动者向用人单位提出办理解除劳动合同的手续，用人单位应予以办理。但由于劳动者违反劳动合同有关约定而给用人单位造成经济损失的，应依据有关法律、法规、规章的规定和劳动合同的约定，由劳动者承担赔偿责任。

劳动部《违反〈劳动法〉有关劳动合同规定的赔偿办法》

第四条　劳动者违反规定或劳动合同的约定解除劳动合同，对用人单位造成损失的，劳动者应赔偿用人单位下列损失：

（一）用人单位招收录用其所支付的费用；

（二）用人单位为其支付的培训费用，双方另有约定的按约定办理；

（三）对生产、经营和工作造成的直接经济损失；

（四）劳动合同约定的其他赔偿费用。

《关于规范飞行人员流动管理　保证民航飞行队伍稳定的意见》

第一条　……对招用其他航空运输企业在职飞行人员的，应当与飞行人员和其所在单位进行协商，达成一致后，方可办理有关手续，并根据现行航空运输企业招收录用培训飞行人员的实际费用情况，参照70—210万元的标准向原单位支付费用。……

51. 柴某诉航空公司劳动合同履行纠纷

原告：柴某

被告：A 航空公司云南分公司

案由：劳动合同纠纷

【案情概述】

柴某是中国民航较早的一批飞行人员，2006 年 4 月前在 A 航空公司（以下简称 A 航）从事波音 737 飞机飞行机械员工作。随着航空领域的科技进步和发展，2002 年 A 航决定对飞行机组人员的岗位进行改革，波音 737 飞机飞行机组不再安排飞行机械员。2006 年 A 航最后一批 20 多名飞行机械员完成历史使命，依照公司的相关规定转岗为观测员，安排至公司运行控制部工作。公司考虑该批转岗人员的历史贡献，并尊重他们的飞行情结，在定岗等待遇上都给予了较大照顾。作为该批转岗人员中的一员，柴某认为自己的收入与以前从事飞行机械员岗位时的收入相比较偏低，觉得自己应该继续享受飞行人员待遇。最后，柴某决定通过法律途径解决问题，诉公司欠其工资待遇，要求按飞行机械员岗位补发其 2006 年 4 月至今的职务工资、年资工资和长期激励金，并不同意其转岗为观察员。原告柴某在二审时提出 200 万元的精神损失补偿金。

【争议焦点】

1. 公司要求柴某转岗是否合法？能否将其恢复飞行机械员岗位？

2. 柴某诉讼请求补发 2006 年 4 月至今的职务工资、年资工资和长期激励金是否应得到法院支持？

3. 原告能否在二审时提出 200 万元的精神损失补偿金？

【处理结果】

该案共经历了仲裁、一审、二审和再审审查 4 个阶段。2010 年 12 月 30 日，昆明市官渡区劳动争议仲裁委员会作出仲裁裁决，驳回申请人柴某的仲裁请求。2011 年 4 月 22 日，昆明市官渡区人民法院作出一审判决，驳回原告柴某的诉讼请求。2011 年 8 月 22 日，昆明市中级人民法院作出二审终审判决，驳回（上诉人柴某）上诉，维持原判。2012 年 6 月 13 日云南省高级人民法院作出民事裁定：驳回柴某再审申请。

【法律评析】

1. 岗位变动是企业管理的一个常规现象。

变更劳动合同，应当遵循平等自愿协商一致的原则，用人单位与劳动者协商一致，可以变更劳动合同约定的内容。变更劳动合同，应当采用书面形式。柴某与公司签订劳动合同约定从事生产岗位，飞行机械员岗位和观察员岗位均为生产岗位。公司与柴某之间不存在合同变更的情况。岗位变动是因为飞机技术的发展进步，经过局方认可，飞行组可以不配备飞行机械员。客观情况发生的重大变化，致使必须调整柴某的岗位，如果经过协商，未能达成协议的，双方可按规定解除劳动合同。

2. 柴某诉讼请求没有法律依据。

柴某申请期间没有实际从事飞行机械员工作，诉讼请求按飞行机械员标准补发 2006 年 4 月至今的职务工资、年资工资和长期激励金，没有法律和事实依据，得不到仲裁委和法院支持。原告柴某二审时提出 200 万元的精神损失补偿金不符合诉讼要求，需另行起诉。

【相关法条】

《中华人民共和国劳动法》

第十七条　订立和变更劳动合同，应当遵循平等自愿协商一致的原则，不得违反法律、行政法规的规定。

第二十六条第一款第三项　劳动合同订立时所依据的客观情况发生重大变化，致使原劳动合同无法履行，经当事人协商不能就变更劳动合同达成协议的。

第四十七条　用人单位根据本单位的生产经营特点和经济效益，依法自主确定本单位的工资分配方式和工资水平。

52. 航空公司诉王某飞行培养费纠纷

原告：A航空公司

被告：王某

案由：劳动合同纠纷

【案情概述】

2001年8月7日，王某与A航空公司签订了《飞行学员助学垫付款合同》，约定王某系A航空公司委托中国民航飞行学院培养的民用航空飞行驾驶技术专业四年制本科学员，王某结束在中国民航飞行学院的学业后，到该公司报到的第二个月起，以每月1000元的额度逐月偿还公司为王某在校期间所提供的垫付款，直至偿还全部垫付款，并约定了王某可以免还垫付款的条件及免还比例。

王某毕业后与A航空公司于2005年7月15日签订了无固定期限劳动合同，约定王某从事飞行驾驶工作，服务期自2005年7月15日起至退休时止。如果王某在服务期内单方提出解除劳动合同属于违约，应向该航空公司赔偿违约金（违约金按未履行必须服务年限计算，每提前1年赔偿人民币1万元，不足1年，按1年计算）。并约定在这种情况下，A航空公司如在招录王某时付出招录费用，或在王某在职期间对其进行出资培训或分配住房，公司则可以按照相关规定向王某收取各类补偿费用。

2013年6月24日，王某向公司邮寄《解除劳动关系通知书》，公司于2013年6月26日收到该通知书，并于当日向王某出具《关于对王某同志提出解除劳动关系通知书的回复》，"希望王某按照劳动合同的约定和公司对此类行为所作的规定向公司履行相关的义务收回辞职报告，回公司工作"。

自 2013 年 7 月 1 日起，公司不再给王某安排飞行任务，也未与王某办理解除劳动合同手续。

【争议焦点】

1. 王某是否应当按照劳动合同向 A 航空公司赔偿违约金？
2. 王某是否应当在与 A 航空公司解除劳动关系后履行竞业限制？

【处理结果】

一审法院认为，王某与 A 航空公司之间的劳动合同是在《劳动合同法》实施之前签订。因此，王某与 A 航空公司签订的劳动合同，包括该劳动合同中有关违约金的约定对双方均有约束力，双方均需严格履行。参照中国民用航空局、人事部、劳动和社会保障部、国务院国有资产监督管理委员会、国务院法制办公室《关于规范飞行人员流动管理，保证民航飞行队伍稳定的意见》，王某应当依据双方签订的劳动合同中有关违约金的约定支付 A 航空公司违约金。但由于劳动合同中没有约定，也没有签订单独的保密协议，对于航空公司主张王某在双方解除劳动合同之后的两年之内不得到与该公司经营同类业务的其他用人单位就业的诉讼请求，无事实和法律依据，一审法院未予支持。

二审法院认为，飞行员具有专业性、特殊性，属于高技能人才，需要长时间的能力培养过程和持续的能力保持过程。但是，航空公司无法提交有效证据证明其为王某付出培训费 805.074 万元，应承担举证不能的法律后果。参照中国民航局、人事部、劳动和社会保障部、国务院国有资产监督管理委员会、国务院法制办公室《关于规范飞行人员流动管理，保证民航飞行队伍稳定的意见》及中国民航局《关于贯彻落实规范飞行人员流动管理，保证民航飞行队伍稳定意见有关问题的通知》中有关培训费补偿标准的规定，驳回王某的诉讼请求，判决其支付给 A 航空公司违约金 30 万，培训费 182 万。

【法律评析】

1. 违反服务期的劳动者应当按照劳动合同的约定向用人单位支付违约金。

根据本案发生当时适用《劳动合同法》版本的要求，劳动者如若违反服务期的约定，应当按照劳动合同的约定向用人单位支付违约金。该违约金的数额不得超过用人单位的培训费用。在本案中，王某通过委托培养形式被招录到 A 航空公司工作，并经过多年持续不断的培训将王某培训并提升为机长，在此过程中 A 航空公司支付了巨额培训费用。根据劳动合同中关于王某应当对 A 航空公司付出的培训费给予补偿的约定，王某应当向单位支付违约金。2013 年修订的《劳动合同法》延续了之前的这一规定。

2. 劳动者因为违反服务期支付的违约金应当以公司对其支出的培训费为限。

根据《劳动合同法》的要求，劳动者由于违反服务期约定向用人单位支付的违约金，应当以公司为其支付的培训费用为限。本案中，A 航空公司主张其为王某一共支出培训费约 800 万人民币，但是却无法提出有效证据对这一数额进行证明，应当承担举证不能的法律后果。法院由此没有直接认可 A 航空公司提出来的赔偿费用，而是参照了中国民航局、人事部、劳动和社会保障部、国资委、国务院法制办等国家单位发布的相关文件，对王某的培训费用作出估计，二审法院认可了一审判决，最终确认王某应当支付给 A 航空公司培训费加违约金约 21 万人民币，远远低于 A 航空公司主张的金额。

3. 劳动者履行竞业限制需要满足特定条件。

由于管理性、技术性岗位的劳动者通常会掌握用人单位的重要信息、关键技术，用人单位出于经济利益的考虑通常会希望劳动者离职后一段时间内实行竞业限制。但是根据《劳动合同法》的规定，竞业限制的前提是，用人单位需要在劳动合同或者保密协议中与劳动者约定明确的竞业限制条款。并且还应当约定，在劳动合同终止或者解除之后，由用人单位在特定的期限内向劳动者按月支付经济补偿。本案中，王某与 A 航空公司的劳动合同中并没有该条款，也没有为此签订单独的保密协议，故王某不需要在劳动合同解除之后履行竞业限制。

【相关法条】

《中华人民共和国劳动合同法》

第二十三条 用人单位与劳动者可以在劳动合同中约定保守用人单位的商业秘密和与知识产权相关的保密事项。对负有保密义务的劳动者，用人单位可以在劳动合同或者保密协议中与劳动者约定竞业限制条款，并约定在解除或者终止劳动合同后，在竞业限制期限内按月给予劳动者经济补偿。劳动者违反竞业限制约定的，应当按照约定向用人单位支付违约金。

第三十七条 劳动者提前三十日以书面形式通知用人单位，可以解除劳动合同。劳动者在试用期内提前三日通知用人单位，可以解除劳动合同。

《中华人民共和国劳动争议调解仲裁法》

第六条 发生劳动争议，当事人对自己提出的主张，有责任提供证据。与争议事项有关的证据属于用人单位掌握管理的，用人单位应当提供；用人单位不提供的，应当承担不利后果。

《中华人民共和国民事诉讼法》

第六十四条 当事人对自己提出的主张，有责任提供证据。当事人及其诉讼代理人因客观原因不能自行收集的证据，或者人民法院认为审理案件需要的证据，人民法院应当调查收集。人民法院应当按照法定程序，全面地、客观地审查核实证据。

（十七）其他人员

53. 伍某诉航空公司未及时办理退工、退档等手续劳动合同纠纷

原告：伍某

被告：A 航空公司

案由：劳动合同纠纷

【案情概述】

伍某原为 A 航空公司（以下简称 A 航）飞机维修工程部技术科副科长，2006 年与 A 航签订劳动合同，合同期限自 2006 年 7 月 19 日至 2014 年 7 月 18 日，双方劳动合同第 10 条约定"经双方协商，乙方（伍某）在合同期内必须在甲方（A 航）服务 8 年，如乙方在此期间提出辞职，必须赔偿甲方经济损失，赔偿金额为乙方向甲方提出辞职前两年的工资总额"。

2011 年 12 月 15 日，伍某向 A 航提出辞职，按照上述合同约定的赔偿事项，其辞职前两年的工资总额共计人民币 157 063.52 元，A 航以此作为辞职违约赔偿标准。因双方对违约金等事项协商未果，伍某于 2012 年 2 月 8 日向天津市劳动争议仲裁委员会（以下简称天津市仲裁委）提请仲裁，要求确认其劳动关系解除、返还其公务护照以及按照每月 7000 元标准向其支付因未办理退工、退档手续造成其无法就业的赔偿等 4 项仲裁请求。A 航提出反诉申请，要求伍某赔偿航空公司经济损失金额 157 063.52 元。天津市仲裁委于 2012 年 2 月 13 日受理该案。

208

【争议焦点】

1. A航是否应在伍某提出辞职的30日后为其办理退工手续？

2. 伍某是否应按其与A航签订的《劳动合同》支付其辞职前两年工资总额作为损失赔偿？

3. A航是否应向伍某支付因未办理退工、退档手续造成其无法就业的赔偿？

【处理结果】

天津市仲裁委于2012年4月9日作出仲裁裁决："裁定伍某与A航劳动关系于2012年1月14日解除；A航于裁决生效15日内为伍某出具解除劳动合同证明并办理档案及社保关系的转移；驳回了伍某及A航其他仲裁请求。"

双方对仲裁裁决均存在异议，分别向天津市东丽区人民法院（以下简称东丽区法院）提起诉讼。经审理，东丽区法院于2012年7月18日作出判决："认定双方劳动关系于2012年1月14日解除，A航于判决生效起15日内为伍某出具解除劳动合同证明、办理档案关系和社会保险关系转移等手续；伍某向A航支付违约金48 744元；驳回双方其他诉讼请求。"

伍某不服判决，上诉至天津市第二中级人民法院。2012年9月9日，天津市第二中级人民法院判决驳回上诉，维持原判。2012年10月30日，A航向东丽区法院申请执行。

【法律评析】

1. 退工手续的办理。

依据《劳动合同法》，劳动者提前30日以书面形式通知用人单位，可以解除劳动合同，伍某与A航的劳动合同应认定为于2012年1月14日解除，A航以伍某未支付违约金为由拒绝为其办理退工手续以及保险等关系转移并无法律依据，难以得到支持。因此，A航应于判决生效后为其办理上述手续。

2. 违约金的计算。

在本案中，A航与伍某的劳动合同签订于现行《劳动合同法》颁布之前，而劳动合同履行期限跨越了新旧《劳动合同法》的施行时间点，A航举证的有票据支持的培训费用仅1万余元。故该劳动合同第10条是否与现行《劳动合同法》冲突、索赔依据是作为损失主张还是作为违约金主张，以及索赔数额是否合理是整个案件庭审辩论的主要分歧。

A航认为，依据《劳动合同法》第97条"本法施行前已依法订立且在本法施行之日存续的劳动合同，继续履行"，且签订劳动合同的双方具有真实意思表示，因此双方签订的劳动合同及其条款符合当时劳动法及相关法律的约定，应当继续有效。因A航无法对企业损失进行举证，故在庭审中，A航向伍某主张违约金赔偿。

因A航并未与伍某签订培训协议，如果依据《劳动合同法》相关规定，用人单位要求劳动者支付的违约金不得超过服务期尚未履行部分所应分摊的培训费用。针对明显不利A航的条款，经与法院多次协商沟通，A航依据天津市劳动和社会保障局《关于保守商业秘密协议、支付违约金和就业补助金等有关劳动合同问题的通知》相关规定提出主张，按照"用人单位和劳动者可以在劳动合同中约定违约责任，约定违约金应本着合法、对等和适量的原则，对劳动者约定违约金的数额原则上不超过其12个月的标准工资。标准工资指违约行为发生前12个月劳动者平均工资"的规定主张赔偿，据此，东丽区法院判决伍某向A航赔偿违约行为发生前12个月的标准工资，共计48 744元。但伍某向A航主张7000元每月的经济补偿欠缺事实依据，且无法对其主张的损害进行举证，故仲裁及法院并未支持。

3. 人事档案未退的责任。

《劳动合同法》第50条规定，用人单位应当在解除或者终止劳动合同时出具解除或者终止劳动合同的证明，并在15日内为劳动者办理档案和社会保险关系转移手续。但《劳动合同法》及国务院制定的《劳动合同法实施条例》均未就用人单位超期未办理退工手续的赔偿作出规定。这一空白

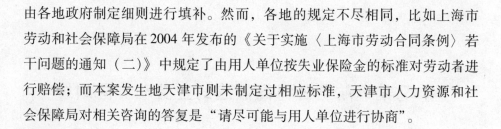

由各地政府制定细则进行填补。然而，各地的规定不尽相同，比如上海市劳动和社会保障局在 2004 年发布的《关于实施〈上海市劳动合同条例〉若干问题的通知（二）》中规定了由用人单位按失业保险金的标准对劳动者进行赔偿；而本案发生地天津市则未制定过相应标准，天津市人力资源和社会保障局对相关咨询的答复是"请尽可能与用人单位进行协商"。

【相关法条】

《中华人民共和国劳动合同法》

第五十条 用人单位应当在解除或者终止劳动合同时出具解除或者终止劳动合同的证明，并在十五日内为劳动者办理档案和社会保险关系转移手续。

第九十七条第一款 本法施行前已依法订立且在本法施行之日存续的劳动合同，继续履行；本法第十四条第二款第三项规定连续订立固定期限劳动合同的次数，自本法施行后续订固定期限劳动合同时开始计算。

《中华人民共和国劳动法》

第十八条 下列劳动合同无效：

（一）违反法律、行政法规的劳动合同；

（二）采取欺诈、威胁等手段订立的劳动合同。

无效的劳动合同，从订立的时候起，就没有法律约束力。确认劳动合同部分无效的，如果不影响其余部分的效力，其余部分仍然有效。

劳动合同的无效，由劳动争议仲裁委员会或者人民法院确认。

第七十八条 解决劳动争议，应当根据合法、公正、及时处理的原则，依法维护劳动争议当事人的合法权益。

54. 马某诉航空公司高额违约金劳动合同纠纷

原告：马某

被告：A航空公司

案由：劳动合同纠纷

【案情概述】

马某于2010年8月从中国民航大学毕业，进入A航空公司（以下简称A航）运行控制部从事航行情报管理工作。入职后，A航为其办理北京户口的同时，与其签订了《补充协议》，并约定马某若未在A航及分（子）公司工作满8年，则需向A航支付违约金30万元。马某于2012年7月25日向公司递交了《解除劳动合同通知书》，在没有办理请假手续的情况下，其本人于8月1日起不再来公司上班。因公司正处于生产旺季，且马某所在岗位属于公司保障生产任务的重要岗位，经公司研究决定，暂不同意与其解除劳动关系，并以书面形式通知其尽快回公司上班，但马某接到通知后并未回到公司上班。

2012年9月5日，马某向北京市顺义区劳动人事争议仲裁委员会（以下简称顺义区仲裁委）申请劳动仲裁。请求裁定的事项包括：被申请人出具解除劳动关系的证明；办理申请人的劳动人事档案、社会保险关系的转移手续；返还申请人的签派员执照；支付房改补贴10 780元、绩效工资2760元、节油奖4410元；支付2011年7月至2012年3月期间加班工资共计54 233元及25%经济补偿金13 558.25元；支付解除劳动关系的经济补偿金13 500元。

【争议焦点】

1. 公司能否拒绝员工的辞职请求?

2. 以解决北京户口为前提而签订的劳动合同《补充协议》,约定高额违约金是否符合法律规定?

3. 民航系统特殊岗位的标准工作时间如何计算?

【处理结果】

顺义区仲裁委于 2012 年 9 月 24 日开庭审理了本案。庭审中,A 航提出原告主张的相关绩效、节油奖等费用已按公司的进度发放到位。其他主张后经顺义区仲裁委主持调解,双方达成如下调解协议:马某与 A 航于 2012 年 7 月 26 日解除劳动关系,A 航于 2012 年 11 月 20 日前为马某出具解除劳动关系证明,依法办理劳动人事档案、社会保险关系的转移手续,并返还马某的签派员执照;A 航于 2012 年 11 月 20 日前支付马某房改补贴款共计 10 780 元;马某与 A 航双方自愿放弃于 2010 年 8 月 26 日签署的补充协议中所约定的各项权利和义务;双方均放弃其他仲裁请求。

【法律评析】

1. 职工辞职的权利。

《劳动合同法》第 37 条规定,劳动者提前 30 日以书面形式通知用人单位,可以解除劳动合同。从该款条文上看,劳动者只要提前 30 日履行通知的义务,即可解除劳动合同。此处并未赋予用人单位对劳动者辞职进行否决的权利,用人单位拒绝劳动者辞职的行为是无效的。

2. 地方户口资格获得的问题。

用人单位为员工办理地方户口不是《劳动合同法》上双方可以约定服务期的事项。《劳动合同法》仅在第 22 条允许双方就用人单位为劳动者安排付费的专业技术培训约定服务期。因此用人单位以为马某办理北京户口为前提与其订立服务期条款没有法律依据,与服务期直接关联的违约金主张也就一并不能成立。

3. 民航系统特殊岗位的标准工作时间如何计算？

本案中，马某提出其在 2011 年 7～9 月中，采取"做一休二"的工作形式，每月上班工作时间都超过 240 小时，但未获得相应的加班费和调休，故其根据《劳动合同法》有权解除劳动合同并要求公司支付经济补偿金。根据民航局文件《关于印发民航实行不定时工作制和综合计算工时工作制暂行办法的通知》的规定，"由于民航运输生产的特殊性，下列与保证航班正常运行和飞行安全密切相关的工作人员可实行综合计算工时工作制：……（四）民用航空空中交通管制、航行情报人员""具有等待间歇特点且明显受航班密度影响的岗位，工作班时间内发生的等待时间按照 50% 计算工作时间；在工作班时间外发生的等待时间按照 40% 计算工作时间。对于航班结束后留守值班的岗位按照实际消耗工时的 30% 计算工作时间"。依此计算，马某的月工作时间未超过文件规定的"月工时标准平均时间"169.3 小时。故其主张的加班费、经济补偿金都没有得到仲裁委的支持。

【相关法条】

《中华人民共和国劳动法》

第三十六条　国家实行劳动者每日工作时间不超过八小时、平均每周工作时间不超过四十四小时的工时制度。

《中华人民共和国劳动合同法》

第二十二条　用人单位为劳动者提供专项培训费用，对其进行专业技术培训的，可以与该劳动者订立协议，约定服务期。

劳动者违反服务期约定的，应当按照约定向用人单位支付违约金。违约金的数额不得超过用人单位提供的培训费用。用人单位要求劳动者支付的违约金不得超过服务期尚未履行部分所应分摊的培训费用。

用人单位与劳动者约定服务期的，不影响按照正常的工资调整机制提高劳动者在服务期期间的劳动报酬。

第二十三条　用人单位与劳动者可以在劳动合同中约定保守用人单位

的商业秘密和与知识产权相关的保密事项。

对负有保密义务的劳动者，用人单位可以在劳动合同或者保密协议中与劳动者约定竞业限制条款，并约定在解除或者终止劳动合同后，在竞业限制期限内按月给予劳动者经济补偿。劳动者违反竞业限制约定的，应当按照约定向用人单位支付违约金。

第二十四条　竞业限制的人员限于用人单位的高级管理人员、高级技术人员和其他负有保密义务的人员。竞业限制的范围、地域、期限由用人单位与劳动者约定，竞业限制的约定不得违反法律、法规的规定。

在解除或者终止劳动合同后，前款规定的人员到与本单位生产或者经营同类产品、从事同类业务的有竞争关系的其他用人单位，或者自己开业生产或者经营同类产品、从事同类业务的竞业限制期限，不得超过二年。

第二十五条　除本法第二十二条和第二十三条规定的情形外，用人单位不得与劳动者约定由劳动者承担违约金。

第三十八条　用人单位有下列情形之一的，劳动者可以解除劳动合同：

（一）未按照劳动合同约定提供劳动保护或者劳动条件的；

（二）未及时足额支付劳动报酬的；

（三）未依法为劳动者缴纳社会保险费的；

（四）用人单位的规章制度违反法律、法规的规定，损害劳动者权益的；

（五）因本法第二十六条第一款规定的情形致使劳动合同无效的；

（六）法律、行政法规规定劳动者可以解除劳动合同的其他情形。

用人单位以暴力、威胁或者非法限制人身自由的手段强迫劳动者劳动的，或者用人单位违章指挥、强令冒险作业危及劳动者人身安全的，劳动者可以立即解除劳动合同，不需事先告知用人单位。

55. 胡某诉航空服务公司拖欠工资款纠纷

申请人： 胡某

被申请人： A 航空国际旅游运输有限公司

上海琚才企业管理咨询有限公司

案由： 劳动合同纠纷

【案情概述】

2010 年 11 月 1 日，某咨询公司申请人胡某由被申请人上海琚才企业管理咨询有限公司（以下简称琚才咨询）派遣至被申请人 A 航空国际旅游运输有限公司（以下简称 A 航国旅）工作，其后于 2011 年 11 月离职。在职期间的月工资为 3300 元左右。胡某诉称：在职期间被申请人未付其加班工资，之后 A 航国旅召开会议决定对所有员工的加班工资实行每上班 1 个月补偿 1 个月的加班工资，但 A 航国旅未补偿胡某的加班工资。现胡某为维护自身合法权益，故提出申请，要求 A 航国旅支付 2010 年 11 月 1 日至 2011 年 11 月 10 日期间的加班工资 39 600 元，并由琚才咨询承担连带责任。

庭审中，胡某提供了三方于 2011 年 11 月签订的协商解除劳动合同协议，解除劳动合同系由被申请人提出，协议由被申请人起草，且协议中并未涉及支付加班工资事宜。经质证，琚才公司及 A 航国旅对该份证据的真实性认可，主张三方系协商解除劳动关系及用工关系，且申请人的请求已超申请仲裁的时效。该份协议上显示："胡某于 2011 年 11 月 10 日与琚才咨询解除劳动关系，与 A 航国旅结束用工关系，A 航国旅一次性支付申请人经济补偿金 7813 元。申请人放弃向琚才公司及 A 航国旅主张劳动关系及用工关系所产生之相关权利，申请人与两公司的债权债务关系就此全部解决，再无其他争议。"

【争议焦点】

1. A 航国旅对加班问题会议决定的法律效力。
2. 协商解除劳动合同协议的法律效力。

【处理结果】

上海市浦东新区劳动人事争议仲裁委员会于 2012 年 12 月 18 日下达裁决书。仲裁庭认为：胡某作为具有完全民事行为能力人，应当对其本人签字的文书承担相应责任。胡某与琚才咨询、A 航国旅签订书面协商解除劳动合同协议书，协议中明确约定三方结清劳务派遣关系存续期间的权利义务。A 航国旅已履行协议内容。该协议的签订是三方真实意思的表示，协议内容对三方均具有约束力，三方应按协议内容进行履行，故对申请人要求 A 航国旅支付 2010 年 11 月 1 日至 2011 年 11 月 10 日期间的加班工资 39 600 元并由琚才公司承担连带责任的请求不予支持。

【法律评析】

1. A 航对加班问题会议决定的法律效力。

根据《劳动合同法》第 4 条的规定，用人单位在决定有关劳动报酬等直接涉及劳动者切身利益的重大事项时，应当经职工代表大会或者全体职工讨论，提出方案和意见，与工会或者职工代表平等协商确定。在重大事项决定实施过程中，工会或者职工认为不适当的，有权向用人单位提出，通过协商予以修改完善。用人单位应当将直接涉及劳动者切身利益的重大事项决定公示，或者告知劳动者。

本案中，A 航国旅会议中提出的加班工资补偿方案在金额上实际低于《劳动法》规定的标准，理应属于《劳动合同法》第 4 条规定的有关劳动报酬的重大事项。因此，公司若希望免除自身的一部分义务，必须遵从《劳动合同法》规定的程序，与工会或者全体职工协商，劳动者声明自愿放弃相关权利后方才有效。但在本案中，A 航国旅在作出这一决定前未经过全体员工或工会的讨论，因此该加班费补偿方案是无效的。

2. 已签订协商解除劳动合同的协议后是否可继续主张加班费？

具有完全民事行为能力人，应当对本人签字的文书承担相应责任。本案中，申请人在签订协商解除劳动合同协议时并未提出加班费申请，且协议中也明确载明"申请人放弃向琚才咨询及 A 航国旅主张劳动关系及用工关系所产生之相关权利，申请人与两公司的债权债务关系就此全部解决，再无其他争议"。因此，解除劳动合同协议的签订，以及被申请人支付劳动关系解除经济补偿金的行为，即代表协议的成立与履行。而其中所约定的双方再无其他争议条款当然有效，申请人在之后主张加班费补偿难以被仲裁委支持。

【相关法条】

《中华人民共和国劳动合同法》

第三十一条　用人单位应当严格执行劳动定额标准，不得强迫或者变相强迫劳动者加班。用人单位安排加班的，应当按照国家有关规定向劳动者支付加班费。

《中华人民共和国劳动争议调解仲裁法》

第二十七条　劳动争议申请仲裁的时效期间为一年。仲裁时效期间从当事人知道或者应当知道其权利被侵害之日起计算。

前款规定的仲裁时效，因当事人一方向对方当事人主张权利，或者向有关部门请求权利救济，或者对方当事人同意履行义务而中断。从中断时起，仲裁时效期间重新计算。

因不可抗力或者有其他正当理由，当事人不能在本条第一款规定的仲裁时效期间申请仲裁的，仲裁时效中止。从中止时效的原因消除之日起，仲裁时效期间继续计算。

劳动关系存续期间因拖欠劳动报酬发生争议的，劳动者申请仲裁不受本条第一款规定的仲裁时效期间的限制；但是，劳动关系终止的，应当自劳动关系终止之日起一年内提出。

　　第四十七条　下列劳动争议，除本法另有规定的外，仲裁裁决为终局裁决，裁决书自作出之日起发生法律效力：

　　（一）追索劳动报酬、工伤医疗费、经济补偿或者赔偿金，不超过当地月最低工资标准十二个月金额的争议；

　　（二）因执行国家的劳动标准在工作时间、休息休假、社会保险等方面发生的争议。

56. 袁某诉航空旅游公司丢失人事档案纠纷

原告：袁某

被告：A 航旅业投资（集团）有限公司

案由：劳动合同纠纷

【案情概述】

袁某起诉 A 航旅业投资（集团）有限公司（以下简称 A 航旅业）劳动关系纠纷案于 2011 年 11 月 14 日开庭。袁某诉称，其于 1990 年 3 月由上海长宁副食品公司下属长宁熟食品厂商调进上海蓝天食品厂（以下简称蓝天食品），从事机修工作。蓝天食品于 1999 年依照国家政策划归上海某旅游投资开发公司，即现在的 A 航旅业。由于蓝天食品资不抵债，于 2000 年 12 月由长宁区法院裁定破产。2001 年 12 月被上海浦东新区工商局核准注销。袁某声称其于 2000 年 4 月在全厂大会上得到通知，全体职工回家等通知。期间，袁某多次去厂得到等通知的答复。时至今日，袁某多方查询得知企业已破产，而袁某的劳动人事档案不知去向。同时通过社保机构查询得知，蓝天食品未给袁某开立社保账户和缴纳社会保险。袁某认为其未得到 A 航旅业的通知，没有退工证明也无法办理劳动手册，导致许多企业不敢录用，给他的精神和生活带来很大痛苦。故申请法院依法受理，并请求：（1）找回或补齐袁某劳动人事档案，办理相关劳动退工手续并赔偿损失；（2）补缴 1993 年至今的企业职工社会保险；（3）按照企业年平均工资赔偿 2001 年至今的损失；（4）诉讼费由 A 航旅业承担。

【争议焦点】

1. 袁某与 A 航旅业是否存在劳动合同关系？

2. 本案是否属于法院管辖？是否超过诉讼时效？

3. 法院判决办理退工手续，且档案遗失的损失标准自定是否妥当？

【处理结果】

长宁区法院于 2012 年 5 月 22 日作出一审判决，A 航旅业应于判决生效之日起 15 日内为袁某办妥退工手续，并支付经济损失 25 317.59 元。A 航旅业不服上述判决，向上海市第一中级人民法院提起上诉（以下简称一中院）。一中院于 2012 年 9 月 12 日作出终审判决，驳回上诉，维持原判。在前述诉讼期间，A 航旅业于 2011 年 12 月 5 日收到上海市长宁区劳动人事争议仲裁委员会（以下简称长宁区劳仲）关于袁某起诉 A 航旅业劳动争议一案的传票，该案由于申请人袁某在 2012 年 1 月 18 日申请撤诉，长宁区劳仲同意撤诉，该案已终结。A 航旅业于 2012 年 3 月 5 日收到长宁区劳仲关于袁某诉 A 航旅业及上海蓝天食品清算组劳动争议一案的传票。A 航旅业最终与袁某达成一揽子调解方案，一次性支付，并了结所有事项。

【法律评析】

1. 袁某与 A 航旅业是否存在劳动合同关系？

袁某所提交的证据只反映其 1990 年 3 月进入蓝天食品工作这一事实，而未见到其在该厂劳动关系存续至何时的有关说明，袁某诉称，2001 年 12 月该厂（因法院裁定破产）已被工商核准注销，其在 2000 年 4 月全厂大会上得到"回家等待"至今等情况，未见证据加以证明。如袁某确有后续证据证明其当时与该厂有劳动关系，而该厂作为劳动用工主体已在当时破产，根据《劳动合同法》第 44 条，双方的劳动关系终止。袁某主张和 A 航旅业之间有劳动合同关系显然无任何事实和法律的依据，其主张的补缴社保保险金、赔偿损失没有相应根据。其次，A 航旅业受让的是蓝天食品的设备、建筑物和土地使用权，而非股权，A 航旅业不是蓝天食品的投资人和清算人，而产权合同也说明蓝天食品的职工安置与 A 航旅业无关。

然而，长宁区法院审理并未采纳 A 航旅业意见，其认为袁某提交的商调函证明袁某与蓝天食品建立了上述劳动关系，蓝天食品在破产程序终结前，未对袁某进行安置，双方的劳动关系应持续到蓝天食品破产程序终结之时。此后，由于蓝天食品法人资格已经灭亡，双方的劳动关系随之终结。袁某未到 A 航旅业处工作，与 A 航旅业未建立劳动关系。但是蓝天食品注销后，工商资料保结人（即公司股东或者第三人在办理公司注销登记手续时，向公司登记机关出具《注销保结书》，承诺对公司未了债权债务承担责任的情况比较普遍。商事审判实践中，将出具《注销保结书》的公司股东或者第三人称为保结人）为 A 航旅业。保结范围未予明确，故认为 A 航旅业作为蓝天食品未了债权债务的保结人，应对蓝天食品破产之后的未了事项承担法律责任。袁某与蓝天食品终结劳动关系后，该厂未对袁某办理退工手续，并至今未退工。A 航旅业应代蓝天食品为袁某办理退工手续。由于蓝天食品未能妥善保管袁某的人事档案，致使袁某的人事档案至今未能退至街道劳动保障部门，客观上造成袁某无法正常就业的经济损失，A 航旅业应代蓝天食品承担赔偿责任。

2. 是否属于法院管辖问题？是否超过诉讼时效？

本案案由为"劳动合同纠纷"。袁某诉讼请求得以支持的前提是，袁某先确认其与 A 航旅业（或 A 航旅业之前责任主体）的劳动关系。其必须先向劳动争议仲裁机构申请仲裁，只有本案劳动争议仲裁机构不予受理或者袁某不服仲裁裁决，才可向法院起诉。本案袁某不能提交本案之前已申请仲裁、仲裁委不予受理的决定，故 A 航旅业请求法院驳回袁某的起诉。法院并未完全采纳 A 航旅业意见，认为劳动争议申请仲裁的时效期间为 1 年，袁某于 2011 年 9 月 13 日向劳动争议仲裁委员会主张权利，2010 年 9 月 13 日之前的争议，因袁某怠于行使权利而不再受法律保护，A 航旅业应代蓝天食品支付袁某 2010 年 9 月 13 日至今因档案遗失造成的经济损失。

3. 退工手续操作存在诸多障碍，档案遗失损失较难计算。

根据相关规定，办理退工手续须先为其补办招工手续，但因本案中袁某的人事档案资料已遗失，且至今未能找到。因此有关招工日期、工龄记录等信息无法得到确认，办理存在困难。同时，补建人事档案亦资料不全，如需在资料不全的前提下补建档案，则须袁某本人的同意及配合，而袁某本人不愿意配合。同时，办理退工手续须为袁某办理社会保险关系转移手续，但因袁某从未开立社保账户及曾缴纳社会保险费，因此其开户亦因档案遗失而无法开立，且 1998 年以前的社会保险费按现行政策亦无法缴纳。

关于档案遗失损失计算标准现有法律无明确规定。《中华人民共和国档案法》第 3 条规定，一切国家机关、武装力量、政党、社会团体、企业事业单位和公民都有保护档案的义务。《企业职工档案管理工作规定》规定，企业职工档案是企业劳动、组织、人事部门在招用、调配、培训、考核、奖惩、选拔和任用等工作中形成的有关职工个人经历、政治思想、业务技术水平、工作表现以及工作变动等情况的文件材料，是历史地、全面地考察职工的依据，是国家档案的组成部分。企业职工调动、辞职、解除劳动合同或被开除、辞退等，应由职工所在单位在 1 个月内将其档案转交新的工作单位或其户口所在地的街道劳动（组织人事）部门。上述法律法规明确了用人单位保存和及时转移档案的义务，但并没有对遗失档案给劳动者造成的损失进行计算标准上的规定。在司法实践中，该类争议一般由人民法院酌定，各地差异较大，不具有参考性。

【相关法条】

《中华人民共和国劳动合同法》

第五十条第一款　用人单位应当在解除或者终止劳动合同时出具解除或者终止劳动合同的证明，并在十五日内为劳动者办理档案和社会保险关系转移手续。

第四篇

航空商务纠纷

（十八）航校培训

57. 航空公司诉航空学校飞行学员
培训违约纠纷

申请人： A 航空公司

被申请人： 北京泛美国际航空学校有限公司

案由： 飞行培训委托合同纠纷

【案情概述】

2006 年，A 航空公司（以下简称 A 航）与北京泛美国际航空学校有限公司（以下简称泛美航校）签订了《飞行培训委托合同》，约定由泛美航校为 A 航所属的飞行学员提供飞行培训服务。合同还约定，总培训周期不超过 14 个日历月，每名学员培训费用为人民币 55 万元，培训课程必须通过中国民航局颁发的课程合格证或经民航局批准，泛美航校必须保证其培训设备的适航性或合法性，训练飞机必须投保，另约定如果一方未能及时支付合同费用，或退还相关款项，经催告后仍拒绝支付的，相对方有权终止本合同。

2006 年 9 月，A 航将 58 名飞行学员送至泛美航校培训，并支付了首期费用。2006 年 10 月，因泛美航校发生两机空中碰撞的训练飞行事故，民航局责令其停止飞行训练并进行安全整顿。同年 10 月 31 日，民航局发布通知，不承认泛美航校所提供的仪表等级考试和商用驾驶员执照考试，已颁发的多发飞机商照和仪表等级予以作废，高性能训练成绩暂不承认。上述事件严重影响了包括 A 航所属 58 名飞行学员的飞行培训课程，按合同在不超过 14 个日历月内完成全部培训项目的约定。结合泛美航校当时所能提供的飞行培训条件，A 航及其他航空公司飞行学员的培训课程无法保证在规定时限内完成。经协商，泛美航校管理人员向 A 航出具了终止履行合同的备忘录电子邮件，此后双方在 2007 年 5 月签署了《泛美七期 58 名 A 航学员资料交接记录单》，A 航将全部学员转至其他航校进行培训。

因泛美航校不能按合同约定完成委托培训而不得不提前解除合同，致使合同目的不能实现，并给 A 航造成重大损失，为此 A 航依据合同约定，向 B 市仲裁委员会（以下简称 B 市仲裁委）提出仲裁申请。

【争议焦点】

1. 泛美航校不安全飞行事件及民航局处罚行为是否构成 A 航解除合同的理由？
2. 泛美管理人员出具备忘录电子邮件的行为是否构成表见代理？
3. A 航是否应支付已发生的培训费用？

【处理结果】

B 市仲裁委在受理仲裁后，组织双方进行了多次质证和协商。B 市仲裁委基本认同 A 航观点，其认为泛美航校的不安全飞行事件及民航局的通报批评和处罚足以影响 A 航对合同履行的信心，也认定泛美航校管理人员发出的关于终止履行合同的备忘录构成表见代理，终止履行合同是双方的真实意思表示。但是，对于 A 航飞行培训学员前期培训，泛美航校投入了相应的人力和物力，该部分费用应由 A 航承担。鉴于培训委托合同未对具体科目培训价格作出明确约定，民航飞行学院的培训价格不能作为价格依据。经双方协商，最终达成一致意见，A 航不再主张违约金，泛美航校一次性退还相关培训费用。

【法律评析】

1. 泛美航校不安全飞行事件及民航局处罚行为是否构成 A 航解除合同

的理由？

泛美航校因不安全飞行事件导致民航局通报批评和处罚，致使委托人对其后续的履约能力有所质疑，该质疑包含两个方面：一是飞行培训的质量，二是培训进度。鉴于泛美航校受此影响后难以在合同约定时间内完成学员培训，将导致合同目的不能实现，此时 A 航是行使不安履行抗辩权，还是径自按《合同法》第 94 条解除合同，在仲裁中双方存在争议。因为合同目的不能实现的预判是推论，不具备充足的证据证实，泛美航校固然需要优先考虑补训和补考资源分配，但是也可采取补充资源的方式满足上海航空等后入学学员的培训需要。本案中，泛美航校的管理人员发出终止合同履行通知，解决了该问题，如果 A 航未能得到这种解决办法，主动寻求合同解除途径将存在较大障碍。

2. 泛美管理人员出具的备忘录电子邮件是否构成其同意解除合同的表见代理？

表见代理在本案中起到了至关重要的作用。泛美航校中层管理人员根据公司当时所具备的条件认为难以按期履行合同义务，为此建议终止合同。泛美航校代理人认为其不具备终止合同的决策权限，终止合同也不符合泛美航校利益，为此主张其代理行为无效。A 航则认为在本项业务往来中，此管理人员自始至终是泛美航校的联系人，相关指令均由其对上海航空发出，A 航有充足理由认为这是泛美航校的真实意思表示，完全符合《合同法》第 49 条的规定，B 市仲裁委最终也采纳了 A 航的观点。

3. A 航是否应支付培训已发生的费用？

鉴于本案双方经协商后提前终止合同履行，委托事务并未按约完成，难以判断是否存在违约行为，所以违约责任也无从判定。对于已发生的费用，B 市仲裁委按诚实信用原则，认为不能免除 A 航的责任，建议双方协商解决。

【相关法条】

《中华人民共和国合同法》

第四十九条　行为人没有代理权、超越代理权或者代理权终止后以被代理人名义订立合同，相对人有理由相信行为人有代理权的，该代理行为有效。

第五十条　法人或者其他组织的法定代表人、负责人超越权限订立的合同，除相对人知道或者应当知道其超越权限的以外，该代表行为有效。

第五十七条　合同无效、被撤销或者终止的，不影响合同中独立存在的有关解决争议方法的条款的效力。

第六十七条　当事人互负债务，有先后履行顺序，先履行一方未履行的，后履行一方有权拒绝其履行要求。先履行一方履行债务不符合约定的，后履行一方有权拒绝其相应的履行要求。

第九十一条　有下列情形之一的，合同的权利义务终止：

（一）债务已经按照约定履行；

（二）合同解除；

（三）债务相互抵销；

（四）债务人依法将标的物提存；

（五）债权人免除债务；

（六）债权债务同归于一人；

（七）法律规定或者当事人约定终止的其他情形。

第九十四条　有下列情形之一的，当事人可以解除合同：

（一）因不可抗力致使不能实现合同目的；

（二）在履行期限届满之前，当事人一方明确表示或者以自己的行为表明不履行主要债务；

（三）当事人一方迟延履行主要债务，经催告后在合理期限内仍未履行；

（四）当事人一方迟延履行债务或者有其他违约行为致使不能实现合同目的；

（五）法律规定的其他情形。

第三百九十八条　委托人应当预付处理委托事务的费用。受托人为处理委托事务垫付的必要费用，委托人应当偿还该费用及其利息。

（十九）航空器留置

58. 机场诉航空公司航空器留置
优先受偿权纠纷

原告：广州白云国际机场股份有限公司

被告：通用电气商业航空服务有限公司

天穹航空贸易第一有限公司

天穹航空贸易第二有限公司

天穹航空贸易第三有限公司

案由：留置权纠纷

【案情概述】

2006年1月，三个天穹航空贸易有限公司将其所有的8架飞机出租给东星航空公司运营，它们都是通用电气商业航空服务有限公司在爱尔兰设立的全资子公司，通用电气商业航空服务有限公司是该8架飞机的租赁管理人。2009年3月，东星航空公司因不履行到期债务，被本案被告联合其他债权人向武汉中院申请破产清算。同年，法院裁定受理，本案原告及其关联企业就其对东星航空公司享有的地服费用、飞机维修费用等债权进行相应申报，并且由本案原告广州白云国际机场股份有限公司留置了上述飞机的其中一架。留置行为发生之后，本案原告的关联企业与原告签订债权转让协议，将其对东星航空公司享有的破产债权全部转让给原告。2009年9月，武汉中院作出民事裁定，对东星航空公司的破产债权进行确认，本案原告对东星航空公司享有普通债权约人民币 5 千万元，优先债权约人民币 72 万。在第一次的清算分配中，原告享有的优先债权已经全部获得清偿，普通债权清偿约 700 万元。第二次清算分配中，原告享有的剩余普通债权获得清偿金额大约人民币 80 万元。

2009 年 11 月，经过磋商，本案原被告之间就被告支付费用取回该飞机达成了协议，被告支付费用合计 42 万元并取回了飞机。此后，在递交本案诉讼文书中，原告请求由被告支付东星航空公司由于 8 架飞机所产生的机务维修等欠付费用。

【争议焦点】

1. 原告的留置行为是否符合法律规定？
2. 原告是否有权向被告主张其对东星航空公司享有的债权？
3. 如何界定原告可向被告追索费用的范围？

【处理结果】

法院在 2013 年作出的判决中支持了原告的请求，确认原告对飞机号为 B－6229、出厂编号为 MSN2762 的 A319 飞机进行留置的行为合法，四被告应向原告支付人民币约 3600 万元。从公平合理原则出发，原告从四被告处获得的利益不应超过主债务人的债务范围，法院对原告要求支付利息的请求未予支持。

【法律评析】

1. 留置行为的合法性问题。

原告为东星航空公司营运的飞机提供机场服务，因东星航空公司未支付服务费用且被债权人申请破产清算而对该公司租赁营运的 B－6229 飞机进行留置，进而引发本案纠纷。

首先，航空器可以留置。在国内法方面，《民法通则》规定了留置权的法律概念和法律属性：债权人按照合同约定占有债务人的财产，在债务人逾期不履行债务时，有留置该财产以迫使债务人履行债务，并在债务人仍不能履行债务时就该财产优先受偿的权利。尽管我国的现行法律中尚无对航空器实行留置权的专门规定，但从我国《民法通则》《物权法》《担保法》《最高人民法院关于适用〈中华人民共和国担保法〉若干问题的解释》《民用航空法》等法律的规定综合来看，我国法律是允许对航空器进行留置的。

其次，留置权需要满足特定的前提条件。根据《物权法》的规定，留置权的行使需要满足：（1）债务履行期届满，债务人未依约履行债务；（2）债权人对动产的占有与其债权的发生有牵连关系。但是，《物权法》和《民法通则》的规定，均未明确债务人应当具有留置物的所有权，同时，债权人也不负有对标的物所有权进行审查的义务。

最后，留置权担保的范围应当包括主债权及利息、违约金、损害赔偿金、留置物保管费用和实现留置权的费用。

本案中，原告行使留置权的行为完全符合我国法律对行使留置权规定的两个条件，属于合法行为。

2. 留置权的担保范围。

根据《民法通则》和《担保法》的规定，留置权是以动产为标的物的担保物权。留置权的作用在于担保债权受偿，而不在于对物的使用、收益。而"留置该财产以迫使债务人履行债务"，并不意味着债权人只能就实际留置的动产进行受偿。

本案中，留置物所担保的债务范围为8架飞机的所有服务费用，而不仅仅是被留置物B-6229飞机的服务费用。这是因为，飞机的价值巨大，原告仅需通过留置其中一架飞机即可达到担保全部债权得以实现的目的，而不需要留置其他7架飞机。被告在行使取回权取回飞机时，是以通用航空服务公司的名义取回，但留置物担保的债务范围必然包括8架飞机的债务，且四被告未声明划分各自的债务份额，故应视为四被告共同行使取回权，对本案债务承担连带责任。

3. 原告是否有权就其对东星航空公司享有的债权向被告主张清偿？

在一般情况下，留置权既是担保物权的基础权利，又是取回权的基础权利。行使取回权的主体，既可以是债务人本身，又可以是留置物的所有权人，并且，行使取回权的条件必须是向债权人履行全部债务或者提供足额担保。根据《物权法》的规定，留置权人对留置财产丧失占有或者留置权人接受债务人另行提供担保的，留置权消灭。《担保法》规定，留置权因下列原因消灭：（1）债权消灭的；（2）债务人另行提供担保并被债权人接受的。故而，在履行了所有债务或提供了其他形式的足额担保后，债务人或留置物的所有权人便可行使取回权取回留置物。行使取回权后，取回权人即对债权人负有担保债务清偿的法定义务，此为行使取回权的附随义务。

本案中，即便原被告之间在此之前并没有直接的合同关系，由于被告依法行使了留置物的取回权，并且向原告支付了相应费用，即产生了"法律上的利害关系"。法院认定，被告行使取回权后，即负有清偿东星航空公司所欠原告债务的法定责任。

【相关法条】

《中华人民共和国民法通则》

第八十三条 不动产的相邻各方，应当按照有利生产、方便生活、团结互助、公平合理的精神，正确处理截水、排水、通行、通风、采光等方面的相邻关系。给相邻方造成妨碍或者损失的，应当停止侵害，排除妨碍，赔偿损失。

第一百四十二条第一款 涉外民事关系的法律适用，依照本章的规定确定。

第一百四十五条第二款 涉外合同的当事人没有选择的，适用与合同有最密切联系的国家的法律。

《中华人民共和国物权法》

第二十四条 船舶、航空器和机动车等物权的设立、变更、转让和消灭，未经登记，不得对抗善意第三人。

第二百三十条 债务人不履行到期债务，债权人可以留置已经合法占有的债务人的动产，并有权就该动产优先受偿。前款规定的债权人为留置

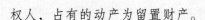

权人，占有的动产为留置财产。

第二百四十条 留置权人对留置财产丧失占有或者留置权人接受债务人另行提供担保的，留置权消灭。

《中华人民共和国担保法》

第八十二条 本法所称留置，是指依照本法第八十四条的规定，债权人按照合同约定占有债务人的动产，债务人不按照合同约定的期限履行债务的，债权人有权依照本法规定留置该财产，以该财产折价或者以拍卖、变卖该财产的价款优先受偿。

第八十三条 留置担保的范围包括主债权及利息、违约金、损害赔偿金，留置物保管费用和实现留置权的费用。

第八十八条 留置权因下列原因消灭：（一）债权消灭的；（二）债务人另行提供担保并被债权人接受的。

《最高人民法院关于适用〈中华人民共和国担保法〉若干问题的解释》

第一百零九条 债权人的债权已届清偿期，债权人对动产的占有与其债权的发生有牵连关系，债权人可以留置其所占有的动产。

《中华人民共和国民用航空法》

第十一条第一款 民用航空器权利人应当就下列权利分别向国务院民用航空主管部门办理权利登记：（一）民用航空器所有权；（二）通过购买行为取得并占有民用航空器的权利；（三）根据租赁期限为六个月以上的租赁合同占有民用航空器的权利；（四）民用航空器抵押权。

第十四条 民用航空器所有权的取得、转让和消灭，应当向国务院民用航空主管部门登记；未经登记的，不得对抗第三人。民用航空器所有权的转让，应当签订书面合同。

《全国人民代表大会常务委员会关于批准〈移动设备国际利益公约〉和〈移动设备国际利益公约关于航空器设备特定问题的议定书〉的决定》

第一条 对《公约》第三十九条第1款（a）项声明：依照中华人民共

和国法律优先于有担保的债权人的全部非约定权利或者利益无须登记即可优先于已经登记的国际利益，包括但不限于破产费用和共益债务请求权，职工工资，产生于该民用航空器被抵押、质押或留置之前的税款，援救该民用航空器的报酬请求权，保管维护该民用航空器的必须费用请求权等。

对《公约》第三十九条第 1 款（b）项声明：《公约》不影响国家或国家实体、政府间组织或者其他公共服务的私人提供者依照中华人民共和国法律扣留或者扣押标的物，以向此种实体、组织或者提供者支付与使用该标的物或者另一标的物的服务直接有关的欠款的权利。对《公约》第三十九条第 4 款声明：根据第三十九条第 1 款（a）项所作出的声明中所含种类的权利或者利益，优先于批准《议定书》之前已登记的国际利益。

《移动设备国际利益公约》

第五条 1. 在解释本公约时，应当虑及公约序言中阐明的宗旨、公约的国际性质以及促进公约在适用上的统一性和可预见性的需要。2. 属于本公约规范但公约未予明确规定的事项，应当按照作为本公约基础的一般原则处理；没有此类原则的，按照准据法处理。3. 准据法是指根据法院地国国际私法规则应予适用的国内法律规则。4. 由若干领土单位组成的国家，各领土单位对应予决定的事项有各自的法律规则，且没有指明相关的领土单位的，由该国的法律决定适用哪一个领土单位的规则。没有这样的法律的，适用与案件有最密切联系的领土单位的法律。

（二十）地面运输

59. 货主诉航空公司地面运输货损纠纷

原告：A

被告：B航空公司

案由：运输合同纠纷

【案情概述】

2009年10月10日，A和B航空公司（以下简称B航）签订《货物运输合同书》一份，A委托B航将直升机一架（规格为S300C）自上海市浦东新区运至陕西蒲城。当日，保险人签发《货物运输保险单》一份，载明被保险人为A，保险货物为该直升机，保险金额为322万元，运输路线自上海至陕西蒲城。合同载明货物总价款为人民币322万元，运输时间为2009年10月10日至2009年10月12日。合同约定，A必须为该直升机购买保险，保险由A自行办理。B航在运输作业中应确保货物安全，如出现货差，由B航和保险公司负责。合同同时约定，如果货物未经保险，一旦出现任何意外事故B航概不负责赔偿。同日，B航出具签收单一份，言明其收到A的直升机一架，编号为××××，从上海运至陕西蒲城，飞机装运时完好无损。

后B航指派驾驶员席某驾驶货车将涉案直升机从上海运往陕西蒲城。在货车行至陕西省蒲城县荆姚镇20公里处时与道路跨线桥梁顶部碰撞，导致直升机严重受损。10月12日，B航向A发送《货损通知》，告知A其承运的直升机在上海运往陕西蒲城途中货物损坏。10 月 15 日，A 将受损的直升机移交 B 航，双方对移交时的飞机状态进行了确认。当日，A 向保险人的上海分公司发出《货物运输险出险通知书》，说明该直升机于 2009 年 10 月 10 日下午从上海起运，通过货车陆路运输于 12 日中午运至陕西蒲城机场，检查中发现直升机主要机构严重受损。

2010 年 1 月 29 日，A 向 B 航发出《通知函》一份，告知飞机生产厂家提出的初步修复方案和修复费用，要求 B 航对该方案及费用予以确认，以便其尽早将飞机运往厂家完成修复。具体的修复方案及费用以最终修复的实际情况及费用为准。经原告举证，直升机维修实际支付费用大约 140 万人民币。2010 年 4 月 28 日，A 与保险人的上海分公司签订《保险补偿协议书》一份。协议载明双方对直升机受损事故是否构成保险事故存有争议，但双方最终共同确认由保险人的上海分公司一次性向 A 补偿人民币 70 万元，在协议生效后 10 日内支付。保险人的上海分公司同意在向 A 支付补偿款后，将不再向承运方进行追偿，而由 A 自行向责任方主张索赔权利。当日，保险人的上海分公司按照约定向 A 支付 70 万元。本案中，原告请求被告支付直升机维修剩余大约 70 万元。

【争议焦点】

1. 保险公司的理赔是否影响被告的责任履行？
2. 被告对货损承担责任的范围？

【处理结果】

法院认为，本案货损的发生系由于被告的重大过失造成，保险公司对原告的保险理赔并不影响被告所应承担的对货损的最终赔偿责任。原告在与保险公司达成的协议中，明确了保险公司不再向被告追偿。原告现主张保险理赔后的剩余损失，并提供了其损失发生的相关证据，被告应当向原告赔偿为直升机维修费及送修过程中发生的运费、保险费、关税损失等共计人民币 764 227 元。

【法律评析】

1. 保险公司的理赔不应影响被告的责任履行。

保险公司、原告和被告三者之间形成了不同的法律关系。在保险公司和原告 A 之间根据保险合同形成一组合同关系，而原、被告双方基于运输合同形成了另一组合同关系。根据合同的相对性原理，保险公司与原告、原告与被告这两组关系属于不同的合同。本案中，根据保险公司和原告 A 之间签订的《保险补偿协议书》约定，保险公司只就货损金额的一部分进行了补偿，而非就全部货损金额进行理赔。原告 A 对于剩余的货损金额仍然有向作为保险关系第三者的被告 B 航追偿的权利。故而，保险公司的理赔不应影响被告对其违约行为的最终赔偿责任。

2. 被告承担的赔偿责任应当与由于违约造成的损失范围相匹配。

原告和被告之间的货物运输合同依法成立，被告作为承运人，负有将货物完好运送至目的地的义务。同时，在起运以前原告 A 已经对该直升机进行了相应投保，运输行为并不符合原告和被告之间运输合同中对于被告 B 航免责的规定。根据对第一个争议焦点的论述，可知保险公司已经对部分损失进行了补偿。案件中，原告 A 针对未获补偿的金额请求被告 B 航支付。根据《民法通则》第112条的规定，如果发生合同违约行为，造成违约的一方应当在另一方由于违约行为所遭受损失的范围内承担赔偿责任。因此，被告 B 航应当在原告 A 未获补偿的范围内对货损承担责任。

【相关法条】

《中华人民共和国合同法》

第三百一十一条　承运人对运输过程中货物的毁损、灭失承担损害赔偿责任，但承运人证明货物的毁损、灭失是因不可抗力、货物本身的自然性质或者合理损耗以及托运人、收货人的过错造成的，不承担损害赔偿责任。

《中华人民共和国民法通则》

第一百一十二条 当事人一方违反合同的赔偿责任，应当相当于另一方因此所受到的损失。当事人可以在合同中约定，一方违反合同时，向另一方支付一定数额的违约金；也可以在合同中约定对于违反合同而产生的损失赔偿额的计算方法。

《中华人民共和国民事诉讼法》

第一百三十条 人民法院派出人员进行调查时，应当向被调查人出示证件。调查笔录经被调查人校阅后，由被调查人、调查人签名或者盖章。

（二十一）定金合同

60. 航空服务公司诉航空食品供货人
返还定金纠纷

原告：云南A航空食品有限公司

被告：云南天翔实业有限公司

富滇银行股份有限公司

案由：定金合同纠纷

【案情概述】

云南A航空食品有限公司（以下简称云南航食）与云南天翔实业有限公司（以下简称天翔实业）于1999年1月25日签订的《机上用品订购合同》，由云南航食投入500万元作为订购货物的定金，每年按B航空公司（以下简称B航空）实购天翔实业货款的5%支付给云南航食作为促销费，若促销费金额低于60万元按60万元支付。合同期限自1999年2月1日至2009年1月31日，为期10年。后由于B航空整合后改称A航云南分公司，并单方面中止由天翔实业供应机上用品，引起了一定的纠纷，经过集团公司与天翔实业的协调，改为在省内航线配备天翔实业的饮料并按实际采购金额的5%支付促销费。按当期实际发生的促销费支付给云南航食，3年合计为23.51万元。同时，按双方合同第8条，合同到期后，天翔实业应在10日内将云南航食已支付的500万元定金返还。

2009年初合同到期，为及时收回500万元定金和促销费用，云南航食与天翔实业进行了多次沟通。希望天翔实业可以尽快履行合同义务，将定金以及拖欠的促销款归还，但对方以多项理由予以推脱。合同到期后，云南航食多次与其协商，但天翔实业以云南航食违约为由拒绝归还定金。由于该合同中含有担保条款，云南航食遂要求担保方富滇银行股份有限公司（以下简称富滇银行）承担归还责任并就此进行了公证。由于协商未果，根据集团法律部的相关批复，2010 年 12 月，云南航食向法院提起诉讼。

【争议焦点】

1. 云南航食是否存在违约行为？
2. 天翔实业是否存在违约行为？
3. 云南航食与富滇银行签订的《担保协议》是否合法有效？

【处理结果】

云南航食针对此次纠纷聘请了外聘律师，于 2010 年 12 月向昆明市中级人民法院提起诉讼。2011 年 9 月 13 日，昆明市中级人民法院作出判决：由天翔实业返还云南航食定金 405 万元，并支付促销费 230 433.2 元，富滇银行对该确定之债承担连带责任。之后，富滇银行、云南航食均不服判决，上诉至昆明市高级人民法院。2012 年 3 月 31 日，昆明市高级人民法院作出维持原判的终审判决。判决下达后，云南航食立即向昆明市中级人民法院申请强制执行，该款项最终由富滇银行支付，云南航食追回应得定金 405 万元及促销费 230 433.2 元。

【法律评析】

1. 云南航食没有违约。

根据调查，通知天翔实业停止提供机上用品的当事人为 A 航云南分公司，并非云南航食。云南航食分别于 2005 年 12 月 27 日和 2006 年 5 月 29 日，取得由 A 航空股份有限公司服务质量管理部发出的《关于 2006 年机供品订购方案的批复》和《关于调整部分航线饮料配备标准的通知》，主要内容是终止对天翔实业饮料的采购行为。A 航云南分公司并不是《机上用品订购合同》的当事人，根据《合同法》规定，其所发通知未经云南航食追认是无效的，A 航云南分公司无权终止合同的履行。《机上用品订购合同》并未规定云南航食每年必须向天翔实业订购一定数量的机上用品，因此，云南航食根据 A 航云南分公司的需求增加、减少或不定购天翔实业的产品并没有违反双方签订的合同。

2. 天翔实业不支付促销费用是违约行为。

天翔实业由于种种原因未向云南航食支付 2006—2008 年的促销费，共计 23.51 万元。云南航食在经过了多次催缴后，天翔实业一直没有给予明确的回应。基于此，天翔实业自身存在违反合同约定的行为，法院支持云南航食追回促销费。

3. 富滇银行的担保责任。

富滇银行应该按其与云南航食签订的《担保协议》承担连带保证责任。

首先，根据双方签订的《机上用品订购合同》第 10 条规定，该合同以富滇银行的担保作为合同生效的要件，鉴于此，该条约定可以佐证富滇银行担保责任的存在。

其次，富滇银行与云南航食签订的《担保协议》明确规定，"如云南天翔实业有限公司……对甲方支付的 500 万元人民币定金不能按时如数归还，保证人承担与云南天翔实业有限公司同等的责任"。为此，法院认为该《担保协议》合法有效。

【相关法条】

《中华人民共和国合同法》

第八条　依法成立的合同，对当事人具有法律约束力。当事人应当按照约定履行自己的义务，不得擅自变更或者解除合同。

依法成立的合同，受法律保护。

第六十条　当事人应当按照约定全面履行自己的义务。

当事人应当遵循诚实信用原则，根据合同的性质、目的和交易习惯履行通知、协助、保密等义务。

第一百一十二条 当事人一方不履行合同义务或者履行合同义务不符合约定的，在履行义务或者采取补救措施后，对方还有其他损失的，应当赔偿损失。

第一百一十五条 当事人可以依照《中华人民共和国担保法》约定一方向对方给付定金作为债权的担保。债务人履行债务后，定金应当抵作价款或者收回。给付定金的一方不履行约定的债务的，无权要求返还定金；收受定金的一方不履行约定的债务的，应当双倍返还定金。

《中华人民共和国担保法》

第十八条 当事人在保证合同中约定保证人与债务人对债务承担连带责任的，为连带责任保证。连带责任保证的债务人在主合同规定的债务履行期届满没有履行债务的，债权人可以要求债务人履行债务，也可以要求保证人在其保证范围内承担保证责任。

第八十条 本法第七十九条规定的权利出质后，出质人不得转让或者许可他人使用，但经出质人与质权人协商同意的可以转让或者许可他人使用。出质人所得的转让费、许可费应当向质权人提前清偿所担保的债权或者向与质权人约定的第三人提存。

（二十二）包　机

61. 航空服务公司诉航空公司包机款拒付纠纷

原告：广州华厦航空服务有限公司

被告：A 航空公司

案由：航空旅客运输合同纠纷

【案情概述】

2002 年 3 月 18 日，广州华厦航空服务有限公司（以下简称广州华厦）与 A 航空公司山东分公司（以下简称 A 航山东分公司）签订《青岛—广州航线联合销售协议》，双方约定包机时限为 2002 年 4 月 1 日至 2002 年 10 月 31 日止，该合同加盖了广州华厦市场营销部和 A 航山东分公司市场销售部的印章。协议签订后，由于航运市场状况情势变迁，广州华厦与 A 航空公司（以下简称 A 航）均认为无法按原条款履行，双方于 2002 年 7 月 31 日重新签订了《客运包收入运输销售合同》。该合同约定：由广州华厦承包销售 A 航 5321 航班；包用航班飞机日期为 2002 年 8 月 1 日至 2002 年 10 月 31 日；包机机型为 A320（该机实际座位 156 座）；包收入人以每班包费人民币 82 800 元包销承运人该航班中的 120 座客票；该航班实际客运承运收入低于包费部分由包收入人补足，超出包费部分由包收入人与承运人按5：5比例分配。该合同仍加盖了广州华厦市场营销部和 A 航山东分公司市场销售部的印章。合同生效后，双方在履行过程中因机票销售收入款的结算问题发生分歧，故广州华厦起诉至上海市长宁区人民法院（以下简称长宁区法院）要求 A 航给付客运销售收入 3 242 307 元及利息。

A 航辩称，广州华厦诉请主张所依据的两份合同，因签约的双方均不具备签订合同所需主体资格，A 航方是下属分公司的销售部且 A 航事后未予追认，所以该两份合同是无效的。广州华厦、A 航之间事实上存在客票销售代理合同关系，但不是"包座"合同关系。即使广州华厦履行了运输销售合同，广州华厦对合同条款的理解也是错误的。由于合同没有对 Y 舱 120 座以上部分作出约定，所以该部分不包含在合同范围内，广州华厦无权对该部分的销售收入提出分配要求。A 航基于其认为合同无效和合同未实际履行的主张，请求驳回广州华厦诉讼请求。

【争议焦点】

1. 双方签订的包收入运输销售合同是否有效？
2. 如何理解合同中约定的"五五分成"？

【处理结果】

长宁区法院判决原、被告双方按五五分成比例，A 航向广州华厦支付人民币 180.7 万元包机盈利款。之后，广州华厦不服一审判决向上海市第一中级人民法院（以下简称上海市一中院）上诉。上海市一中院最终判决 A 航向广州华厦支付 185.7 万元包机盈利款。

【法律评析】

1. 双方签订的包收入运输销售合同有效。

（1）本案合同形式上虽然是由广州华厦市场营销部和 A 航山东分公司的市场销售部盖章签订的，但两个部门是分别代表广州华厦和 A 航签订客运销售合同，并没有超越部门设立的权限范围，相互有理由相信对方是经过授权，可以代表签订本案所涉的合同。尽管涉案合同均只加盖了部门的印章，但是双方均以实际的履行行为表示了对合同的确认。广州华厦在签约后即交付了保证金，并按约交纳包销款；A 航也接受了广州华厦的保证金，同时交付空白机票和保证合同约定的航班承运，且通过其结算中心按

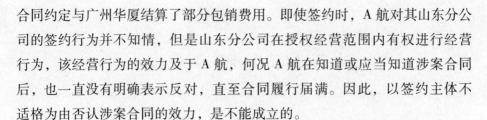

合同约定与广州华厦结算了部分包销费用。即使签约时，A 航对其山东分公司的签约行为并不知情，但是山东分公司在授权经营范围内有权进行经营行为，该经营行为的效力及于 A 航，何况 A 航在知道或应当知道涉案合同后，也一直没有明确表示反对，直至合同履行届满。因此，以签约主体不适格为由否认涉案合同的效力，是不能成立的。

（2）广州华厦作为专业航空客运销售代理企业，A 航作为航空运输企业，双方之间存在代理与被代理的法律关系。在航空客运关系中，相对旅客而言，A 航是承运人，与旅客发生运输合同关系，而广州华厦仅为 A 航的代理人，与 A 航存在代理合同关系。双方签订的运输销售包销合同，其本质只是广州华厦、A 航双方确定代理报酬的一种形式，并不改变双方的代理关系，也不会造成运输合同关系的改变，所以并不违反我国法律法规的禁止性规定，合同应属有效。

2. 对合同中约定的五五分成部分的理解。

虽然合同中的包整个航班与包 120 座存在矛盾，但根据合同条款本身所规定的范围来看，"超出包费部分"应当是指超过包费金额以上的航班运输销售的全部收入。所以，合同约定的"包费计算方式"是明确的。

【相关法条】

《中华人民共和国合同法》

第八条　依法成立的合同，对当事人具有法律约束力。当事人应当按照约定履行自己的义务，不得擅自变更或者解除合同。依法成立的合同，受法律保护。

第六十条第一款　当事人应当按照约定全面履行自己的义务。

第三百九十六条　委托合同是委托人和受托人约定，由受托人处理委托人事务的合同。

第四百零五条　受托人完成委托事务的，委托人应当向其支付报酬。因不可归责于受托人的事由，委托合同解除或者委托事务不能完成的，委托人应当向受托人支付相应的报酬。当事人另有约定的，按照其约定。

（二十三）机票买卖

62. 旅游公司诉咨询公司代理
机票款拖欠纠纷

原告（被上诉人）：上海东美航空旅游有限公司

被告（上诉人）：家乐福（中国）管理咨询服务有限公司

案由：委托合同纠纷

【案情概述】

2006 年 9 月 15 日，家乐福（中国）管理咨询服务有限公司（以下简称家乐福）与上海东美航空旅游有限公司（以下简称东美旅游）签订了《委托航空票务服务协议书》，约定由东美旅游为家乐福提供国内国际机票及火车票代理业务，以及免费送票上门服务；结算方式为一月一结，每月的最后日为结账日，付款日期为次月 15 日付清票款的 50%，次月 25 日付清余款；服务期限为 2006 年 12 月 1 日至 2007 年 11 月 30 日等。合同签订后，双方随即开始履行合同。此后，东美旅游因家乐福拖欠其票款诉至上海市浦东新区人民法院（以下简称浦东新区法院）请求判令家乐福支付机票款人民币 740 846 元（以下币种均为人民币）及逾期付款的利息损失，并承担诉讼费用。

【争议焦点】

1. 家乐福是否拖欠东美旅游机票款？

2. 家乐福因购买机票而获得的里程券的使用情况如何？

【处理结果】

浦东新区法院于 2009 年 2 月 20 日受理此案，依法由审判员独任审判，于同年 3 月 25 日公开开庭进行了审理。此后，本案依法转为普通程序，法院依法组成合议庭，于 2010 年 4 月 29 日公开开庭审理，并以双方签订的合同有效成立，家乐福在接受了东美旅游的送票服务后，未按约支付票款，显属过错为由，判决家乐福应支付东美旅游票款 262 160 元；同时应向东美旅游偿付逾期付款的利息损失。一审判决后，家乐福不服，向上海市第一中级人民法院（以下简称上海市一中院）提起上诉。上海市一中院于 2010 年 6 月 28 日立案，依法组成合议庭，于 2010 年 7 月 7 日公开开庭审理，并以家乐福上诉请求缺乏事实与法律依据，原审法院认定事实无误、适用法律正确为由，驳回上诉，维持原判。此判决为终审判决。

【法律评析】

1. 家乐福是否拖欠东美旅游机票款？

在一审过程中，经东美旅游申请，浦东新区法院委托上海东华会计事务所有限公司（以下简称东华公司），对东美旅游与家乐福之间的往来账目进行审计。在审计过程中，东美旅游最后仅要求对双方在 2007 年 11 月 1 日至同年 11 月 30 日间的代理业务进行审计。审计结论为：在上述期间内，东美旅游为家乐福提供的送票金额共计为 1 106 347 元，家乐福已支付票款 844 187 元，尚欠东美旅游票款 262 160 元。浦东新区法院认为，东美旅游与家乐福签订的《委托航空票务服务协议书》系双方当事人的真实意思表示，依法应予确认。家乐福在接受了东美公司的送票服务后，未按约支付票款，显属过错，应依法承担相应的民事责任。东美旅游据此要求家乐福付清票款 262 160 元及偿付逾期付款的利息损失并无不当，应当予以支持，其余部分因证据不足，不予支持。家乐福虽表示已用里程券折抵票款，但未能提供相应的证据，故依法不予采信。

原审判决后，家乐福公司不服，向法院提起上诉称：（1）家乐福实际已付清东美旅游全部机票款，261 800 元的机票款已经用 A 航空股份有限公司（以下简称 A 航）及 B 航空股份有限公司（以下简称 B 航）发放的里程券予以折抵。（2）依照双方的协议，东美旅游有义务在无须里程券交接的情况下，直接在家乐福的机票款中扣抵里程券的额度，以实现家乐福里程券的利益。家乐福所获得的里程券一直由东美旅游经手，家乐福从不经手或掌握里程券，家乐福与东美旅游交接的，仅仅是里程券领取凭证或回执单，实际双方之间不需要也不存在里程券的交接手续，如东美旅游认为双方间存在里程券交接手续，则应负有举证证明的责任。（3）浦东新区法院不同意家乐福要求对 A 航及 B 航进行证据调查，也不同意对东美旅游的财务情况进行审计，认为该请求将损害其合法权利。故家乐福请求撤销原判，发回重审或依法改判，驳回东美旅游的原审全部诉讼请求。

2. 家乐福因购买机票而获得的里程券的使用情况。

家乐福认为，其公司的所有票务活动（包括里程券的领取）均由东美旅游全权负责，家乐福与航空公司之间不发生联系，家乐福不经手、不掌握里程券，东美旅游对里程券直接抵扣，家乐福与东美旅游之间不需要也不存在里程券的交接手续，涉案里程券已由东美旅游领取，故应折抵机票款。东美旅游认为，航空公司是向家乐福发放里程券，因家乐福未向其交接过里程券，故不同意抵扣机票款。法院认为，按正常的流程来讲，如能从 A 航及 B 航查询到里程券的使用情况，就能解决本案争议的里程券的最终使用者，但由于保管及技术上的原因，A 航及 B 航均未能对里程券的使用情况作出说明。故法院结合双方的陈述及在案证据，对里程卷的使用情况作如下评判：首先，按照 2004 年 4 月 A 航、家乐福与东美旅游签订的《A 航商旅伙伴合作协议》的约定，里程券奖励返还手续是由东美旅游办理的，但该三方协议实际履行至 2006 年 3 月 31 日。尽管在 2006 年 6 月，家乐福与 A 航签订补充协议，但东美旅游并未在该补充协议上签字，故对于三方是否仍沿用此前的三方协议办理里程券返还手续，并不能就此予以明确；其次，虽然家乐福与东美旅游于 2006 年 9 月 15 日签订的《委托航空票

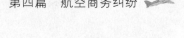

务服务协议书》曾提及里程券奖励问题，但并未对里程券领取及结算予以约定；最后，家乐福在原审时提供的 A 航的领取里程券凭证及 B 航的大客户奖励通知的回执上均加盖家乐福的公章，这显然与家乐福关于其不经手、不掌握里程券的陈述相矛盾。因此，从现有的证据分析，法院无法认定家乐福的里程券已由东美旅游领取，并可由家乐福直接折抵机票款。综上，法院认为，家乐福的上诉请求缺乏事实与法律依据，法院不予支持。原审法院认定事实无误，适用法律正确，所作判决应予维持。

【相关法条】

《中华人民共和国合同法》

第八条 依法成立的合同，对当事人具有法律约束力。当事人应当按照约定履行自己的义务，不得擅自变更或者解除合同。

依法成立的合同，受法律保护。

第一百零七条 当事人一方不履行合同义务或者履行合同义务不符合约定的，应当承担继续履行、采取补救措施或者赔偿损失等违约责任。

第三百九十八条 委托人应当预付处理委托事务的费用。受托人为处理委托事务垫付的必要费用，委托人应当偿还该费用及其利息。

《最高人民法院关于民事诉讼证据的若干规定》

第二条 当事人对自己提出的诉讼请求所依据的事实或者反驳对方诉讼请求所依据的事实有责任提供证据加以证明。

没有证据或者证据不足以证明当事人的事实主张的，由负有举证责任的当事人承担不利后果。

《中华人民共和国民事诉讼法》

第一百一十八条 当事人进行民事诉讼，应当按照规定交纳案件受理费。财产案件除交纳案件受理费外，并按照规定交纳其他诉讼费用。

当事人交纳诉讼费用确有困难的，可以按照规定向人民法院申请缓交、减交或者免交。

收取诉讼费用的办法另行制定。

第一百七十条第一款第一项　第二审人民法院对上诉案件，经过审理，按照下列情形，分别处理：（一）原判决认定事实清楚，适用法律正确的，判决驳回上诉，维持原判决。

第一百七十五条　第二审人民法院的判决、裁定，是终审的判决、裁定。

63. 航空公司诉航空服务公司机票款拖欠纠纷

原告： A 航空公司

被告： 广州中范航空服务有限公司

案由： 航空运输销售代理合同纠纷

【案情概述】

2005 年 A 航空公司（以下简称 A 航）与广州中范航空服务有限公司（以下简称中范公司）签订《客票销售代理协议》，约定由中范公司作为 A 航的代理人之一，代理销售电子客票；中范公司代理发售航空公司电子客票必须取得国际航空运输协会（以下简称国际航协）授予的客运销售代理人资格，其代理销售所得票款经国际航协系统结算后支付给航空公司。为取得代理人资格，中范公司与国际航协指定担保单位金飞民航经济发展中心（以下简称金飞中心）签订《担保与反担保协议》。金飞中心为中范公司提供担保的最高担保额为人民币 400 万元。

协议前期履行无瑕疵，但是因中范公司自身经营问题，自 2009 年 12 月 7 日起至 2010 年 1 月 4 日，中范公司连续拖欠多家航空公司票款，其中拖欠 A 航票款本金 348 214.19 元。为此，国际航协北京办事处于 2010 年通告 A 航及其他航空公司，并于 1 月 21 日发函通知，要求其按担保范围赔付，其中赔付 A 航票款本金人民币 248 796.62 元，超担保金额为人民币 99 417.57 元。对于超担保部分由各航空公司自行采取后续法律诉讼等行为。自 2010 年 3 月 1 日起中范公司的代理人资格被终止。

鉴于中范公司无任何主动赔付的行为，A 航于 2010 年 5 月向上海市浦东新区人民法院（以下简称浦东新区法院）提起诉讼，请求判令中范公司支付未付票款本金及违约金。

【争议焦点】

付款履约期限应如何确定？

【处理结果】

浦东新区法院受理案件后，于 2010 年 9 月 13 日组织开庭审理。因中范公司已难以查找主要负责人确切地址，经公告送达后未出庭故缺席判决。浦东新区法院判决中范公司赔偿 A 航欠款 99 417.57 元，并支付欠款 98 417.57元，自 2010 年 6 月 1 日始至判决支付日止比照银行同期贷款利率计算的利息损失。一审判决后双方均没有上诉。

【法律评析】

A 航向浦东新区法院提交了与中范公司签订的《客票销售代理协议》、在国际航协协助下提供的中范公司与其签订的《国内客运销售代理协议》、与金飞中心签订的《担保与反担保协议》，以及国际航协北京办事处出具的结算明细单和中范公司欠款说明函。A 航提供的证据清楚地表明了中范公司存在的事实，法庭予以采信；对于欠款数额经核对后确认为人民币 98 417.57元。

浦东新区法院认为 A 航和中范公司在协议中未约定销售所得票款的支付时间，相应票款经由国际航协结算后转付，所以在认定逾期付款利息的起始时间时以 A 航提起诉讼时间为准。对此，A 航提出不同意见，虽然在《销售代理协议》中没有明确的付款期限，但是依据国际民航运输协会 BSP 销售规则，中范公司未在结算日之前及时将所销售票款支付给国际航协，构成违约，计算逾期付款利息损失时应以国际航协发函通知之日起，最迟不超过 2010 年 1 月 18 日其先行赔付日，但是浦东新区法院未予采纳。

【相关法条】

《中华人民共和国合同法》

第六十条第一款 当事人应当按照约定全面履行自己的义务。

第六十二条 当事人就有关合同内容约定不明确，依照本法第六十一条的规定仍不能确定的，适用下列规定：

（一）质量要求不明确的，按照国家标准、行业标准履行；没有国家标准、行业标准的，按照通常标准或者符合合同目的的特定标准履行。

（二）价款或者报酬不明确的，按照订立合同时履行地的市场价格履行；依法应当执行政府定价或者政府指导价的，按照规定履行。

（三）履行地点不明确，给付货币的，在接受货币一方所在地履行；交付不动产的，在不动产所在地履行；其他标的，在履行义务一方所在地履行。

（四）履行期限不明确的，债务人可以随时履行，债权人也可以随时要求履行，但应当给对方必要的准备时间。

（五）履行方式不明确的，按照有利于实现合同目的的方式履行。

（六）履行费用的负担不明确的，由履行义务一方负担。

第五篇

民航行政管理

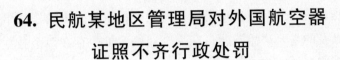

64. 民航某地区管理局对外国航空器
证照不齐行政处罚

处罚人：A 民航地区管理局

被处罚人：B 航空公司

事由：证照不齐

【案情概述】

A 民航地区管理局 3 名监察员对外国承运人 B 航空公司停场航空器登机检查，局方监察员按照《外国公共航空运输承运人运行合格审定规则》（CCAR - 129）的规定，请承运人的当班机组出示其运行手册、携带的文件资料以及该班航空人员执照和体检合格证，经检查发现：该航空器携带的文件资料不齐，缺少飞机飞行记录本；飞行机组成员的副驾驶没有随身携带适于该次运行的航空人员体检合格证。其后，局方监察员又现场询问了该班机长、副驾驶，就发现的违法事实进一步调查取证并制作了现场笔录。

【争议焦点】

1. 本案当事人违法行为如何认定和区分？

2. 行政执法人员在本案中实施的处罚措施及程序是否妥当？

【处理结果】

监察员当场决定对副驾驶处以 50 元罚款并决定当场执行。同时，监察员建议 A 地区管理局对承运人 B 航空公司依法按照行政处罚的一般程序实施处罚。

【法律评析】

1. 本案当事人违法行为如何认定和区分的问题。

本案是民航局监察员在现场检查时发现行政相对人的违法事实而引起的。本案涉及的主要法律问题包括一个违法案件中存在两个独立的违法行为和两个不同的违法行为主体、行政执法人员实施当场处罚、当场执行的条件和程序。

首先，本案在处理过程中，监察员在依法认定违法责任主体后，管理局针对不同的违法情形，依据不同的规章，按照行政处罚的不同程序分别对两个不同的违法行为人——B 航空公司和该班副驾驶实施处罚，体现了处罚法定和程序正当的原则。

其次，本案符合当场处罚的条件。（1）违法事实清楚，被行政执法人员当场发现。本案中副驾驶未随身携带适于该次航班运行的体检合格证书，是监察员现场检查发现的，副驾驶员本人、当班机长也当场予以承认，案件事实清楚。（2）未造成不良后果。

最后，本案中的监察员作出当场处罚决定后，考虑到被处罚对象为外籍飞行员，不当场收缴罚款事后难以执行，经被处罚对象同意后决定当场收缴罚款，履行当场执行程序。

2. 本案中实施的处罚措施及程序是否妥当？

《行政处罚法》的一条重要原则是罚缴分离，即作出罚款决定的行政机关和收缴罚款的机构相分离，其目的是防止行政权力的滥用和避免行政执法过程中的腐败。但是，从提高行政机关的行政效率着眼，《行政处罚法》也作了例外规定，即在某些情况下行政机关及其执法人员可以当场收缴罚款：一是按简易程序实施的当场处罚，依法给予 20 元以下罚款或者不当场收缴罚款事后难以执行的可以实施当场执行；二是按一般程序实施的行政处罚，当事人按规定方式缴纳罚款有困难并经当事人提出后，可以实施当场处罚。本案是在第一类情形下实施的当场执行，即考虑到被处罚对象为外籍飞行员，不当场收缴罚款事后难以执行。

【相关法条】

《民用航空行政处罚实施办法》（CCAR-14R1）

第二十四条　当事人违反法律、行政法规、民用航空规章某一规定的一次性行为，不得给予两次以上相同种类的行政处罚，但可依法并处其他种类的行政处罚。

《外国公共航空运输承运人运行合格审定规则》（CCAR-129）

129.7　［运行合格审定和监督检查的基本要求］

（d）运行规范持有人在中国境内运行时，应当接受中国民用航空总局、民航地区管理局对其航空器和人员实施的监督检查。

129.41　［监督检查的实施］

（a）中国民用航空总局和民航地区管理局可以对运行规范持有人设在中国境内的与航空器运行相关的分支机构和代理人进行检查；运行规范持有人的航空器在中国境内停留时，中国民用航空总局和民航地区管理局可以在不事先通知的情况下登机检查。如果按照前述方法无法确认运行规范持有人的安全运行能力，中国民用航空总局和地区管理局可以在必要时对运行规范持有人设在其本国境内的基地实施检查，以及进入运行规范持有人的航空器驾驶舱实施航路检查。运行规范持有人应当配合检查。

（b）中国民用航空总局和民航地区管理局应当对运行规范持有人的运行情况进行全面检查，包括对各种手册和文件的检查；登机检查时，可以对航空器的适航状态、航空器携带的文件资料以及航空人员的证件进行检查。

129.43　［航空器应携带的文件资料］

（a）运行规范持有人飞入中国境内的航空器上至少应当携带下列文件：

（1）航空器的国籍登记证、适航证和无线电电台执照；

（2）运行手册中与机组人员所履行的职责相关的部分。其中与飞行的实施直接相关的部分，应当放置在机组成员值勤时易于取用的位置；

（3）航空器飞行手册或等效资料；

（4）包含航空器维修信息的飞机飞行记录本。

（b）除本条（a）款所述文件外，还应当根据运行的实际情况，在航空器上携带与运行的类型和区域相适应的下列文件：

（1）装载舱单；

（2）飞行计划或包含飞行计划的签派放行单；

（3）航行通告、航空信息服务文件和相应的气象资料；

（4）装运特殊货物（包括危险品）的通知单；

（5）适用于运行区域的航图。

（c）飞行机组成员应当携带适用于该次运行的航空人员执照和体检合格证。

129.63 ［警告和罚款］

（a）运行规范持有人存在下列行为的，民航地区管理局可以责令其停止违法行为，并处以警告或三万元以下罚款：

（3）拒绝民航地区管理局的监督检查，或者在监督检查过程中拒绝提供其人员证件、手册和其他相关文件的。

（b）对于运行规范持有人的航空人员和其他直接参与运行的个人，如不按运行规范持有人的运行手册实施运行，导致违反本规则规定，局方可以对其处以警告或1000元以下罚款。

《中华人民共和国行政处罚法》

第三十三条　违法事实确凿并有法定依据，对公民处以五十元以下、对法人或者其他组织处以一千元以下罚款或者警告的行政处罚的，可以当场作出行政处罚决定。当事人应当依照本法第四十六条、第四十七条、第四十八条的规定履行行政处罚决定。

第三十四条　执法人员当场作出行政处罚决定的，应当向当事人出示执法身份证件，填写预定格式、编有号码的行政处罚决定书。行政处罚决定书应当当场交付当事人。前款规定的行政处罚决定书应当载明当事人的违法行为、行政处罚依据、罚款数额、时间、地点以及行政机关名称，并由执法人员签名或者盖章。执法人员当场作出的行政处罚决定，必须报所属行政机关备案。

第四十七条　依照本法第三十三条的规定当场作出行政处罚决定，有下列情形之一的，执法人员可以当场收缴罚款：

　　（一）依法给予二十元以下的罚款的；

　　（二）不当场收缴事后难以执行的。

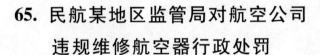

65. 民航某地区监管局对航空公司
违规维修航空器行政处罚

处罚人：某地区民航监管局

被处罚人：A 航空公司

事由：违规维修航空器

【案情概述】

2013 年 8 月 23 日，A 航空公司 B737－800 飞机执行某航班任务，由于在某机场起飞后前起落架无法收上，被迫返航。A 航空公司将此次不安全事件报告某地区民航监管局。

民航某地区监管局组织监察员，通过查阅飞机维修记录、询问维修人员和机组成员等方式，对事件进行了调查。经查明：8 月 22 日晚，A 航空公司 B737－800 飞机在某机场过夜，由机场机务工程部负责完成该机航后维护工作，按工作单卡的要求在左、右主起落架和前起落架分别安装了起落架下位锁销，以及前轮转弯销共计 4 根销子。8 月 23 日早 7 时 45 分，放行人员贺某和勤务人员姚某共同实施该机航前维护工作，放行人员先对飞机外观进行了例行检查，勤务人员取下左、右主起落架 2 根下位锁销以及前轮转弯销共计 3 根销子后，将其拿入驾驶舱交与放行人员，放行人员在没有进行清点的情况下将上述 3 根销子放进了驾驶舱指定位置。9 时机组人员到场，放行人员未与机组当面进行安全销的清点和交接。机长在对飞机的外观进行例行检查后，没有发现被遗漏的前起落架下位锁销。9 时 40 分放行人员在飞机推出前进行最后一次绕机检查时，仍未发现被遗漏的前起落架下位锁销。9 时 50 分该机起飞，起飞后机组收起落架时发现前起落架指示灯红灯常亮，机组执行起落架手柄不一致检查，完成程序后起落架仍未收起。遂怀疑起落架下位锁销未拔，机长要求观察员检查飞机上起落架锁销，此时才发现缺少一个，与签派联系后决定返航某机场，经过近 3 个小时耗油，于 13 时 15 分在某机场安全落地。落地后机场维修人员检查确认前起落架下位锁销未拔下。某机场放行人员贺某未严格执行工作单卡中的维护检查内容，漏拔前起落架下位锁销（安全销），导致飞机起飞后无法收上前起落架返航，根据《民用航空其他不安全事件样例》附件 2.4 条，构成一起典型的人为原因导致的不安全事件。

另查明，A 航空公司为非基地航空公司，其在某机场的飞机维修和机务服务工作授权委托给某机场负责。放行人员贺某持有民航局颁发的民用航空器维修人员执照，取得了某地区管理局批准的 B737 - 800 机型签署，且在有效期内；取得了某机场 B737 - 800 机型的航空器放行人员授权，且在有效期内；取得了 A 航空公司 B737 - 800 机型航前、短停、航后航线维修放行授权，并在有效期内。勤务人员姚某未取得民航局颁发的民用航空器维修人员执照，但完成了相关勤务工作岗位培训。

【争议焦点】

1. 放行人员贺某的行为是否违反了《民用航空器维修人员执照管理规则》？

2. 勤务人员姚某是否适用《民用航空器维修人员执照管理规则》加以处理？

【处理结果】

某民航监管局根据调查的事实，依据《民用航空器维修人员执照管理规则》（CCAR - 66 - R1）第 66.42 条之规定，按照法定程序对当事人贺某处以暂扣民用航空器维修人员执照 6 个月的行政处罚；勤务人员姚某因未取得民航局颁发的民用航空器维修人员执照，其行为不适用《民用航空器维修人员执照管理规则》（CCAR - 66 - R1），建议由某机场根据其内部规定予以处理。

【法律评析】

1. 放行人员贺某的行为是否违反了《民用航空器维修人员执照管理规则》？

这是一起由于不安全事件调查发现违法行为从而进一步启动行政处罚程序的典型案例，但本案在实施行政处罚适用法律方面上稍有不同。本案调查报告中的结论是一起人为原因的不安全事件，依据《民用航空器维修人员执照管理规则》（CCAR – 66 – R1）第66.42条的规定，对维修放行人员贺某给予了行政处罚，但未说明贺某的行为具体违反了哪条规定。

根据法学理论，任何一个完整的法律规则都有假定条件、行为模式和法律后果三要素构成。假定条件是法律规则中有关适用该规则的条件和情况的部分，包括适用条件和主体行为条件；行为模式即法律规则中规定人们如何具体行为之方式的部分，包括可为（授权）模式、应为（义务）模式和勿为模式；法律后果是法律规则中规定人们在作出符合或不符合行为模式的要求时应承担相应的结果部分，包括肯定的后果和否定的后果。这是法学理论中对法律规则逻辑结构的解构。在民航规章中，绝大多数规章大量的条文用来表述行为模式要素，表述假定条件和法律后果要素条文比较少（假定条件和法律后果要素主要体现在法律责任条款），部分民航行政法规和规章甚至没有规定法律责任条款。但在某些规范人员证照、资质审定类规章中，为便于追究责任，在法律责任部分都规定了因相关证照持有人原因导致民航不安全事件的，应当承担相应法律责任，却没有对应的规定表述证照持有人行为模式要素的条款。

具体到本案，对贺某实施行政处罚的依据是《民用航空器维修人员执照管理规则》（CCAR – 66 – R1）第66.42条，该条规定："民用航空器维修人员执照、航空器部件修理人员执照和维修管理人员资格证书持有人有下列情形之一的，由民航局或者民航地区管理局责令其停止相关工作并可以给予警告或者暂扣执照或资格证书3至6个月的处罚，情节严重的，吊销其执照或者资格证书：……（h）违反规定从事维修或放行工作并造成严重后果的。"该条文表述了假定条件和法律后果两个要素，假定条件意为民用航空器维修人员执照、航空器部件修理人员执照和维修管理人员资格证书持有人违反规定从事维修或放行工作并造成严重后果；法律后果意为国家民航局或者民航地区管理局责令其停止相关工作并可以给予警告或者暂扣执照或资格证书3至6个月的处罚，情节严重的，吊销其执照或者资格证书。整部规章中没有相应的表述行为模式的条款。但是根据整部规章的立法目的以及第66.42条内容，并且基于对航空器维修人员职业、职责的了解，可以认为整部规章隐含着比较明确的行为模式：民用航空器维修人员执照、航空器部件修理人员执照和维修管理人员资格证书持有人应当谨慎行使证照赋予的权利，谨慎履行自己的职责，严格按照法规、规章和程序从事维修和放行工作，不得因故意或者过失等个人原因违规从事维修和放行工作。这也是社会的一般观念所认可的。基于这样的认识，由于当事人贺某存在未严格执行工作单卡中的维护检查内容，漏拔前起落架下位锁销（安全销），导致飞机起飞后无法收上前起落架返航，构成一起典型的人为原因导致的不安全事件的行为，根据第66.42条之规定，对当事人贺某实施行政处罚是合法合理的。

2. 勤务人员姚某应受到如何处理？

勤务人员姚某因未取得民航局颁发的民用航空器维修人员执照，其行为不适用《民用航空器维修人员执照管理规则》（CCAR－66－R1），局方不能依据该规章对其实施行政处罚。但为了严格航空器维修工作标准，局方可以建议由某机场根据其内部相关规定对勤务人员姚某给予相应处理。

【相关法条】

《民用航空器维修人员执照管理规则》（CCAR－66－R1）

第66.3条　本规则所称执照和资格证书包括下列类别：

（a）民用航空器维修人员执照；

（b）民用航空器部件修理人员执照；

（c）民用航空器维修管理人员资格证书。

《民用航空器维修人员执照管理规则》（CCAR – 66 – R1）

第66.42条 民用航空器维修人员执照、航空器部件修理人员执照和维修管理人员资格证书持有人有下列情形之一的，由民航总局或者民航地区管理局责令其停止相关工作并可以给予警告或者暂扣执照或资格证书3至6个月的处罚，情节严重的，吊销其执照或者资格证书……（h）违反规定从事维修或放行工作并造成严重后果的。

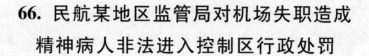

66. 民航某地区监管局对机场失职造成精神病人非法进入控制区行政处罚

处罚人：民航地区监管局

被处罚人：B 机场集团

事由：管理失职

【案情概述】

2009 年某日早晨，一名精神病人梁某（以下简称此人）进入 A 机场立交桥下的交通执勤岗亭休息（据事后调查岗亭门当晚未锁）并拿走挂于墙上的交警执勤证（此证已过期，非机场控制区通行证）。随后此人进入二楼工作人员安检通道，从安检门通过。8 点 31 分，此人登上 3 号机位的飞机，乘务员李某和副驾驶将此人交给了飞机监护人员张某，8 点 40 分，现场指挥车、安检巡场车到达，查看并收缴此人证件后将其带走移交公安部门。

民航地区监管局得知情况后迅速开展调查，调取了机场派出所对该精神病人的询问笔录、该人基本信息表，搜集到了被拿走的交警执勤证，机场监控录像、C 航航班当日监护记录、该航班机长汇报材料、机务人员汇报材料等证据材料，并对安检、监护、所涉航班机长等相关人员做了调查笔录。

【本案焦点】

本案中，民航局应当适用何种法律法规进行行政处罚？

【处理结果】

调查结束后，依据《民用航空安全保卫条例》第15条（停放在机场的民用航空器必须有专人警卫；各有关部门及其工作人员必须严格执行航空器警卫交接制度）和第36条（违反本条例第15条的规定，造成航空器失控的，民用航空主管部门可以对有关单位处以警告、停业整顿或者5万元以下的罚款；民航公安机关可以对直接责任人员处以警告或者500元以下的罚款）的规定，按照法定程序对事发机场所属的B机场集团给予罚款人民币2万元整的行政处罚。

【法律评析】

本案中，民航地区监管局的监察员在依法认定违法责任主体之后，针对案件涉及的法律法规，需要对《民用航空安全保卫条例》第15条中的"警卫"作出解释，并据此作出处罚。字面而言，"警卫"与"监护"属于不同的概念，但是对照"防止航空器处于无人值守状态"的立法意图，两者的职责是相同的。据此，监察员得出结论，本案中监护失职情形应当适用该款规定。民航业所涉及的法律法规、部门规章主要有《民用航空法》以及现行有效的有关民航行业的27部行政法规和规范性文件。一般情况下，由于部门规章相对法律法规的内容更加具体、更有操作性，是对法律法规的细化，而法律法规的内容则可能相对概括，所以在内容不相抵触的前提下应首先选择适用民航规章；在规章没有规定或者规定与上位法不一致时，则要适用与民航相关的法律、行政法规。本案涉及《行政处罚法》《民用航空安全保卫条例》《民用航空安全检查规则》《民用航空行政处罚实施办法》等多个法律法规及规章，然而其中《民用航空运输机场航空安全保卫规则（试行)》只是规范性文件，不能直接作为处罚依据。《民用航空安全检查规则》中虽然有对相对人义务的规定，但是并未明确规定违反上述规定如何处罚。而《民用航空安全保卫条例》第15条和第36条不仅规定了违法依据，而且规定了处罚依据，是实施行政处罚的完整的法律依据，因而成为处罚决定书中所认定的最终依据。

【相关法条】

《中国民用航空行政处罚实施办法》

第五条 民用航空规章规定行政处罚，应当在法律、行政法规规定的给予行政处罚的行为、种类、幅度范围内作出具体规定。法律、行政法规对违反民用航空行政管理秩序的行为没有规定或者没有设定行政处罚的，民用航空规章可以设定警告和本办法第六条规定数量的罚款。法律、行政法规、规章以外的其他文件，不得设定或者规定行政处罚。设定和规定行政处罚的条款一律无效。

《中华人民共和国民用航空安全保卫条例》

第十五条 停放在机场的民用航空器必须有专人警卫；各有关部门及其工作人员必须严格执行航空器警卫交接制度。

第三十六条 违反本条例的规定，有下列情形之一的，民用航空主管部门可以对有关单位处以警告、停业整顿或者5万元以下的罚款；民航公安机关可以对直接责任人员处以警告或者500元以下的罚款：

（一）违反本条例第十五条的规定，造成航空器失控的；

（二）违反本条例第十七条的规定，出售客票的；

（三）违反本条例第十八条的规定，承运人办理承运手续时，不核对乘机人和行李的；

（四）违反本条例第十九条的规定的；

（五）违反本条例第二十条、第二十一条、第三十条第一款、第三十一条的规定，对收运、装入航空器的物品不采取安全措施的。

第六篇

航空刑事责任

note

（二十四）编造虚假恐怖信息

67. 熊某编造航空虚假恐怖信息被追究刑事责任

公诉机关：某检察院

被告人：熊某

罪名：编造、故意传播虚假恐怖信息罪

【案情概述】

2012 年 8 月 30 日 22 时许，被告人熊某得知债主将搭乘航班赶来向其索债，为阻止或迟滞债主到达，遂拨打深圳机场客服投诉电话，谎称当天从襄阳至深圳的 A 航空公司（以下简称 A 航）航班上有爆炸物，将于飞机起飞后 45 分钟爆炸。A 航接到通报后，随即启动一级响应程序，协调空管部门指挥航班紧急备降武汉天河机场（以下简称武汉机场）。紧急备降期间，空中 9 个航班紧急避让，武汉机场地面待命航班全部停止起飞并启动了二级应急响应程序，调动消防、武警等多个部门 200 余人到现场应急处置。A 航为运送滞留在机场的乘客，临时增加 2 个航班，造成直接经济损失 17 万余元。

【争议焦点】

1. 熊某的行为是否构成编造虚假恐怖信息罪？
2. 熊某的行为是否达到"造成严重后果"程度？

【处理结果】

湖北省襄阳高新技术产业开发区人民法院审理认为，被告人熊某故意编造虚假恐怖信息，严重扰乱了社会秩序，其行为已构成编造虚假恐怖信息罪，但未达到"造成严重后果的程度"，最后判处被告人熊某有期徒刑4年。判决宣告后，被告人熊某未上诉，判决已发生法律效力。

【法律评析】

1. 熊某的行为是否构成编造虚假恐怖信息罪？

具体来看，犯罪主体：本罪的主体为一般主体。年满16周岁具有刑事责任能力的自然人，均可构成本罪。本罪所侵害的客体为正常有序的社会秩序，包括机关、企业、事业单位、人民团体等单位的工作、生产、营业、教学、科研等秩序，公共场所、交通秩序，以及人民群众正常的工作、生活秩序。本罪在主观方面必须出于故意，即为了扰乱社会秩序，明知没有爆炸威胁、生化威胁、放射威胁等恐怖威胁，却加以编造，或者明知是编造的虚假恐怖信息而加以传播。过失不能构成本罪。确实不知是虚假的恐怖信息而误认为是真实的恐怖信息，或者将某种非恐怖威胁的行动误认为是恐怖行动而加以编辑、发布，不构成本罪。至于其动机，可多种多样，有的是想制造恐怖气氛；有的是对社会不满，制造混乱，发泄私愤；有的是想借此向社会施压，企图满足自己的某种要求；有的是精神空虚无聊，借之寻找畸形乐趣，等等。但无论动机如何，并不影响本罪成立。本罪在客观方面表现为编造爆炸威胁、生化威胁、放射威胁等恐怖信息，或者传播编造的恐怖信息，严重扰乱社会秩序的行为。

所谓编造，是指毫无根据的、无中生有凭空捏造、胡编乱造，其结果是产生虚假的，即不存在、不真实、与事实不符的信息。所谓传播，是指采取各种方式向不特定公众宣扬、散布、扩散恐怖信息。

在本案中，熊某出于个人目的，故意编造A航航班上有爆炸物这一虚假事实，并通过拨打深圳机场客服投诉电话传播给深圳机场。A航接到通报后，随即启动一级响应程序，协调空管部门指挥航班紧急备降武汉机场，武汉机场方面也为此启动二级应急响应程序，影响了该航班及其他航班的正常运行。熊某的这一行为确已严重扰乱社会秩序，符合编造虚假恐怖信息罪的构成要件。

2. 熊某的行为是否达到造成严重后果的程度？

就本案而言，由于案件的发生与审理均在 2012 年，当时我国刑法及司法解释尚未对故意编造虚假恐怖信息罪造成严重后果的情形作出具体规定，法院在审理时认为应结合人员伤亡情况、财产损失状况、社会恐慌程度等方面综合判断，最后认定熊某的行为属于"严重扰乱社会秩序"，但未达到"造成严重后果"的程度。

【相关法条】

《中华人民共和国刑法》

第二百九十一条第二款　投放虚假的爆炸性、毒害性、放射性、传染病病原体等物质，或者编造爆炸威胁、生化威胁、放射威胁等恐怖信息，或者明知是编造的恐怖信息而故意传播，严重扰乱社会秩序的，处五年以下有期徒刑、拘役或者管制；造成严重后果的，处五年以上有期徒刑。

《最高人民法院关于审理编造、故意传播虚假恐怖信息刑事案件适用法律若干问题的解释》

第二条　编造、故意传播虚假恐怖信息，具有下列情形之一的，应当认定为刑法第二百九十一条之一的"严重扰乱社会秩序"：

（一）致使机场、车站、码头、商场、影剧院、运动场馆等人员密集场所秩序混乱，或者采取紧急疏散措施的；

（二）影响航空器、列车、船舶等大型客运交通工具正常运行的；

（三）致使国家机关、学校、医院、厂矿企业等单位的工作、生产、经营、教学、科研等活动中断的；

（四）造成行政村或者社区居民生活秩序严重混乱的；

（五）致使公安、武警、消防、卫生检疫等职能部门采取紧急应对措施的；

（六）其他严重扰乱社会秩序的。

第四条 编造、故意传播虚假恐怖信息，严重扰乱社会秩序，具有下列情形之一的，应当认定为刑法第二百九十一条之一的"造成严重后果"，处五年以上有期徒刑：

（一）造成三人以上轻伤或者一人以上重伤的；

（二）造成直接经济损失五十万元以上的；

（三）造成县级以上区域范围居民生活秩序严重混乱的；

（四）妨碍国家重大活动进行的；

（五）造成其他严重后果的。

《最高人民检察院关于依法严厉打击编造、故意传播虚假恐怖信息威胁民航飞行安全犯罪活动的通知》

对于编造、故意传播虚假恐怖信息，引起公众恐慌，或者致使航班无法正常起降，破坏民航正常运输秩序的，应当认定为"严重扰乱社会秩序"。

（二十五）重大飞行事故

68. 齐某因重大飞行事故被追究刑事责任

公诉机关：某检察院

被告人：齐某

罪名：重大飞行事故

【案情概述】

2010 年 8 月 24 日，被告人齐某担任机长执行 A 航 E190 机型哈尔滨至伊春航班任务，朱某（事故中死亡）担任副驾驶，两人均为首次执行伊春林都机场飞行任务。20 时 51 分，飞机从哈尔滨太平国际机场起飞，被告人齐某作为航班当班机长，违反航空运输管理的有关规定，违规操纵飞机实施进近并着陆，致使飞机于 21 时 38 分坠毁。事故发生后，被告人齐某未履行机长职责擅自撤离飞机，机上幸存人员分别通过飞机左后舱门、驾驶舱左侧滑动窗和机身壁板的两处裂口逃生。

【争议焦点】

1. 被告人是否应对事故发生负直接责任？

2. 本案应如何确定庭审证据？

【处理结果】

伊春市伊春区人民法院认为，被告人齐某作为航班机长，违反航空运

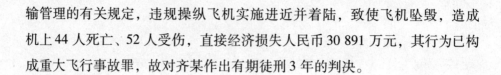

输管理的有关规定，违规操纵飞机实施进近并着陆，致使飞机坠毁，造成机上 44 人死亡、52 人受伤，直接经济损失人民币 30 891 万元，其行为已构成重大飞行事故罪，故对齐某作出有期徒刑 3 年的判决。

【法律评析】

1. 机长是飞行安全的直接责任人。

《民用航空法》和 A 航《飞行运行总手册》对机长的职责均有规定，例如，"机长负责控制飞机和指挥机组，一旦飞机舱门关闭，机长必须对机组成员、机上旅客和货物的安全负责"；"在飞行实施阶段，严格按操作程序操纵飞机"；"航空器遇险时，在必须撤离遇难民用航空器的紧急情况下，机长必须采取措施，首先组织旅客安全离开民用航空器；机长应当最后离开民用航空器"。

法庭经过调查发现，机长齐某违反 A 航《飞行运行总手册》相关规定，在低于公司规定的最低运行标准（根据该航有关规定，机长首次执行伊春机场飞行任务是能见度最低标准为 3600 米，事发前伊春机场管制员向飞行机组通报的能见度为 2800 米）的情况下，仍然实施进近；飞行机组违反民航局《大型飞机公共航空运输承运人运行合格审定规则》的有关规定，在飞机进入辐射雾，未看见机场跑道，没有建立着陆所必需的目视参考的情况下，仍然穿越最低下降高度实施着陆；飞行机组在飞机撞地前出现无线电高度语音提示，在未看见机场跑道的情况下，仍未采取复飞措施，继续盲目实施着陆，导致飞机撞地，被告的供述也证明了上述事实。飞机适航调查报告显示，事故发生时，发动机正常工作，飞机不存在影响飞行安全的故障或缺陷，处于适航状态。故此法庭认为齐某作为事故当班机长，对事故发生负有直接责任，并且在此次事故中被告擅自撤离飞机，未能履行机长指挥撤离和救助的法定职责。齐某违反规章制度，致使发生重大飞行事故，造成严重后果，完全符合《刑法》第 131 条关于重大飞行事故罪的定罪条件。

2. 空难事故调查结论的庭审证据问题。

空难发生后，国务院成立 A 航空有限公司黑龙江伊春 "8·24" 特别重大飞机坠毁事故调查组，开展事故调查工作。事故调查组经过现场勘查、技术鉴定、调查取证、综合分析和专家组论证，出具了调查报告。公诉人援引调查报告的内容，指出当班机长齐某应对事故负直接责任，应以重大事故飞行罪论处，建议处以4~6年有期徒刑。被告律师抗辩称行政机关的调查证人证言等证据不应直接作为法庭证据采纳使用。法庭支持律师意见，在本案审理过程中，其所认定之事实，均由司法机关依法提取并经法庭查证核实。最终法庭调查结论与调查报告结论基本一致，法庭认为公诉人指控的罪名成立。

【相关法条】

《中华人民共和国刑法》

第一百三十一条　【重大飞行事故罪】航空人员违反规章制度，致使发生重大飞行事故，造成严重后果的，处三年以下有期徒刑或者拘役；造成飞机坠毁或者人员死亡的，处三年以上七年以下有期徒刑。

第七篇

国际航空运输纠纷

一、国际航空旅客运输合同纠纷

（二十六）旅行证件

69. 江某诉航空公司未尽签证政策告知义务纠纷

原告（被上诉人）：江某

被告（上诉人）：加拿大某航空公司

被告（被上诉人）：上海某航空服务公司

案由：国际航空旅客运输合同纠纷

【案情概述】

原告诉称其于 1997 年 8 月 1 日通过上海某航空服务公司购买了由加拿大某航空公司出票的机票，经该公司推荐，行程定为上海—东京—多伦多—圣保罗。同年 8 月 7 日，原告由上海出发至东京，欲转机前往多伦多时，被加拿大某航空公司驻东京办事处告知，因缺少加拿大的过境签证而不能登机。日方认为其系非法身份，使其遭野蛮待遇，与其他非法身份者关押在一起。次日，其购买机票被遣送回上海。原告由此产生的损失包括机票款，滞留东京期间的住宿费、膳食费、电话费、交通费、公证费等共计人民币 16 452.9 元及美元 677 元。此后原告为此与两被告几经交涉未获解决，遂起诉至法院。

被告上海某航空服务公司辩称：原告前往巴西的航线是该公司推荐，但该公司的身份并不是本案另一被告的代理人，而是以原告代理人的身份向另一被告购买机票；原告被滞留东京是由于其未办理加拿大过境签证所致。根据国际惯例，旅客因旅行证件不全而不能到达目的地，责任在旅客，出票人、代理人不负责任，不同意原告的诉讼请求。

被告加拿大某航空公司辩称：原告提出的人身自由、人格尊严受到侵害，并未能提供证据证实；即使有侵害事实，侵权方也是日本有关方面，这和承运人的出票行为没有法律上的因果关系，不同意原告的诉讼请求。

【争议焦点】

1. 加拿大某航空公司与上海某航空服务公司是否存在代理关系。
2. 国际旅客运输合同纠纷准据法的适用。
3. 航空旅客运输纠纷中违约和侵权责任的认定。

【处理结果】

一审法院认为，本案是国际航空旅客运输合同纠纷，根据我国《民法通则》的相关规定，确定我国的实体法为准据法。同时认定上海某航空服务公司是加拿大某航空公司的代理人。由于上海某航空服务公司在售票时既未检查江某的旅行证件，也未告知其需要办理加拿大的过境签证，致使江某未能按时到达目的地，造成了一定的精神损害和经济损失。代理人的行为后果应由被代理人承担，故加拿大某航空公司应承担民事责任。据此依据《民法通则》的规定，判决加拿大某航空公司承担江某经济损失人民币 16 452.9 元及美元 677 元，同时赔偿原告 15 000 元精神损害费。判决后，加拿大某航空公司提出上诉。

【法律评析】

本案中，法院认定加拿大某航空公司与上海某航空服务公司之间无代理关系，故上海某航空服务公司的过错与否对加拿大某航空公司不产生法律后果。本案涉及的行程为国际运输，当事人一方为境外公司，属涉外民事案件。（1）根据我国《民法通则》的有关规定，审理涉外案件，应优先适用我国已参加的国际条约，又根据双方当事人在合同中有关注意事项上的约定，本案应适用我国已经参加的《华沙公约》。（2）根据《华沙公约》规定，承运人对旅客、行李或货物在航空运输过程中因延误而造成的损失应负责任。如果承运人证明损失的发生是由于受害人的过失所引起或促成，法院可以按照法律规定，免除或减轻承运人的责任。本案中，加拿大某航空公司在出售客票过程中未能向旅行者告知该航线需办理加拿大国的过境签证，致江某没有去办理经停国的签证而在东京转机时受阻，未能按时到达目的地。过境签证与入境签证不同，过境签证有其特殊性，加拿大某航空公司以法律没有规定出票人应向旅客告知办理过境签证为由，要求免除其作为专业航空公司的责任，而应由普通旅行者自己承担除知晓办理目的地国签证外，还应知晓办理过境国签证的责任，是不合情理的。现加拿大某航空公司愿意将已收取的上海至圣保罗的全程机票款返还江某，二审法院予以准许，但由于加拿大某航空公司未将旅客准时运送到目的地，应对江某未能准时到达目的地而造成的损失承担主要责任。（3）本案是契约纠纷，江某不能基于同一个合同，请求同一位当事人既承担违反合同之违约责任，又承担精神损害赔偿之侵权责任。（4）上海某航空服务公司非加拿大某航空公司的票务代理人，一审法院认定其是加拿大某航空公司的代理人缺乏事实依据，二审法院予以纠正。（5）由于上海某航空服务公司与加拿大某航空公司无代理关系，故其过错与否对加拿大某航空公司不产生法律后果。

【相关法条】

《中华人民共和国民法通则》

第八十五条　合同是当事人之间设立、变更、终止民事关系的协议。依法成立的合同，受法律保护。

第一百四十二条　涉外民事关系的法律适用，依照本章的规定确定。中华人民共和国缔结或者参加的国际条约同中华人民共和国的民事法律有不同规定的，适用国际条约的规定，但中华人民共和国声明保留的条款除外。

……

70. 高某诉航空公司未尽签证政策告知义务纠纷

原告：高某

被告：A 航空公司

案由：国际航空旅客运输合同纠纷

【案情概述】

高某系香港特别行政区公民，于 2003 年 7 月 23 日预购了 8 月 4 日从美国洛杉矶到墨西哥利昂的机票，又于同年 7 月 25 日购买了 A 航空公司（以下简称 A 航）8 月 4 日从上海至洛杉矶的双程机票，欲从洛杉矶转机去墨西哥。按美国当时政策，香港居民在美国转机无须签证即可过境。

8 月 2 日，美国国土安全部宣布禁止无签证者过境。"例外"的情况是，当前已进入美国转机的旅客和 7 月 24 日前购买机票并于 8 月 5 日前离开美国的旅客以及已经开始旅行并将于 8 月 9 日前经美国过境的旅客的行程将不受影响。该消息在我国各类公开媒体中也予以了传播。

8 月 4 日，当高某登机时，A 航工作人员只告知高某回程需要签证，未明确告知入境也需要签证。高某则误认为回程时可在墨西哥补办美国过境签证，故仍决定继续航程，A 航值机人员要求高某在免责声明书上签字，随后为高某办理了登机手续。高某到达洛杉矶后，被美国移民局以未办理美国签证为由扣留并遣返。2003 年 11 月，高某再次赴墨西哥时驻港美领馆对高某要求去美转机签证予以拒绝。

高某认为，因为该事件，其人身自由受到限制，人格尊严受到损害，公司业务受到影响；移民局为此限制高某"五年内不能进入美国"，使得需经常去墨西哥的高某今后 5 年内不能从美国转机，加大了机票成本。而 A

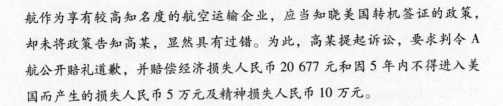

航作为享有较高知名度的航空运输企业，应当知晓美国转机签证的政策，却未将政策告知高某，显然具有过错。为此，高某提起诉讼，要求判令A航公开赔礼道歉，并赔偿经济损失人民币20 677元和因5年内不得进入美国而产生的损失人民币5万元及精神损失人民币10万元。

【争议焦点】

1. 本案法律关系的性质及准据法是什么？
2. A航作为航空运输企业，有无义务提醒高某签证问题？
3. 美国新签证政策中的"例外"情况是否与高某的情况一致？

【处理结果】

上海市浦东新区人民法院（以下简称浦东新区法院）判决A航赔偿高某旅费损失、诉讼费等共计人民币15 425元、美元437元，驳回其他诉讼请求。

判决后，双方均提起上诉。上海市第一中级人民法院审理后，判决驳回上诉，维持原判。

【法律评析】

浦东新区法院认为：本案是国际旅客运输合同纠纷，中国大陆是合同签订地和履行地，应适用中国大陆的相关法律。在国际旅客运输合同中，保证旅客合法、顺利地转机或入境是合同双方在订立合同时不言自明的内容，也是该合同的目的。双方在履行中都应积极作为，为达到合同目的共同努力，这是双方应尽的附随义务。高某作为旅客应准备好国际旅行所需的证件，A航作为专业航空公司，比一般旅客更了解通航国的签证要求，在允许旅客登机前还有核实旅客证件并指出其不合格之处的工作程序，故A航在保证旅客合法转机、入境问题上应承担谨慎注意义务。

本案的特殊性在于高某购票时符合转机国家的政策，而登机时该政策却发生了变化，该消息在国内媒体上已公开传播，合同双方对此都应积极了解以明确是否继续履行合同。但双方都未充分、谨慎地注意这一问题，致使合同目的未能实现，并造成了高某的损失，对此双方都应承担责任。其中 A 航作为航空公司在通航国设有工作机构，尽这一义务具备更有利的条件，故 A 航应承担主要责任。双方对高某的旅费及其他合理损失应按责任大小分担。

高某虽要求追究 A 航的侵权责任，但违约与侵权竞合是指违约行为本身侵犯他人合法权益的情况，而本案中高某遭扣留是美国政府的执法行为，并不是 A 航的违约行为，因而不构成违约与侵权的竞合，高某要求 A 航赔礼道歉和赔偿精神抚慰金的诉求缺乏法律依据，不予支持。至于高某提出 5 年内不得进入美国的旅费损失及商业机会减少而要求的赔偿，因缺乏事实依据和可以采取补救措施予以弥补，浦东新区法院也不予支持。

本案中，高某购买了往返机票，和 A 航形成了国际航空旅客运输合同的法律关系。在该合同关系中，航空公司的主要义务是按照机票载明的时间和班次将旅客安全地运抵目的地，旅客的主要义务是支付票款。在旅客航空运输合同中，机票即为合同的凭证，合同一经成立，机票上记载的航班、时间、起飞地、目的地、票价等便构成合同的主要条款。机票上未载明的事项，一般以机场公告、问询处解答旅客询问等方式作为合同的补充条款。

高某系香港特别行政区公民，A 航是国内航空公司，案件主体涉及两个不同的法域。机票的始发地和目的地分别位于两个不同的国家，案件的法律事实也具有涉外因素。高某购买的机票的背面"声明"中载明，该运输适用《华沙公约》。但《华沙公约》只规定了旅客上下航空器和运输过程中发生损害的赔偿问题，即旅客运输合同中航空公司的主义务问题，并未规定本案所涉及的附随义务的情况。

按照民事法律适用的一般原则，不同法域主体之间发生纠纷，应适用与案件有最密切联系的法律。作为规范航空运输的特别法《民用航空法》

仅规定了"航空器上或上下航空器过程中的事件"，并未涉及本案中的情况。本案纠纷主要在于高某、A 航之间除了交付运费、承担运输义务外，还应尽何种义务的问题，对此种合同履行问题，《合同法》作了规定。因此，本案应适用我国《合同法》的相关规定。

在我国现行法律制度下，只有侵权责任才能对精神损害提供救济。本案中，高某遭到扣留是美国政府的执法行为，并不是 A 航的违约行为，本案不构成侵权与违约责任的竞合，因此浦东新区法院判决对高某主张的财产损失中合理部分予以了支持，但对公开赔礼道歉和精神损失赔偿的请求未予支持。

本案中判断航空公司是否有提醒旅客签证问题的附随义务，可以从以下几个方面来考虑：

（1）从合同的性质和目的来看。附随义务的功能在于辅助实现主给付义务，使债权人的给付利益获得最大可能的满足，更好地实现合同目的。就国际旅客运输合同而言，合同的最终目的不仅是完成由一个机场到另一个机场的位移，还应保证旅客合法、顺利地转机或入境，这是国际旅客运输合同双方在订立合同时不言自明的内容，也是订立该合同的目的之一。因此，双方在履行合同中，都应当积极作为，为达到合同目的共同努力。本案中，高某作为旅客应准备好国际旅行所需的证件以确保合同目的的实现，A 航为实现主给付义务也应当在旅客证件问题上承担谨慎注意并告知的义务。

（2）从合同内容来看。《中国民用航空旅客、行李国际运输规则》第 5 条规定，客票中的合同条件是运输条件部分条款的摘述。A 航机票背面的"合同条件"第 3 条也规定，承运人提供的运输和其他服务应遵守作为本条件一部分的承运人运输条件和有关规定。因此，作为旅客运输合同，除了机票还应有各航空公司经国家民航局批准的《运输总条件》，其进一步规定了承运人和旅客的责、权、利。此外，航空公司的客运手册也会规定各部门的操作规范。在 A 航制定的"办理乘机手续"中规定，"仔细验证旅客旅行证件和客票……检查旅行证件是否符合安检，或是否符合有关国家的出入境规定"。而各航空公司的售票点在出售国际机票时，都会根据各国的签证信息，查阅相关手册，询问或提醒购票人有无入境或过境签证。可见，从国际航空旅客运输合同的相关内容中，也可以推定航空公司负有告知提醒旅客证件问题的义务。

本案的特殊性在于政策变化。高某购票时符合美国的政策，而登机时该政策发生了变化，该消息在国内媒体上已公开传播，对此，乘客应积极了解政策变化的内容。目前，世界各国的签证政策变化较快，不同国家对中国公民入境要求也不同。因此，公民出境前需及时掌握前往国最新的签证政策，并结合国内法律规定，办妥各种手续后再出行，以免给自己造成不便。

在当时的情况下，A航已经提醒高某回程可能不符合美国转机签证政策，而高某在已知政策有变的情况下，也应积极了解政策变化的内容，在不十分确定时，可改签航班、到美使领馆询问或补签证后再旅行。而机场边防检查站作为政府部门更加了解相关国家政策变动，应及时查询并公布相关政策变化，在检查高某未持相关有效签证的情况下应该依法将其阻留。

【相关法条】

《中华人民共和国合同法》

第六十条　当事人应当按照约定全面履行自己的义务。

当事人应当遵循诚实信用原则，根据合同的性质、目的和交易习惯履行通知、协助、保密等义务。

第一百二十条　当事人双方都违反合同的，应当各自承担相应的责任。

第一百二十二条　因当事人一方的违约行为，侵害对方人身、财产权益的，受损害方有权选择依照本法要求其承担违约责任或者依照其他法律要求其承担侵权责任。

第二百九十条　承运人应当在约定期间或者合理期间内将旅客、货物安全运输到约定地点。

第二百九十三条　客运合同自承运人向旅客交付客票时成立，但当事人另有约定或者另有交易习惯的除外。

《中国民用航空旅客、行李国际运输规则》

第七十二条　旅客应当出具有关国家的法律、规定所要求的所有出入境、健康和其它证件。承运人对违反法律、规定或者证件不符合要求的旅客，可以拒绝承运。

（二十七）国际机票

71. 罗某诉航空公司退票款项纠纷

原告：罗某

被告：A 航空公司

案由：国际航空旅客运输合同纠纷

【案情概述】

2004 年 12 月 7 日 13 时许，原告罗某通过被告 A 航空公司（以下简称A 航）广州营业部购买了当晚自广州至吉隆坡的单程机票一张。罗某抵达机场后，值机人员根据相关出入境管理规定，要求其事先补买返程机票，否则不予办理出境。罗某认为自己如再补买返程机票，则两张单程机票成本远高于一张往返程机票成本，因此拒绝。最终，当日罗某未能成行。

事后，A 航同意依照其《国际客运销售业务手册》的规定，按罗某实际购票金额人民币 2251 元的 75% 退还。罗某则认为 A 航除应全额退赔实际购票金额外，还应承担其未能及时前往吉隆坡处理其姑母后事所导致的精神损失费人民币 22 510 元、交通费人民币 790 元、伙食费人民币 980 元、误工费人民币 2240 元、电话费人民币 392.61 元、工商登记查询费人民币90 元、签证费用人民币 600 元以及案件受理费若干。

此外，罗某曾依约到 A 航的机场办公区域协调处理此事，因停车问题被交警部门罚款人民币 1200 元。对此，罗某也主张应由 A 航承担。

【争议焦点】

1. 本案是侵权之诉还是违约之诉，在此案中原被告各自应承担多大的责任？

2. 航空公司作为承运人对旅客签证问题应负有注意并告知的附随义务，航空公司在违反该附随义务时应承担的责任范围。

3. 经中国民航局批准实施的《国际客运销售业务手册》的法律效力以及对旅客的告知义务的履行问题。

4. 营业机构的营业执照办理问题及发生相关法律责任的承担主体问题。

【处理结果】

当地法院受理案件并经审理后，认为 A 航并未完全履行与客运合同相关的随附义务，在一定程度上误导原告，致使其无法顺利登机，应承担违约责任及损失赔偿责任。故判决：

1. A 航全额退还罗某购票款人民币 2251 元；

2. 依现有证据及法官自由裁量后，酌情认定罗某部分损失，由 A 航赔偿罗某交通费、误工费、电话费、工商资料查询费共计人民币 1100 元；

3. 驳回罗某其他诉讼请求。

【法律评析】

本案在审理过程中程序符合法律规定，但是在实体方面，存在以下几个有争议的问题，值得商榷。

1. 原告没有证据能证明其在机场的候机楼被拒绝登机是因为单程机票问题还是出入境证件问题等其他问题，即原告被拒绝登机完全有可能是由机票以外的其他原因造成的。原告被拒绝登机与其购买单程机票之间没有必然的因果关系。因此，被告完全不应该承担原告所主张的因被告侵权所导致的财产损失的法律后果。

（1）证据显示，2004 年 12 月 7 日，原告在被告售票处购买机票时，被告的工作人员已经告知其购买单程机票或因证件问题有可能造成被拒登机的后果，而原告却说自己身上钱不够而坚持购买了单程机票。此外，被告的工作人员还告诉原告如果因单程机票被拒登机，可以在机场售票处补票，那样也不会造成其未能登机而耽误了行程。由此可以说明，原告在被告的售票处购买单程机票并不必然造成其不能登机。因此，不能登机的后果完全是由原告自身的原因造成的，与被告正常的售票行为没有任何关系。

（2）证据显示，原告持有旧护照，原告也承认自己在2004年12月7日之前是去过马来西亚的。既然原告去过马来西亚，那当然应该知道相关部门对两国之间关于出入境方面的一些规定。并且其在办理护照和签证时也应该询问相关的管理部门对出入马来西亚的一些政策和规定，因此原告也有疏忽的责任。证据显示，原告在购买机票时被告的售票员已经告诉了他单程票和往返程机票票价的价格和差异。因此，原告在诉状中称被告的售票员没有告知其单程票和往返程机票票价的价格和差异是与事实不相符的。

2. 根据国际客票及旅费证（MCO）退票的相关规定，在散客自愿退票时，航空公司需收取25%手续费，余款退还旅客。因此，被告只能同意按照原告所购机票售价的75%给原告退票，不应该承担其他赔偿责任。

3. 从合同的性质和目的来看。附随义务的功能在于辅助实现主给付义务，使债权人的给付利益获得最大可能的满足，更好地实现合同目的。就国际旅客运输合同而言，合同的最终目的不仅是完成由一个机场到另一个机场的位移，保证旅客合法、顺利地转机或入境也是国际旅客运输合同双方在订立合同时不言自明的内容，也是订立该合同的目的之一。因此，双方在履行合同中，都应当积极作为，为达到合同目的共同努力。本案中，原告作为旅客应准备好国际旅行所需的证件和机票以确保合同目的的实现，被告为实现主给付义务也应当在旅客证件问题上承担谨慎注意并告知的义务。因此，原被告双方都有责任保证航空运输合同恰当及时的履行。各航空公司的售票点在出售国际机票时，都会根据各国的签证信息，查阅TIM手册，询问或提醒购票人有无入境或过境签证。可见，从国际旅客运输合同的相关内容中也可以推定航空公司负有告知和提醒旅客证件问题的义务。

4. 本案是侵权之诉还是违约之诉的问题。侵权行为是一种违反法定义务的行为，在区分违约和侵权所违反的义务的性质时应当确定违反的这种义务是属于针对一般人的注意义务，还是针对特定人的注意义务。本案中，被告所违反的告知旅客过境机票问题的附随义务是为了使给付义务有效地发生、履行以及消灭所形成的义务，其作用在于弥补当事人约定的不足，从而更好地实现当事人的意志与利益并在交易关系中强化商业道德。在合同中当事人可以约定，法律也可以根据合同的目的和性质要求当事人负有此种义务。但是，在合同关系之外，法律不宜要求当事人对一切不特定的人负有体现较高道德标准的附随义务。因此，提醒和告知旅客过境机票问题不是航空公司的法定义务，本案不构成违约与侵权责任的竞合，不具有适用《合同法》第122条的条件，原告只能要求被告承担违约责任。

【相关法条】

《中华人民共和国合同法》

第一百零七条　当事人一方不履行合同义务或者履行合同义务不符合约定的，应当承担继续履行、采取补救措施或者赔偿损失等违约责任。

第一百二十二条　因当事人一方的违约行为，侵害对方人身、财产权益的，受损害方有权选择依照本法要求其承担违约责任或者依照其他法律要求其承担侵权责任。

第二百八十八条　运输合同是承运人将旅客或者货物从起运地点运输到约定地点，旅客、托运人或者收货人支付票款或者运输费用的合同。

第二百九十条　承运人应当在约定期间或者合理期间内将旅客、货物安全运输到约定地点。

第二百九十三条　客运合同自承运人向旅客交付客票时成立，但当事人另有约定或者另有交易习惯的除外。

第二百九十九条　承运人应当按照客票载明的时间和班次运输旅客。承运人迟延运输的，应当根据旅客的要求安排改乘其他班次或者退票。

72. 曲某等 13 名旅客诉航空公司
航班超售赔偿纠纷

原告：曲某等 13 人

被告：A 航空公司

案由：国际航空旅客运输合同纠纷

【案情概述】

2011 年 3 月初，曲某等 13 人通过 A 航空公司（以下简称 A 航）出境旅行中心购买了 A 航从上海至泰国普吉岛的往返程机票。2011 年 4 月 10 日，曲某等 13 人在飞机起飞前 3 个小时到达普吉岛机场准备办理登机手续返回上海，被告知由于该航班超售而无法成行，最终通过改乘 4 月 11 日 B 航空公司（以下简称 B 航，A 航为 B 航的全资子公司，地面保障工作由 B 航统一负责）的航班回到上海。B 航保障部在航班到达后接到旅客投诉，现场值班人员提出给予每人人民币 1000 元的补偿，被旅客拒绝。由于协商未果，地面服务人员向曲某等 13 人出具了航班超售的证明，并加盖了 B 航上海保障部营业专用章。

曲某等 13 人认为，承运人在明知机票超售有可能导致乘客无法登机，不能享受原约定服务的情况下，未尽到经营者的告知义务，损害了旅客的知情权，同时，承运人为了获取不正当利益而故意大比例超售的行为属于故意隐瞒，已构成对消费者的恶意欺诈，承运人应当承担惩罚性赔偿责任。

因此，起诉至上海市浦东新区人民法院（以下简称浦东新区法院），要求 B 航赔偿曲某等 13 人往返机票款 2 倍金额的损失。B 航遂向法院提出主体异议申请书，后法院变更诉讼主体，将被告由 B 航变更为 A 航。

【争议焦点】

1. A 航在本次超售过程中的操作是否符合相关法律法规？
2. A 航的行为是否构成欺诈？

【处理结果】

浦东新区法院诉前调解中心审理后认为，A 航在此次航班中确实存在超售行为，且在超售后并没有进行妥善处理，导致曲某等 13 人在普吉岛多停留了一日，耽误了工作。在法院的调解下，双方通过自愿协商，同意以和解的方式解决此次纠纷，签署了和解协议。

【法律评析】

1. A 航在本次超售过程中的操作是否符合相关法律法规？

所谓超售，是指航班的座位数少于实际购买机票并定妥座位的旅客数量，因此，拒载就不可避免了。欧盟于 2004 年 2 月 17 日公布的保护旅客权利的新规定，即"关于航班拒载、取消或延误时对旅客补偿和帮助的一般规定"（简称第 261/2004 号条例），加强了在超售情况下对旅客的保护。该条例定义的拒载是指在一个航班上承运人拒绝运送符合条件〔在有关的航班上确认了座位并开始办理登机手续，并且应该按承运人、旅行社或授权的旅行代理人的规定、事先指定的时间和书面形式（包括电子形式）办理登机手续，或者，如果没有指明时间，不迟于承运人公布的飞机离站时间之前 45 分钟；或被承运人、旅行社从他们原已确认座位的航班转到另一航班，而不管什么原因〕的旅客。条例分自愿拒载和非自愿拒载（被强行拒载）两种情形予以规定。条例规定，当运营承运人合理地预计到发生拒载时，应首先寻找自愿放弃其座位并根据其与运营承运人达成的条件以换取好处的旅客。这是第一步。如果没有足够多的志愿者站出来，不能使已定座的其他旅客登机，运营承运人可以违背旅客的意愿拒载。也就是说，只有在这种情况下，才可以强行拒载。

目前，我国关于航班拒载的法律规定很不完善，无论是《民用航空法》还是相关的法规、规章，都没有规定。但《合同法》第290条规定："承运人应当在约定期间或者合理期间内将旅客、货物安全运输到约定地点。"同时，《民用航空法》第95条规定："公共航空运输企业应当以保证飞行安全和航班正常，提供良好服务为准则，采取有效措施，提高运输服务质量。"本案中，4月9日普吉岛飞上海航班已有5人超售，为避免投诉升级，A航普吉岛办事处（以下简称办事处）将此5位旅客安排在4月10日航班，导致4月10日航班实际超售13人，致使当天航班中的13人团队旅客被迫滞留。而在4月10日的航班上，办事处在现场处理时未能按公司的超售管理规定，优先保证商务舱旅客登机，而是按先到先得方式登机，所以造成曲某等13人中的4名商务舱旅客同样被滞留一天。同时，办事处在航班值机前没有提前告示航班超售信息，在现场也未按规定采取公告悬赏及签转等超售处理方式，已构成欧盟261条例所称的非自愿拒载。按照我国的相关法律法规，A航已构成违约。

2. 超售行为是否构成欺诈？

虽然航班超售在国内外航空运输业界被视为行业惯例，但一般会将超售比例控制在一定范围内，且应该符合一定的条件，如当天有可签转的航班，承运人必须提前履行告知义务，在超售航班上先通过悬赏等方式安排自愿拒载旅客后方可强制拒载等。其中最为关键的是，航空公司在旅客购买机票时，对其所购机票是否为超售机票进行明示，否则这种行为很有可能被认定为合同欺诈。

3. 赔偿金额如何认定？

由于国内现行法律法规对航班超售、拒载均没有明确规定，只能依据《合同法》的规定。而依据《合同法》，对于拒载，要按实际损失赔偿，这种赔偿是没有限额的。但一般情况下，拒载不是不履行合同，而是一种迟延履行，按照《民用航空法》第131条的规定，"有关航空运输中发生的损失的诉讼，不论其根据如何，只能依照本法规定的条件和赔偿责任限额提出，但是不妨碍谁有权提起诉讼以及他们各自的权利"。从特别法优先于普通法的法律适用原则，应先适用《民用航空法》，但《民用航空法》对构成拒载的条件以及赔偿责任限额没有明确规定。如依据《合同法》按实际损失赔偿，则又与《民用航空法》第131条的规定相违背。按照B航超售管理规定，对于国际航班超售3小时以上的，经济舱旅客给予1500元赔偿，公务舱旅客给予2250元赔偿。按A航超售管理规定，超过8小时的，将按票价的100%给予现金赔偿，或给予更高比例的里程兑换赔偿。本案中，曲某等13人实际支付票价情况为：4人为C舱，回程未使用等值票价加燃油费共计6650元人民币；其余9人均为Y舱，回程未使用等值票价加燃油费共计3560元人民币。经最终协商，A航给予经济舱旅客每人人民币3100元的和解费，给予公务舱旅客每人人民币4500元的和解费，该费用包括补偿金、住宿、餐饮、通讯及交通费补贴和保密金。

【相关法条】

《中华人民共和国合同法》

第一百一十三条　当事人一方不履行合同义务或者履行合同义务不符合约定，给对方造成损失的，损失赔偿应当相当于因违约所造成的损失，包括合同履行后可以获得的利益，但不得超过违反合同一方订立合同时预见到或者应当预见到的因违反合同可能造成的损失。

经营者对消费者提供商品或者服务有欺诈行为的，依照《中华人民共和国消费者权益保护法》的规定承担损害赔偿责任。

第二百九十条　承运人应当在约定期间或者合理期间内将旅客、货物安全运输到约定地点。

《中华人民共和国消费者权益保护法》

第八条第一款　消费者享有知悉其购买、使用的商品或者接受的服务的真实情况的权利。

《中华人民共和国民用航空法》

第九十五条第一款 公共航空运输企业应当以保证飞行安全和航班正常，提供良好服务为准则，采取有效措施，提高运输服务质量。

第一百三十一条 有关航空运输中发生的损失的诉讼，不论其根据如何，只能依照本法规定的条件和赔偿责任限额提出，但是不妨碍谁有权提起诉讼以及他们各自的权利。

（二十九） 航班延误

73. A. W. 诉航空公司航班延误
致其错过后续航班赔偿纠纷

原告： A. W.

被告： A 航空公司

案由： 国际航空旅客运输合同纠纷

【案情概述】

A. W. 于 2004 年 12 月 29 日购买了一张由 B 航空公司（以下简称 B 航）作为出票人的机票，航程安排为：2004 年 12 月 31 日 11 点，上海至香港，同日 16 点香港至卡拉奇；2005 年 1 月 31 日卡拉奇至香港，同年 2 月 1 日香港至上海。其中，上海与香港间的航程由 A 航空有限公司（以下简称 A 航）承运，香港与卡拉奇间的航程由 B 航承运。机票背面条款注明，该合同应遵守《华沙公约》所指定的有关责任的规则和限制。该机票为打折票，机票上注明不得退票、不得签转。

航班起飞当日，由于浦东机场下中雪，机场发生大面积延误，A 航航班也因此延误了三个多小时，导致 A. W. 及其家属到达香港机场后未能赶上 B 航飞往卡拉奇的衔接航班。A. W. 及其家属在浦东机场时已经意识到其到达香港后将错过 B 航的航班，于是多次到 A 航的服务台反复询问该如何处理，A 航工作人员让 A. W. 填写了《续航情况登记表》，并表示会予以帮助解决。而 A. W. 及其家属到达香港后，对 A 航工作人员提供的自行购买其他航空公司前往卡拉奇或在香港自费等待 B 航下一班飞往卡拉奇（3 天后）的航班的两种处理方案当即表示无法接受。A.W. 的妻子打电话给 A 航，但 A 航方面称有关工作人员已经下班。A.W. 因携带 8 个月大的女儿，无奈之下，最终由香港机场工作人员交涉，共支付了合计 17 000 港元，购买了阿联酋航空公司的机票及行李票，搭乘该公司航班绕道迪拜，到达卡拉奇。为此，A.W. 支出机票款 4721 港元、行李票款 759 港元，共计 5480 港元。

A.W. 诉称：A 航航班延误已经构成违约；航班延误后，A 航又违背自己作出的妥善安排的承诺，拒绝为 A.W. 重新安排从香港到卡拉奇的航程，也未告知 A.W. 可以改签或者转机，存在重大过错。A 航的行为给 A.W. 造成了相当的损失，应当予以赔偿。故诉请判令 A 航赔偿 A.W. 经济损失人民币 5990 元、按照其对外承诺定期对外公布航班的正常率、旅客投诉率，并承担本案诉讼费。

【争议焦点】

1. 合理延误情况下航空公司应承担的法律责任。
2. 国际分段航运中如何认定法律关系？
3. 能否将 B 航追加为第三人？

【处理结果】

上海市浦东新区人民法院审理后认为：本案为国际航空旅客运输合同纠纷。A.W. 购买的机票出发地为我国上海，目的地为巴基斯坦卡拉奇，而我国与巴基斯坦都为《海牙议定书》的缔约国，根据强制适用规则，本案应当适用该公约及《统一非缔约承运人所办国际航空运输某些规则以补充华沙公约的公约》（以下简称《瓜达拉哈拉公约》）。在本案中，法院认为 A 航未尽到对不利后果的告知义务，使旅客产生合理信赖，没有为避免损害而采取一切必要的措施，应当对 A.W. 另行购买阿联酋航空公司的机票、行李票，而造成的 5480 港元损失承担赔偿责任。

判决后，A 航提起上诉。二审法院审理后，判决驳回上诉，维持原判。

【法律评析】

本案为航班延误而引发的国际航空旅客运输合同违约损害赔偿纠纷案。打折机票在合理延误情况下，航空公司责任范围应如何确定。

1. 合理延误情况下，承运人的法律责任。

根据《华沙公约》或者我国《民用航空法》的规定，承运人免责的前提是"为避免损害已经采取了一切必要的措施或者不可能采取此类措施"。在合理延误的情况下，承运人对于延误本身无过失故不需承担责任，但如果其未尽到勤勉的注意义务以避免损害的发生，仍应承担相应的法律责任。判断承运人是否采取了"一切必要措施"，应当根据诚实信用原则和旅客的合理需要确定。

归纳国际公约和国内法的相关规定，在不可归责于航空公司过错的情况下发生航班延误，承运人应当承担的义务主要包括：（1）告知义务，及时向旅客、托运人告知因为不可抗力不能运输的事由，以减轻旅客可能的损失；（2）协助义务，根据实际情况，为旅客或托运人进行相应的替代安排、协助旅客安排食宿等。同时，我国民航局的《中国民用航空旅客、行李国际运输规则》第 60 条规定，在因为承运人无法控制或者不能预见的原因而造成旅客非自愿改变航程的，承运人应当考虑旅客的合理需要，并采取以下措施：（1）为旅客安排第一个能够定妥座位的航班或者签转其他承运人；（2）改变原客票载明的航程，安排承运人的航班或者签转其他承运人，将旅客运送到目的地点或者中途分运地点；（3）全额退票；（4）协助旅客安排食宿、地面交通等服务，但始发地旅客的费用自理。法院认为，A 航航班延误系因天气原因，故属于合理延误，但A. W. 及其家人因为该延误而未能在香港赶上 B 航飞卡拉奇的衔接航班，而且 B 航的下一个航班要 3 天以后才有，此时将 A. W. 及其家人签转其他承运人才是合理的措施。

本案中，法院认定 A 航未在浦东机场提醒 A. W. 可能滞留香港机场，而是让 A. W. 填表使 A. W. 产生合理信赖，在香港又未将 A. W. 转签其他航空公司，并且要求 A. W. 及其家人在自费购买其他航空公司的机票和自费留在香港机场这两者间进行选择。故此，法院认定 A 航具有过错，不能免责，应当赔偿 A. W. 的经济损失。

然而，法院在本案中对部分法律关系和法律事实的认定不够准确。首先，本案的运输属于国际航空运输中的连续运输，法院适用《华沙公约》《海牙议定书》及《瓜达拉哈拉公约》的规定认定本案中涉及的法律关系正确，但对运输合同中的责任主体认识不够到位。本案的缔约承运人为 B 航，实际承运人是 A 航和 B 航，分别承运上海至香港和香港至卡拉奇航段，在第一段运输发生合理延误的情况下，A 航和 B 航均为采取救济措施的义务主体，有义务按照 A. W. 的要求，为其办理退票、将未履行的航班签转至其他航班等，A 航和 B 航分别是各自航班签转的义务主体（签转是指航空公司将旅客转交其他与其签署有互相接受旅客签转协议的航空公司承运）。在本案中，航空运输合同的签订双方是 B 航与旅客，且需要签转的航段也由 B 航实际承运，对于该航段是否进行签转、如何进行签转，均应由 B 航和旅客本人协商确定，A 航并不当然具有直接将旅客进行签转的权利；其次，根据《瓜达拉哈拉公约》第 2 条的规定，缔约承运人应当对合同约定的全部运输负责，实际承运人应当对其履行的运输负责。本案中上海至香港的运输已经完成，旅客的损失发生在香港至卡拉奇航段，缔约承运人和实际承运人均为 B 航；再次，根据《华沙公约》的规定，"承运人对旅客、行李或货物在航空运输过程中因延误而造成的损失应负责任"，"承运人如果证明自己和他的代理人为了避免损失的发生，已经采取一切必要的措施，或不可能采取这种措施时，就不负责任"，"如果承运人证明损失的发生是由于受害人的过失所引起或造成，法院可以按照法律规定，免除或减轻承运人的责任"。A. W. 对第一航段延误的事实和由此必然错过后续衔接航班的事实事前是充分知晓的，应当预见到继续按计划旅行可能产生的费用和损失，其有权利选择在上海始发地改变行程，或要求各航段承运人为其办理退票，也可以要求各航段承运人将其航班签转，以避免发生损失，但其自愿选择继续履行，直接导致被滞留香港并产生系列损失，应该对自己行为的后果承担责任；最后，旅客诉称 A 航承诺会在香港机场

"予以帮助解决"，这一主张的真实性是影响本案原被告之间责任分配的关键。但是，法庭并未关注这一重要细节，旅客在庭审中未进行举证，法庭也始终未做查明，直接推定 A 航作出了该种承诺并判决确定 A 航承担赔偿损失的责任，该判决超出了公约规定，对航空承运人的责任作出了扩大的解释。

2. 国际分段航运中法律关系的认定。

A. W. 所持机票为 B 航出具，但航程分上海至香港、香港至卡拉奇两段，且两段分别由 A 航和 B 航实际承运。A 航在本案中辩称两者构成了连续运输的关系。连续运输的特点在于，各个承运人都是运输合同的缔约一方；而缔约承运人与实际承运人两者中，仅缔约承运人是运输合同的缔约一方。本案中，B 航是出票人，而 A 航并未向 A. W. 出具过机票，故两者应属于缔约承运人和实际承运人的关系。那么在实际承运人履行的运输航段中出现问题的情况下，旅客可以起诉缔约承运人，也可以起诉实际承运人，也可以同时起诉该两者。因此，对航空运输的定性具有重要意义。

3. 能否将 B 航追加为第三人？

《瓜达拉哈拉公约》第 7 条前段、我国《民用航空法》第 143 条前段均赋予了旅客或者托运人在追究实际承运人所承运航段之责任时可以选择起诉对象的权利。然而，上述法条的后段又规定了：如只向这些承运人之一提出诉讼，则该承运人应有权要求另一承运人参加诉讼。在本案的法庭辩论阶段，A 航提出了将 B 航追加为第三人的申请。由此，便引申出一个问题：A 航提出申请后法院是否必须追加当事人？法院对此有无裁量权？国际航空旅客运输往往涉及国外的航空公司，如追加的当事人在境外，则难免需要涉外送达，诉讼可能旷日持久，给旅客维权增加难度。再者，在旅客或者托运人起诉实际承运人的情况下，追加缔约承运人对于查明延误事实及其原因也无太大意义。基于以上衡量，该案一审判决认定：A. W. 有权根据其权利行使的便捷性、保障程度等因素而选择起诉对象，对 A 航追加当事人的申请未予采纳。二审判决认同了这一意见。但 B 航作为整个合同的缔约承运人及后一航段的实际承运人，理应在事件的整个过程中发挥其应有的作用，将其追回进入诉讼，对于责任的划分及承担十分必要。

【相关法条】

《中华人民共和国民法通则》

第一百四十二条 涉外民事关系的法律适用，依照本章的规定确定。

中华人民共和国缔结或者参加的国际条约同中华人民共和国的民事法律有不同规定的，适用国际条约的规定，但中华人民共和国声明保留的条款除外。

中华人民共和国法律和中华人民共和国缔结或者参加的国际条约没有规定的，可以适用国际惯例。

《海牙议定书》

第十九条 对于航空运输中延误所引起的对旅客、行李或者货物损失，承运人应负责任。

第二十条 （1）承运人如果证明自己和他的代理人为了避免损失的发生，已经采取一切必要的措施，或不可能采取这种措施时，就不负责任。（2）在运输货物和行李时，如果承运人证明损失的发生是由于驾驶上、航空器的操作上或领航上的过失，而在其他一切方面承运人和他的代理人已经采取一切必要的措施以避免损失时，就不负责任。

第二十四条第一款 如果遇到第十八、十九条所规定的情况，不论其根据如何，一切有关责任的诉讼只能按照本公约所列条件和限额提出。

《华沙公约》

第一条第三款 几个连续的航空承运人所办理的运输，如果被合同各方认为是一个单一的业务活动，则无论是以一个合同或一系列的合同的形式订立的，就本公约的适用来说，应作为一个单一的运输，并不因其中一个合同或一系列的合同完全在同一缔约国的主权、宗主权、委任统治权或权力管辖下的领土内履行而丧失其国际性质。

《中国民用航空旅客、行李国际运输规则》

第六十条 因执行本规则第五十七条的规定,造成旅客非自愿改变航程的,承运人应当考虑旅客的合理需要,并按下列规定办理:

(一) 为旅客安排第一个能够定妥座位的航班或者签转给其他承运人;

(二) 改变原客票载明的航程,安排承运人的航班或者签转给其他承运人,将旅客运送到目的地点或者中途分程地点;

(三) 按照本规则第六十八条规定办理;

(四) 协助旅客安排膳宿、地面交通等服务。始发地旅客的费用由旅客自理。

74. 74 名旅客诉航空公司
机械原因航班延误赔偿纠纷

原告：吴某等 74 人

被告：A 航空公司

案由：国际航空旅客运输合同纠纷

【案情概述】

原告诉称：其向 A 航空公司（以下简称 A 航）购买了 2015 年 4 月 4 日 A 航班的机票，由悉尼飞往广州，票价为 10 217 元。航班起飞当日，由于被告的飞机机械故障，导致原告乘坐的航班延误 12 小时。延误期间被告工作人员服务态度恶劣，致使原告被滞留机场期间身心疲劳。此外航班延误亦影响原告及时返回工作及清明祭祖。根据《民用航空法》《民法通则》等法律的规定，参照民航局出台的《航班延误经济补偿指导意见》以及航空行业的惯例，请求法院判令被告向原告支付航班延误经济补偿金每人人民币 5108.5 元，并由被告承担本案的诉讼费用。

被告辩称：原告乘坐 2005 年 4 月 4 日 A 航航班从悉尼飞往广州。因执行该次航班的飞机发生机械故障，不能按时起飞。A 航及时以广播和现场滚动牌的方式向旅客通知航班延误信息，并向有需要退票和签转的旅客办理了退票和签转手续，为愿意继续等待航班起飞的旅客每人发放午餐券、晚餐券以换取餐食、饮料等服务。该航班起飞后，A 航亦在飞机上为每位旅客供应正餐和点心餐。因此，A 航认为：（1）原告与 A 航形成特定的航空旅客运输合同关系。A 航已履行合同义务，即将原告用航空运输的方式从悉尼安全运送至广州。虽因飞机机械故障原因迟延起飞，但 A 航已采取一切必要措施并避免了旅客损失的发生。因此，依据1999年《蒙特利尔公约》第19条和《民用航空法》第126条的有关规定，A航依法不应承担责任。（2）原告要求A航支付每人人民币5108.5元的诉讼请求无事实和法律依据。1999年《蒙特利尔公约》和《民用航空法》以恢复性赔偿为原则，依据公约和航空法规定，航班延误给旅客造成直接损失才给予赔偿。而《航班延误经济补偿指导意见》只是行业管理的指导性意见，不应作为本案审理和判决的法律依据。本案中，A航未给原告造成直接的经济损失，故原告要求赔偿损失的请求依法不应予以支持。

广州市白云区人民法院经审理，认定了双方所陈述的事实部分。当日，被告向被延误乘客出具《航班延误致歉补偿确认单》，决定对该次航班延误作现金补偿200元。原告对该补偿额不予接受，故起诉要求参照民航局有关《航班延误经济补偿指导意见》以及该航空公司的航班延误补偿标准，按机票票面价格的100%进行补偿。

【争议焦点】

1. 机械故障的原因造成航班延误是否属于承运人的责任？
2. 承运人是否对避免航班延误采取了"合理的措施"？

【处理结果】

广州市白云区人民法院认为，原告购买被告的客运机票并办理了相关乘机手续，双方之间旅客航空运输合同关系依法成立。作为承运人的被告应该在约定期间或合理时间内将原告安全运输到目的地，否则如在航空运输中发生延误即构成违约。但民用航空运输的承运人只应对不该免责的原因导致航班延误并且给旅客造成实际损失的，才承担相应的责任。当次航班的飞机机械故障，属于承运人无法控制或者不能预见的原因，被告为了保证飞行安全而推迟航班飞行，可以免除被告因航班延误而产生的违约责任。当然，被告仍须及时采取相应的补救措施，尽量避免或减少乘客因延误产生的损失。当次航班的飞机发生机械故障后，被告已采取了相关可能的补救措施，及时通报延误信息和进行飞机维修，并向乘客提供了饮料、午晚餐等；同时，原告也未举证证明有因延误所遭受的其他实际损失的事实，故原告要求被告补偿损失的请求，没有事实依据。原告要求被告按照国家民航局出台的《航班延误经济补偿指导意见》给予补偿，但该意见只是民航行业内部的指导性意见，且该意见没有规定具体的补偿标准；其他航空公司制订的补偿承诺标准并不能当然作为另一公司的补偿依据，且本案中票价与航班延误损失没有直接的、必然的联系，原告实际也已乘坐了该航班，故原告要求按全程票价款给予补偿无事实和法律依据，本院不予采纳。但考虑到航班延误属被告原因，被告也曾承诺给予每人200元补偿，故根据公平、诚实信用原则，本院确认被告承诺的给予每人200元的补偿标准向原告作出补偿。综上所述，依照《民事诉讼法》第64条第1款，《民用航空法》第126条，《合同法》第5条、第6条之规定，判决如下：（1）被告A航于本判决书生效之日起3日内，补偿原告吴某等74人每人200元。（2）驳回原告的其他诉讼请求。

本案受理费214元，由原告负担206元，被告负担8元。被告应负担的受理费部分在上述判决还款期限内给付原告。

判决后，吴某等人进行了上诉，二审法院认为一审法院认定上诉人和被上诉人之间形成航空旅客运输合同关系是正确的，但是被上诉人的飞机出现机械故障而导致航班延误并不是免责的法定事由，因此根据《合同法》规定被上诉人应承担违约责任。然而，由于上诉人对其提出的损失补偿数额缺乏相应的法律量化依据而且上诉人要求按该航班全程票价款给予补偿无相应的依据，因此二审法院驳回上诉，维持原判。

【法律评析】

1. 本案涉及的法律问题是航班延误的法律责任。

（1）法律事实方面。原告提供了机票、被告悉尼办事处出具的信函和航班延误之前补偿确认单等证据，证明原被告之间存在航空旅客运输合同关系以及航班延误的事实，但是原告并没有提供其因航班延误所造成损失

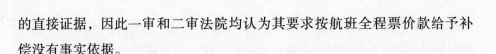

的直接证据，因此一审和二审法院均认为其要求按航班全程票价款给予补偿没有事实依据。

被告提供了 A 航关于 2005 年 4 月 4 日 A 航航班延误处理的证明，悉尼场站关于航班延误的证明，悉尼航站关于航班延误处理经过的说明和 A 航向本案航班旅客发放的餐券发票单据及餐券等证据，同样证明了原被告之间存在航空旅客运输合同关系和航班延误的事实，除此之外，还证明了被告在航班延误后已采取一切力所能及的补救措施以及被告承诺给原告及其他乘客给予合理补偿。然而，二审法院认为被告（被上诉人）属下的飞机机械故障导致航班延误并不是免责的法定事由，因此仍应承担相应的违约责任。

（2）法律关系。本案中，原被告之间形成了航空旅客运输合同关系，根据该合同的约定，作为被告的承运人应在约定期间或合理时间内将原告安全运输到目的地，否则如在航空运输中发生延误即构成违约。但民用航空运输的承运人只应对不该免责的原因导致航班延误并且给旅客造成实际损失的，才承担相应的责任。当然，承运人仍须及时采取相应的补救措施，尽量避免或减少乘客因延误产生的损失。

（3）法律依据。一审法院认定本案为航空旅客运输合同纠纷，应适用《民用航空法》和《合同法》。根据特别法优先于普通法的原则，应优先适用《民用航空法》。《民用航空法》第 126 条规定："旅客、行李或者货物在航空运输中因延误造成的损失，承运人应当承担责任；但是，承运人证明本人或者其受雇人、代理人为了避免损失的发生，已经采取一切必要措施或者不可能采取此种措施的，不承担责任。"

原告要求被告按照国家民航局出台的《航班延误经济补偿指导意见》给予补偿，但该意见只是民航行业内部的指导性意见，且该意见没有规定具体的补偿标准；其他航空公司制订的补偿承诺标准并不能当然作为另一公司的补偿依据。

但是，二审法院在判决中并没有采纳一审法院关于法律适用的理由，换言之，二审法院认为本案应直接适用《合同法》的有关规定处理，而不是适用《民用航空法》，因此二审法院的判决在某种程度上更体现了对乘客的保护。同时，《合同法》中确定的违约责任是无过错责任，只有在"不可抗力"的情形下可以全部免除或者部分免除违约责任。而"不可抗力"是指不能预见、不能避免并不能克服的客观情况。本案二审法院认定"飞机出现机械故障"不属于不可抗力，因此，承运人应当承担违约责任。

《民用航空法》第126条规定："旅客、行李或者货物在航空运输中因延误造成的损失，承运人应当承担责任；但是，承运人证明本人或者其受雇人、代理人为了避免损失的发生，已经采取一切必要措施或者不可能采取此种措施的，不承担责任。"

该条所指的"延误"，是指承运人未能按照运输合同约定的时间将旅客、行李或者货物运抵目的地点。首先，在确定承运人延误事实后，承运人只在因延误造成损失时才承担责任，如果延误没有造成任何损失，承运人就不承担责任。因此，根据该法条，旅客必须证明存在实际经济损失以及该经济损失和航班延误的紧密关联性。

其次，承运人如果能够举证证明其本人及其受雇人、代理人已经采取一切必要措施以避免损失的发生或承运人不可能采取必要措施控制或阻止延误的发生，则承运人可以不承担责任。

但是，本案二审法院并没有适用《民用航空法》，认为本案应直接适用《合同法》的有关规定处理。《合同法》第112条规定"当事人一方不履行合同义务或者履行合同义务不符合约定的，在履行义务或者采取补救措施后，对方还有其他损失的，应当赔偿损失"。据此，当法院认定适用《合同法》时，如果承运人能够根据《合同法》第117条证明该延误是因不可抗力导致的，则可以免除承运人的责任，换言之，承运人必须证明该延误是不能预见、不能避免并不能克服的客观情况。

本案中一审、二审法院在法律适用上都忽略了一个重要的细节，即本案涉及的航班是由悉尼飞往广州的国际运输，应按照客票背面所载适用相关国际公约审理。

2. 承运人是否对避免航班延误采取了"合理的措施"问题。

当航班延误涉及涉外因素时，法院有可能会判令适用 1999 年《蒙特利尔公约》第 19 条关于航班延误的规定："旅客、行李或者货物在航空运输中因延误引起的损失，承运人应当承担责任。但是，承运人证明本人及其受雇人和代理人为了避免损失的发生，已经采取一切可合理要求的措施或者不可能采取此种措施的，承运人不对因延误引起的损失承担责任。"该条与我国《民用航空法》关于第 126 条规定的区别在于，承运人需证明为避免损失的发生，承运人已经采取一切可合理要求的措施。对于"可合理要求"的定义，英美法已在实践中通过判例对"可合理要求"作出了解释。在我国，法院将在实际案例中判断承运人是否已经采取一切可合理要求的措施。

【相关法条】

《中华人民共和国民事诉讼法》

第六十四条第一款　当事人对自己提出的主张，有责任提供证据。

《中华人民共和国民用航空法》

第一百二十六条　旅客、行李或者货物在航空运输中因延误造成的损失，承运人应当承担责任；但是，承运人证明本人或者其受雇人、代理人为了避免损失的发生，已经采取一切必要措施或者不可能采取此种措施的，不承担责任。

《中华人民共和国合同法》

第五条　当事人应当遵循公平原则确定各方的权利和义务。

第六条　当事人行使权利、履行义务应当遵循诚实信用原则。

第一百零七条　当事人一方不履行合同义务或者履行合同义务不符合约定的，应当承担继续履行、采取补救措施或者赔偿损失等违约责任。

第一百一十二条　当事人一方不履行合同义务或者履行合同义务不符合约定的，在履行义务或者采取补救措施后，对方还有其他损失的，应当赔偿损失。

第一百一十三条 当事人一方不履行合同义务或者履行合同义务不符合约定，给对方造成损失的，损失赔偿额应当相当于因违约所造成的损失，包括合同履行后可以获得的利益，但不得超过违反合同一方订立合同时预见到或者应当预见到的因违反合同可能造成的损失。

第二百九十八条 承运人应当向旅客及时告知有关不能正常运输的重要事由和安全运输应当注意的事项。

第二百九十九条 承运人应当按照客票载明的时间和班次运输旅客。承运人迟延运输的，应当根据旅客的要求安排改乘其他班次或者退票。

《中华人民共和国民事诉讼法》

第一百七十条第一款 第二审人民法院对上诉案件，经过审理，按照下列情形，分别处理：（一）原判决认定事实清楚，适用法律正确的，以判决、裁定方式驳回上诉，维持原判决、裁定。……

（三十）航班取消

75. 曹某诉航空公司航班取消赔偿纠纷

原告： 曹某

被告： A 航空公司

案由： 国际航空旅客运输合同纠纷

【案情概述】

曹某于 2006 年 12 月 18 日向 A 航空公司（以下简称 A 航）购买了一张由上海中途经停伦敦至英国曼彻斯特的往返机票。该航空旅客运输属于连续运输。其中，A 航是第一承运人，承担往返上海至伦敦的运输任务；B 航空公司（以下简称 B 航）是第二航段实际承运人，承担往返伦敦至曼彻斯特的运输任务。

曹某于 2006 年 12 月 21 日登机搭乘 A 航航班飞抵伦敦机场。由于天气原因，机场通知英航从伦敦飞往曼彻斯特的所有航班取消，A 航伦敦营业部安排曹某住宿并安排其候补次日航班。曹某未接受相应安排，与其女儿一同搭乘火车去往其女儿居住地普雷斯顿。另外，曹某的行李在上海始发时已直接联程拴挂至目的地曼彻斯特，所以其行李在到达伦敦后直接被自动转至英航的行李部门。曹某在伦敦机场没有提取行李，在到达目的地后一直联系机场部门，也未能提取到行李。2007 年 2 月 5 日，曼彻斯特机场告知曹某行李已找到，并于 2 月 9 日将行李送至曹某住处。在返回上海前，曹某始终没有对此提出任何异议。

曹某返回上海后，于2007年3月15日向A航提出书面索赔，称由于航班取消，导致其延误了行程，增加了费用，并称其行李箱"失而复得"后发现该行李箱曾被打开过，里边食物变质，并遗失了照相机一部，要求A航对此进行经济赔偿和精神损害赔偿。接到索赔要求后，A航多次致函曹某，表示航班取消系因天气原因所致；对行李问题，A航表示已尽力联系了B航，但由于没有权限直接参与寻找，只有B航才能对行李运输中出现的情况作出解释和说明。另外，A航向曹某提出了可为其办理未使用段机票的退票，并按服务标准补偿其人民币300元作为临时生活费的解决方案。曹某表示不能接受，诉至上海市浦东新区人民法院（以下简称浦东新区法院）请求：（1）A航赔偿交通费、通讯费、日用品重置费、行李内物品损失费等共计9860元；（2）A航退还伦敦飞到曼彻斯特票款1300元；（3）A航向其书面道歉。

【争议焦点】

1. 本案应当适用何种法律解决纠纷？
2. 曹某能否要求A航就非由其承运的航段纠纷主张退票？
3. 曹某能否向A航主张赔偿行李损坏和延误的损失？
4. 曹某能否向A航主张精神损失的赔偿？

【处理结果】

浦东新区法院经开庭审理后，认为本案应适用《华沙公约》及《海牙议定书》的有关规定。按照《华沙公约》规定，关于曹某主张的B航所承运的伦敦至曼彻斯特的航班取消问题，曹某应就该纠纷向B航主张赔偿。但根据曹某所购机票上的有关合同条款规定，A航作为B航的代理人，其自愿为曹某办理退票也并无不妥。关于退票的金额问题，法院认为应参考A航提供的运价表以及该航段相对于整个往返航程机票款的比例，故确定为750元较为合理。关于曹某主张的行李损坏和延误的损失的问题，因曹某未能在《华沙公约》规定期限内提出书面异议，已丧失对承运人的索赔资格，

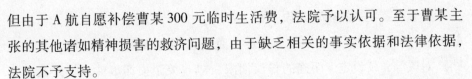

但由于 A 航自愿补偿曹某 300 元临时生活费，法院予以认可。至于曹某主张的其他诸如精神损害的救济问题，由于缺乏相关的事实依据和法律依据，法院不予支持。

最后，浦东新区法院判决 A 航返还曹某机票款 750 元，支付曹某行李延误的生活补偿费 300 元，驳回了曹某的其他诉讼请求。

判决后，双方均未上诉。

【法律评析】

根据《中国民用航空旅客、行李国际运输规则》，国际运输应当在客票上注明所适用的公约。关于本案法律适用的问题，根据涉案机票的合同条款约定，应适用《华沙公约》及其《海牙议定书》来解决本案纠纷。本案的案由是航空旅客运输合同纠纷，由于该运输属于国际运输，且在曹某购买的机票上明确适用《华沙公约》，因而本案应当适用《华沙公约》来解决。但根据 1999 年《蒙特利尔公约》第 55 条的规定，其是一个强制适用的公约。中国及英国均为该公约的缔约国，即使当事人选择了适用《华沙公约》及《海牙议定书》，也应适用 1999 年《蒙特利尔公约》。

关于曹某是否可以起诉 A 航要求退还伦敦到曼切斯特段的机票款问题，根据《华沙公约》的规定，除明确约定第一承运人对全程运输承担责任外，旅客因发生事故或延迟的索赔只能对履行该航段运输义务的承运人提起诉讼。本案中，根据机票上所载的合同条款，该运输航程属于连续运输，其中 A 航是第一承运人承担上海至伦敦的运输，B 航是第二承运人承担伦敦至曼彻斯特的运输。因此，曹某分别与 A 航、B 航之间形成了航空旅客运输合同关系。曹某所持的机票没有约定由 A 航对全程承担责任，因此就英航所承运伦敦到曼彻斯特的航班的取消所产生的纠纷，曹某不应向 A 航主张。法院认为，根据《华沙公约》，就上述航段产生的纠纷，曹某应向 B 航提起诉讼。而最终法院之所以判决 A 航退还机票款，是基于 A 航自认为其是 B 航的代理人，并自愿为曹某办理伦敦至曼彻斯特航段的退票，以及为减少曹某诉讼成本的考虑。

关于曹某主张的行李延误和损失部分，由于 A 航系第一承运人，根据《华沙公约》的规定，曹某作为托运人是可以起诉 A 航的。但是《华沙公约》对该等异议设定了明确的异议期限，即"关于损坏事件，收件人应于发现损坏后，立即向承运人提出异议，如系行李，最迟应在收到行李后 7 天内提出，如系货物，最迟应在收到货物后 14 天内提出。关于延误事件，最迟应在行李或货物交付收件人自由处置之日起 21 天内提出异议"，本案中行李于 2007 年 2 月 9 日交付曹某，曹某至 3 月 15 日才提起书面的索赔，显然已经超过了《华沙公约》规定的异议期，也就丧失了其对行李延误、损坏的索赔权，故浦东新区法院据此驳回了曹某要求 A 航赔偿其损失的诉讼，仅支持了 A 航自愿承担的部分。

关于曹某要求 A 航向其书面道歉，以赔偿其精神损失的问题，由于本案属于合同纠纷，根据法律规定没有赔礼道歉的违约救济方式，而且曹某也没有证据证明其因此次旅行遭受的精神损害，故浦东新区法院驳回了曹某的此项诉讼请求。

【相关法条】

《中华人民共和国民法通则》

第一百四十五条 涉外合同的当事人可以选择处理合同争议所适用的法律，法律另有规定的除外。

《华沙公约》

第一条 （3）几个连续的航空承运人所办理的运输，如果被合同各方认为是一个单一的业务活动，则无论是以一个合同或一系列的合同的形式订立的，就本公约的适用来说，应作为一个单一的运输，并不因其中一个合同或一系列的合同完全在同一缔约国的主权、宗教权、委任统治权或权力管辖下的领土内履行而丧失其国际性质。

第二十六条 除非有相反的证据，如果收件人在收受行李或货物时没有异议，就被认为行李或货物已经完好地交付，并和运输凭证相符。

如果有损坏情况，收件人应该在发现损坏后，立即向承运人提出异议，如果是行李，最迟应该在行李收到后三天内提出，如果是货物，最迟应该在货物收到后七天提出。如果有延误，最迟应该在行李或货物交由收件人支配之日起十四天内提出异议。

任何异议应该在规定期限内写在运输凭证上或另以书面提出。

除非承运人方面有欺诈行为，如果在规定期限内没有提出异议，就不能向承运人起诉。

第三十条　符合第一条（3）款所规定的由几个连续承运人办理的运输，接受旅客、行李或货物的每一个承运人应该受本公约规定的约束，并在合同中由其办理的一段运输的范围内，作为运输合同的订约一方。

如果是这种性质的运输，旅客或他的代表只能对发生事故或延误的一段运输的承运人提出诉讼，除非有明文约定第一承运人应该负全程的责任。

至于行李或货物，托运人有向第一承运人提出诉讼的权利，有权提取行李或货物的收货人也有向最后承运人提出诉讼的权利。此外，托运人和收货人都可以对发生毁灭、遗失、损坏或延误的一段运输的承运人提出诉讼。这些承运人应该对托运人和收货人负连带责任。

《海牙议定书》

第十五条　在公约第二十六条内删去（2）款，改用下文：

"（2）关于损坏事件，收件人应于发现损坏后，立即向承运人提出异议，如系行李，最迟应在收到行李后七天内提出，如系货物，最迟应在收到货物后十四天内提出。关于延误事件，最迟应在行李或货物交付收件人自由处置之日起二十一天内提出异议。"

（三十一）行　李

76. 陈某诉航空公司行李遗失赔偿纠纷

原告：陈某
被告：A 航空公司
　　　B 航空公司
案由：国际航空旅客运输合同纠纷

【案情概述】

2007 年 11 月 20 日，陈某乘坐 A 航空公司（以下简称 A 航）553 航班从上海飞往巴黎再转乘 B 航空公司（以下简称 B 航）1024 航班赴葡萄牙里斯本，在到达目的地机场后发现从上海托运的行李遗失。陈某在与 A 航、B 航交涉时从机场方面得知，虽然与其具有航空旅客运输合同关系的当事人为 A 航，但在实际履行中，行李遗失发生在 B 航承运环节。陈某向 B 航提出投诉要求赔偿其损失，并列出了一张价值人民币 7 万余元的行李遗失清单。B 航认为：陈某在托运贵重物品（如手机、数码相机、摄像机、笔记本电脑、商务文件、样品等）时并未进行特别申明及支付附加费，因此该等物品不属于其应当承担赔偿责任的范围。同时，B 航依据《华沙公约》同意赔偿陈某人民币 3000 元。陈某不能接受 B 航的赔偿方案，遂向上海市浦东新区人民法院（以下简称浦东新区法院）起诉，要求 B 航和 A 航共同赔偿其损失共计人民币 88 817 元。

【争议焦点】

1. 陈某与 A 航、B 航之间是否分别具有航空运输合同关系？
2. 本案应当适用《华沙公约》还是 1999 年《蒙特利尔公约》？
3. 本案中陈某因行李丢失而受到的损失如何确定？

【处理结果】

本案在第一次审理时由简易程序改为普通程序。经两次开庭审理后，浦东新区法院认为：陈某分别与 A 航、B 航之间形成了航空旅客运输合同关系。本案适用 1999 年《蒙特利尔公约》，并根据陈某提供的证明其损失的证据，判决 A 航和 B 航共同赔偿陈某遗失行李损失人民币 5100 元，各方均没有上诉。

【法律评析】

本案的事实相对简单，但在法律关系、法律适用及损失确定等方面却存在一定的争议，这也是浦东新区法院在受理本案时采用简易程序而在第一开庭审理之后改为普通程序的重要原因。

就本案的法律关系而言，陈某从 A 航购买了由上海经停巴黎至里斯本的往返机票，虽然从表面上看，航空旅客运输合同的双方当事人不包括 B 航，但实际上该旅客运输方式属于连续运输，由第一承运人即 A 航承担上海至巴黎的运输义务，由第二承运人 B 航承担巴黎至里斯本的运输义务。浦东新区法院认为：A 航填开 B 航客票的做法，仅能视为 B 航的代理人。因而陈某分别与 A 航、B 航之间形成了航空旅客运输合同关系。

根据《民法通则》第 145 条的规定，涉外合同的当事人可以选择处理合同争议所适用的法律。本案中机票为纸质机票，陈某在审理中并未提供机票的原件，只提供了机票旅客联的复印件，所以无法直接以机票本身来确定相关条款中是否约定了应当适用的国际公约。庭审中，B 航提供了其机票背面的标准条款，该背面条款明确约定适用《华沙公约》。但是，鉴于陈某所购买的机票系由 A 航出具，因此浦东新区法院并没有据此采纳。浦东新区法院认为：本案的航空运输出发地（中国）、经停地（法国）、目的地（葡萄牙）所在国均为 1999 年《蒙特利尔公约》的缔约国，且 1999 年《蒙特利尔公约》对三个国家都已经生效。根据该公约第 55 条的规定，1999 年《蒙特利尔公约》应当优先于国际航空运输所适用的任何规则，也就是说即使在机票背面约定了适用《华沙公约》，在本案中 1999 年《蒙特利尔公约》也将得到优先适用。

确定适用 1999 年《蒙特利尔公约》的情况下，本案中，A 航应为缔约承运人，B 航为第二航段的实际承运人。根据公约的规定，缔约承运人对合同涉及的全部运输负责，实际承运人只对其履行的运输负责，旅客可以要求缔约承运人或是该航段的实际承运人承担责任。同时也就明确了本案中 A 航和 B 航可以援引的责任限额为 1000 特别提款权。但是，A 航和 B 航最终赔偿额的确认还应当根据相关证据进行证明，而陈某对其损失负有举证义务。本案中，陈某的诉求为人民币 8 万多元，不仅大大超出了责任限额，而且其仅能提供行李遗失清单中摄像机的发票（人民币 5100 元）。同时提供的索尼笔记本的购买发票（人民币 26 748 元），由于在时间上和发票内容上存在瑕疵，未被浦东新区法院采纳。最终浦东新区法院判令 A 航与 B 航共同赔偿陈某人民币 5100 元。

【相关法条】

《中国民用航空旅客、行李国际运输规则》

第三十七条 旅客不得在托运行李中夹带易碎或者易腐物品、货币、珠宝、贵重金属、金银制品、流通票证、有价证券和其他贵重物品、商业文件、护照和其他证明文件或者样品。对旅客违反上述规定而造成的损失，承运人不承担责任。

《中华人民共和国民法通则》

第一百四十五条第一款 涉外合同的当事人可以选择处理合同争议所适用的法律，法律另有规定的除外。

1999 年《蒙特利尔公约》

第一条第一、二款 一、本公约适用于所有以航空器运送人员、行李或者货物而收取报酬的国际运输。本公约同样适用于航空运输企业以航空器履行的免费运输。

二、就本公约而言,"国际运输"系指根据当事人的约定,不论在运输中有无间断或者转运,其出发地点和目的地点是在两个当事国的领土内,或者在一个当事国的领土内,而在另一国的领土内有一个约定的经停地点的任何运输,即使该国为非当事国。就本公约而言,在一个当事国的领土内两个地点之间的运输,而在另一国的领土内没有约定的经停地点的,不是国际运输。

......

第二十二条第二款 二、在行李运输中造成毁灭、遗失、损坏或者延误的,承运人的责任以每名旅客 1000 特别提款权为限,除非旅客在向承运人交运托运行李时,特别声明在目的地点交付时的利益,并在必要时支付附加费。在此种情况下,除承运人证明旅客声明的金额高于在目的地点交付时旅客的实际利益外,承运人在声明金额范围内承担责任。

第五十五条 在下列情况下,本公约应当优先于国际航空运输所适用的任何规则:

一、该项国际航空运输在本公约当事国之间履行,而这些当事国同为下列条约的当事国:

(一)一九二九年十月十二日在华沙签订的《统一国际航空运输某些规则的公约》(以下简称华沙公约);

(二)一九五五年九月二十八日订于海牙的《修订一九二九年十月十二日在华沙签订的统一国际航空运输某些规则的公约的议定书》(以下简称海牙议定书);

(三)一九六一年九月十八日在瓜达拉哈拉签订的《统一非缔约承运人所办国际航空运输某些规则以补充华沙公约的公约》(以下简称瓜达拉哈拉公约);

（四）一九七一年三月八日在危地马拉城签订的《修订经一九五五年九月二十八日订于海牙的议定书修正的一九二九年十月十二日在华沙签订的统一国际航空运输某些规则的公约的议定书》（以下简称危地马拉城议定书）；

（五）一九七五年九月二十五日在蒙特利尔签订的修订经海牙议定书或者经海牙议定书和危地马拉城议定书修正的华沙公约的第一号至第三号附加议定书以及蒙特利尔第四号议定书（以下简称各个蒙特利尔议定书）；或者

……

二、国际航空货物运输合同纠纷

（三十二）货　损

77. 货运代理公司诉货运公司货损赔偿纠纷

原告：广州远洲国际货运代理有限公司

被告：江苏苏迈尔斯国际货运有限公司

第三人：A航空公司

　　　　上海金泰国际货物运输代理有限公司

案由：国际航空运输合同纠纷

【案情概述】

2011年2月15日，爱索尔公司委托广州远洲国际货运代理有限公司（以下简称远洲公司）处理其货物运输至印度尼西亚泗水事宜，远洲公司遂向江苏苏迈尔斯国际货运有限公司（以下简称迈尔斯公司）发送《货物委托书》一份，转委托迈尔斯公司代为办理自上海至印度尼西亚泗水的运输事宜，运费预付。迈尔斯公司接受委托后，又委托上海金泰国际货物运输代理有限公司（以下简称金泰公司）向航空公司订舱。后涉案货物通过A航空公司的841航班出运，对应编号为781-702760××的航空货运单载明运输始发地为浦东，经巴厘岛中转至泗水，货物毛重为1234公斤，计费重量为4117公斤，运费预付。对应海关出口货物报关单载明货物价值为5779.92美元，发货单位及经营单位均为爱索尔公司。同年2月24日货物运抵巴厘岛，所涉货物需在巴厘岛进行中转到泗水，但由于迈尔斯公司委托的印尼货运代理公司方面的原因，货物被滞留在巴厘岛，未送达泗水。

同年5月18日，远洲公司和迈尔斯公司签订协议一份，载明：关于远洲公司委托迈尔斯公司出运至印尼泗水的货物，迈尔斯公司安排从巴厘岛中转，由迈尔斯公司负责在巴厘岛清关送货至泗水。双方就运费、目的港杂费以及各自职责，达成如下协议：（1）远洲公司支付确认运费30 260元、仓储费5 200元，应在收货人收货之日起10个工作日内付款；迈尔斯公司承担国外清关产生的仓储费、协调费、从巴厘岛到泗水的送货费，其他费用2 516.71美元由收货人承担。（2）迈尔斯公司应在协议签订后7个工作日内将货物送到泗水收货人。（3）协议的所有条款有效的前提是，在协议签订后的7个工作日或最晚不得超过10个工作日内，泗水收货人完全、完整收到货物，否则此协议作废。

同年8月22日，远洲公司与爱索尔公司达成和解协议，约定远洲公司将原收取爱索尔公司的全额运费全部退还，并不再就本次运输向爱索尔公司收取任何费用；远洲公司同意于本协议生效之日起3个工作日内向爱索尔公司支付所运输的货物价值5779.92美元（折算为人民币38 090元）。同年10月13日，爱索尔公司向远洲公司出具收款收据，证实收到远洲公司赔偿货款人民币38 090元。

后远洲公司向法院提起诉讼，要求迈尔斯公司承担货物损失的责任。

【争议焦点】

1. 远洲公司和迈尔斯公司货运代理合同关系是否成立？
2. 迈尔斯公司是否履行其安排全程运输的义务？

【处理结果】

2012年5月16日，浦东新区人民法院受理该案后进行公开开庭审理。浦东新区人民法院判决迈尔斯公司应当承担货物损失的责任，赔偿远洲公司损失38 090元。

【法律评析】

1. 远洲公司和迈尔斯公司货运代理合同关系是否成立？

远洲公司接受货主爱索尔公司委托后，委托迈尔斯公司代为办理至印度尼西亚泗水的运输事宜。迈尔斯公司接受委托后，又通过其他货运代理公司向 A 航空公司订舱，远洲公司和迈尔斯公司之间依法成立货运代理合同关系。

2. 迈尔斯公司是否履行其安排全程运输的义务？

货运代理合同成立后，当事人应当依照合同约定履行自己的义务。迈尔斯公司作为货运代理人，应当合理安排自出发地至目的地的整程运输事宜。现迈尔斯公司另行委托的金泰公司及 A 航空公司均确认 A 航空公司没有从上海至目的地泗水的直达航班，所涉运输需在巴厘岛进行中转，而货物运抵巴厘岛后发生滞留，未能实际运输至目的地泗水，故迈尔斯公司未能完成其安排整程运输的义务。而且，货物在巴厘岛滞留后，迈尔斯公司在双方签署的协议中明确其安排从 DPS 中转，由其负责在目的地港清关送货至泗水。虽然协议中约定如收货人未能在约定期限内收到货物，则协议作废，但上述内容系双方关于其基本权利义务的确认，应具有约束力。迈尔斯公司表示其无法明确货物去向，应视为货物已经发生全损，应当对远洲公司承担赔偿责任。

【相关法条】

《中华人民共和国民用航空法》

第一百一十五条 航空货运单应当包括的内容由国务院民用航空主管部门规定，至少应当包括以下内容：

（一）出发地点和目的地点；

（二）出发地点和目的地点均在中华人民共和国境内，而在境外有一个或者数个约定的经停地点的，至少注明一个经停地点；

（三）货物运输的最终目的地点、出发地点或者约定的经停地点之一不在中华人民共和国境内，依照所适用的国际航空运输公约的规定，应当在货运单上声明此项运输适用该公约的，货运单上应当载有该项声明。

第一百一十九条 托运人在履行航空货物运输合同规定的义务的条件

下，有权在出发地机场或者目的地机场将货物提回，或者在途中经停时中止运输，或者在目的地点或者途中要求将货物交给非航空货运单上指定的收货人，或者要求将货物运回出发地机场；但是，托运人不得因行使此种权利而使承运人或者其他托运人遭受损失，并应当偿付由此产生的费用。

托运人的指示不能执行的，承运人应当立即通知托运人。

承运人按照托运人的指示处理货物，没有要求托运人出示其所收执的航空货运单，给该航空货运单的合法持有人造成损失的，承运人应当承担责任，但是不妨碍承运人向托运人追偿。

收货人的权利依照本法第一百二十条规定开始时，托运人的权利即告终止；但是，收货人拒绝接受航空货运单或者货物，或者承运人无法同收货人联系的，托运人恢复其对货物的处置权。

78. 托运人诉航空公司、货运公司 货物丢失赔偿纠纷

原告： 丘佩尔责任有限公司

被告： 上海飞达国际货运有限公司

　　　　A 航空公司

　　　　上海晟隆国际货运代理有限公司

案由： 国际航空运输合同纠纷

【案情概述】

2001 年 11 月，案外人上海上实国际贸易集团有限公司（以下简称上实公司）委托上海晟隆国际货运代理有限公司（以下简称晟隆公司）从上海空运货物（货物品名皮衣、货物件数 192 包、毛重 6900 公斤）至罗马，收货人为丘佩尔责任有限公司（以下简称丘佩尔公司）。晟隆公司转委托上海飞达国际货运有限公司（以下简称飞达公司）运输。飞达公司向 A 航空公司（以下简称 A 航）订舱成功后，于 2001 年 11 月 23 日代理 A 航签发的一份 A 航的主运单：托运人为飞达公司，收货人为某飞达公司在意大利的货运代理人捷航货运有限公司，第一承运人为 A 航，承运人的代理人为飞达公司，起飞港为上海，中转站为巴黎，目的港为罗马，日期为 2001 年 11 月 24 日，运费预付，预付费用总和 245 966 元。飞达公司随后又签发飞达公司的分运单一份：托运人为上实公司，收货人为丘佩尔公司，起飞港为上海，目的港为罗马，第一承运人为 A 航。系争货物在意大利由卡车向罗马运输时，其中有 48 件失窃。丘佩尔公司向罗马海关申报系争货物的时间为 2001 年 12 月 3 日。晟隆公司于 12 月 10 日以货物空运发生遗失为由发函向飞达

公司提出索赔。12 月 12 日，丘佩尔公司发函授权晟隆公司向飞达公司和 A 航交涉索赔。

2002 年 8 月，飞达公司向上海市长宁区人民法院（以下简称长宁区法院）起诉晟隆公司，要求晟隆公司支付运费 196 000 元，该诉求得到长宁法院的支持。晟隆公司提出上诉，上海市第一中级人民法院（以下简称上海市一中院）维持原判。晟隆公司随即向长宁区法院起诉飞达公司和 A 航，要求二公司共同赔偿货物损失 285 315 元和运输费损失 49 000 元。长宁区法院认为晟隆公司提供的委托书（丘佩尔公司委托其主张索赔的传真件）形式上只有领事馆的认证，没有当地机关公证，故不能作为确认收货人委托晟隆公司进行索赔的证据。因此，长宁法院对晟隆公司的货损赔偿请求不予支持。另外，由于收货人收到的货物短少应该相应减少运费。鉴于飞达公司系为晟隆公司垫付 A 航运费，实际承运人亦为 A 航，该运费损失应由 A 航承担。A 航提起上诉，上海市一中院法院维持原判。

2003 年 10 月，丘佩尔公司在弗洛伦萨皮斯托亚和帕拉都市公证员处公证了一份证明文件和一份委托书，证明：徐某为丘佩尔公司唯一管理人和法人代表；丘佩尔公司因系争货物的货损委托晟隆公司向有关责任方索赔；晟隆公司于 2001 年 12 月 10 日向飞达公司发出的要求索赔函件系丘佩尔公司的真实意思，予以确认；自货损发生后，晟隆公司的相关索赔行为，丘佩尔公司全部予以追认。公证书经意大利共和国帕拉都检察院和中国驻佛罗伦萨总领馆认证。

丘佩尔公司向上海市浦东新区人民法院（以下简称浦东新区法院）起诉，请求浦东新区法院判令飞达公司、A 航、晟隆公司赔偿货物各项损失费 350 755 元。浦东新区法院于 2004 年 3 月 16 日正式受理，组成合议庭，于 2004 年 4 月 22 日、6 月 30 日、8 月 23 日公开开庭进行审理。诉讼中，丘佩尔公司对晟隆公司提出诉讼保全。

【争议焦点】

1. 本案在实体及程序方面应如何适用法律？

2. 丘佩尔公司是否具备航空法起诉的主体资格？

3. 本案是否已过诉讼时效？

4. 本案货损异议是否超过期限？

【处理结果】

浦东新区法院经审理认为，飞达公司以自己名义向晟隆公司出具了分运单，表明飞达公司是该运输合同的缔约承运人。而飞达公司以自己为托运人、以自己在意大利的业务代理人为收货人并代理 A 航签发的总运单表明 A 航是该运输合同的实际承运人。缔约承运人应当对合同约定的全部运输负责。实际承运人应当对其履行的运输负责。

浦东新区法院于 2004 年 10 月 20 日作出一审判决，判令飞达公司和 A 航股份连带赔偿丘佩尔公司货物损失 144 203.74 元。

浦东新区法院判决后，A 航不服，向上海市一中院提起上诉，要求撤销原判，驳回丘佩尔公司一审诉讼请求。上海市一中院驳回上诉，维持原判。

【法律评析】

1. 关于国际航空运输纠纷案件的法律适用问题。

目前，在世界范围内调整国际航空运输关系的公约主要有：《华沙公约》《海牙议定书》《瓜达拉哈拉公约》《修订经一九五五年九月二十八日签订于海牙的议定书修正的一九二九年十月十二日在华沙签订的统一国际航空运输某些规则的公约的议定书》（以下简称《危地马拉城议定书》），以及第 1、2、3、4 号《关于修改〈统一国际航空运输某些规则的公约〉的附加议定书》（以下简称蒙特利尔第几号议定书）。后四个协议都是对《华沙公约》的修订，因此上述五项文件被统称为华沙公约文件。其中，我国法律中有优先适用国际条约的规定，因此，在满足国际条约适用条件时，《华沙公约》和《海牙议定书》应当是调整当事人权利、义务法律关系的法律依据，是我国法院审理本案纠纷的实体法。

但是要注意，《华沙公约》第 28 条第 2 项规定："诉讼程序应根据受理法院的法律规定办理"，第 29 条第 2 项规定："诉讼期限的计算办法根据受理法院的法律规定。"因此，对此类案件的诉讼程序性事项，包括各类诉讼期限的计算，应当适用受理法院所在国家的法律规定。

另外，对于公约中没有涉及的问题，当事人又未选择适用法律的，应按最密切联系原则确定适用法律。

2. 关于丘佩尔公司起诉主体资格问题的法律评析。

根据《民用航空法》第 137 条和第 138 条的规定，本案中，飞达公司接受上实公司代理人晟隆公司的委托，向晟隆公司签发了以上实公司为托运人，收货人为丘佩尔公司的分运单，该行为表明飞达公司在该运输过程中的身份为缔约承运人；而飞达公司实际向 A 航订舱，并代理 A 航签发了 A 航的空运单。因此，A 航在该运输过程中的身份为实际承运人。由于上实公司作为托运人，其通过航空运输方式，意将货物托运给丘佩尔公司，丘佩尔公司在国际货物运输过程中应作为收货人，其身份已为缔约承运人飞达公司向托运人的代理人晟隆公司签发的分运单所印证。收货人丘佩尔公司作为货物的权利人，在托运的货物发生缺损时，有权利向缔约承运人及实际承运人主张权利。

3. 关于本案诉讼时效问题的法律评析。

按照上面所述法律适用规则，判断本案是否已过诉讼时效，还应该考虑我国的诉讼时效中断、中止制度。《民法通则》第 140 条规定："诉讼时效因提起诉讼，当事人一方提出要求或者同意履行义务而中断，从中断时起，诉讼时效期间重新计算"，本案晟隆公司自货损发生后的相关索赔行为，在得到丘佩尔公司追认后，将能够产生使《华沙条约》第 29 条规定的 2 年诉讼时效多次中断的法律效果。

4. 关于本案货损异议期限问题的法律评析。

依据《民用航空法》第 134 条以及《海牙议定书》第 15 条，如果有货损，丘佩尔公司应在货到 14 天内向承运人提出书面异议。关于本案中运输到达时间，A 航 553 是上海飞往巴黎的航班，巴黎到达罗马的路程在两张空运单上都没有加以注明是以什么方式、什么时间运输。浦东新区法院认为，到货时间不能以 553 航班到达巴黎的时间作为本案运输到达时间。如果 A 航认为丘佩尔公司索赔超过收货后 14 天的异议期限和诉讼时效，则有义务提交收货人签收的证据，但是 A 航没有提供，由此 A 航认为丘佩尔公司超过货损异议期限的辩解不予采纳。

　　浦东新区法院的观点是建立在由 A 航承担举证责任的基础上的，在 A 航已经提交了初步证据的情况下，由丘佩尔公司证明收货日期更为合理。

【相关法条】

《华沙公约》

　　第十三条　除上条所列情况外，收货人于货物到达目的地，并在缴付应付款项和履行航空货运单上所列的运输条件后，有权要求承运人移交航空货运单并发给货物。

　　除另有约定外，承运人应该在货物到达后立即通知收货人。

　　如果承运人承认货物已经遗失或货物在应该到达的日期七天后尚未到达，收货人有权向承运人行使运输合同所赋予的权利。

　　第十八条第一款　对于任何已登记的行李或货物因毁灭、遗失或损坏而产生的损失，如果造成这种损失的事故是发生在航空运输期间，承运人应负责任。

　　第二十二条　……在运输已登记的行李和货物时，承运人对行李或货物的责任以每公斤二百五十法郎为限，除非托运人在交运时，曾特别声明行李或货物运到后的价值，并缴付必要的附加费。在这种情况下，承运人所负责任不超过声明的金额，除非承运人证明托运人声明的金额高于行李或货物运到后的实际价值……上述法郎是指含有千分之九百成色的 65.5 毫克黄金的法国法郎。这项金额可以折合成任何国家的货币取其整数。

　　第二十六条第二款　如果有损坏情况，收件人应该在发现损坏后，立即向承运人提出异议，如果是行李，最迟应该在行李收到后三天内提出，如果是货物，最迟应该在货物收到后七天提出。如果有延误，最迟应该在行李或货物交由收件人支配之日起十四天内提出异议。

第二十八条 有关赔偿的诉讼，应该按原告的意愿，在一个缔约国的领土内，向承运人住所地或其总管理处所在地或签订契约的机构所在地法院提出，或向目的地法院提出。

诉讼程序应根据受理法院的法律规定办理。

第二十九条 诉讼应该在航空器到达目的地之日起，或应该到达之日起，或从运输停止之日起两年内提出，否则就丧失追诉权。

诉讼期限的计算方法根据受理法院的法律决定。

《中华人民共和国民用航空法》

第一百三十四条 旅客或者收货人收受托运行李或者货物而未提出异议，为托运行李或者货物已经完好交付并与运输凭证相符的初步证据。

托运行李或者货物发生损失的，旅客或者收货人应当在发现损失后向承运人提出异议。托运行李发生损失的，至迟应当自收到托运行李之日起七日内提出；货物发生损失的，至迟应当自收到货物之日起十四日内提出。托运行李或者货物发生延误的，至迟应当自托运行李或者货物交付旅客或者收货人处置之日起二十一日内提出。

任何异议均应当在前款规定的期间内写在运输凭证上或者另以书面提出。

第一百三十五条 航空运输的诉讼时效期间为二年，自民用航空器到达目的地点、应当到达目的地点或者运输终止之日起计算。

第一百三十七条 本节所称缔约承运人，是指以本人名义与旅客或者托运人，或者与旅客或者托运人的代理人，订立本章调整的航空运输合同的人。

本节所称实际承运人，是指根据缔约承运人的授权，履行前款全部或者部分运输的人，不是指本章规定的连续承运人；在没有相反证明时，此种授权被认为是存在的。

第一百三十八条 除本节另有规定外，缔约承运人和实际承运人都应当受本章规定的约束。缔约承运人应当对合同约定的全部运输负责。实际承运人应当对其履行的运输负责。

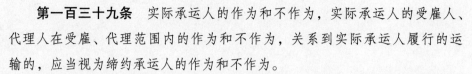

第一百三十九条　实际承运人的作为和不作为，实际承运人的受雇人、代理人在受雇、代理范围内的作为和不作为，关系到实际承运人履行的运输的，应当视为缔约承运人的作为和不作为。

缔约承运人的作为和不作为，缔约承运人的受雇人、代理人在受雇、代理范围内的作为和不作为，关系到实际承运人履行的运输的，应当视为实际承运人的作为和不作为；但是，实际承运人承担的责任不因此种作为或者不作为而超过法定的赔偿责任限额。

任何有关缔约承运人承担本章未规定的义务或者放弃本章赋予的权利的特别协议，或者任何有关依照本法第一百二十八条、第一百二十九条规定所作的在目的地点交付时利益的特别声明，除经实际承运人同意外，均不得影响实际承运人。

第一百四十条　依照本章规定提出的索赔或者发出的指示，无论是向缔约承运人还是向实际承运人提出或者发出的，具有同等效力；但是，本法第一百一十九条规定的指示，只在向缔约承运人发出时，方有效。

《中华人民共和国民法通则》

第一百四十条　诉讼时效因提起诉讼、当事人一方提出要求或者同意履行义务而中断。从中断时起，诉讼时效期间重新计算。

第一百四十二条　涉外民事关系的法律适用，依照本章的规定确定。

中华人民共和国缔结或者参加的国际条约同中华人民共和国的民事法律有不同规定的，适用国际条约的规定，但中华人民共和国声明保留的条款除外。

中华人民共和国法律和中华人民共和国缔结或者参加的国际条约没有规定的，可以适用国际惯例。

第一百四十五条　涉外合同的当事人可以选择处理合同争议所适用的法律，法律另有规定的除外。

涉外合同的当事人没有选择的，适用与合同有最密切联系的国家的法律。

79. 物流公司诉航空公司、运输公司等
特殊设备运输损害赔偿纠纷

原告（被上诉人）：B 物流有限公司

被告（上诉人）：法国 F 航空公司

被告：上海市 D 货运站有限公司

上海市 H 汽车运输总公司

案由：国际航空货物运输合同纠纷

【案情概述】

2005 年 9 月，G 公司委托原告 B 物流有限公司（以下简称 B 公司）运输一台飞机引擎，原告定妥被告法国 F 航空公司（以下简称 F 航）的航班，于 2005 年 9 月 7 日签发的空运单（即分运单，号码 CDF0049358），载明如下事项：托运人 G 公司，收货人 A 航空公司西北分公司（以下简称 A 航西北分公司），始发港伦敦、目的港上海，航班分别为 F 公司 761D/07、6740/08，货物名称 CMF56－5B 飞机引擎（序列号 779385），收费重量 4500 公斤。F 航的空运单（即主运单，号码 0576464062143）载明如下事项：托运人原告 B 公司，收货人 C 公司，始发港伦敦、目的港上海，航班 F 航 761D/07、6740/08，货物内容按照附随的载货清单（清单注明了分运单上托运人、收货人及货物名称等信息），收费重量 4500 公斤。两份空运单上均特别批注："给承运人预警提示：请注意所有陆路运输必须总是使用气垫悬挂车。"两份空运单均印制有以下条款：双方同意下列货物表面状况良好交由承运人运输（除另有批注），运输条件按背面条款。除托运人有相反指示，所有货物可由其他运输方式运输，包括公路或其他方式运输。托运人

已经注意到承运人的责任限制。如果运输涉及目的地或经停地与出发地不同，《华沙公约》将被适用，在大多数情况下承运人就货物损失、遗失和延迟的责任限制为每公斤 250 金法郎。托运人若声明更高的货价并加付有关费用，该责任限制可相应提高。每公斤 250 金法郎的责任限制大约为每公斤美金 20 元，以每盎司黄金为美金 42.22 元的基础。

该票货物于 2005 年 9 月 10 日随被告 F 航 6740 航班到达上海浦东机场，进入被告上海 D 货运站有限公司（以下简称 D 货运站）的仓库。被告 F 航与被告 D 货运站于 2003 年签署《国际航空运输协会标准地面服务协议》，由 D 货运站为 F 航在上海浦东国际机场提供地面服务。2005 年 9 月 11 日，被告 D 货运站、被告上海市 H 汽车运输总公司（以下简称 H 公司）和主运单的收货人 C 公司的工作人员在放货通知上签字。在该放货通知上注明"交货时货物完好"，没有特别批注。从 D 货运站的仓库到 C 公司的海关监管仓库，由被告 D 货运站指定的 H 公司用普通卡车运输。C 公司的工作人员在 H 公司的当班普货驳运交接表上签字。

分运单的收货人 A 航西北分公司发现该票货物使用普通卡车运至 C 公司仓库，认为飞机引擎为精密设备，极有可能造成货损，因此拒绝收货。

2005 年 9 月 22 日，原告 B 公司委托律师分别向被告 F 航和被告 D 货运站发出索赔函，认为后两者违反空运单上对货物地面运输的特殊要求，对如果将来由此引起最终客户的索赔或者遭受的任何损失保留追索的权利。同日，天津 Z 保险公估有限公司接受 B 公司委托，对该货物进行检验。检验结论为：飞机引擎包装及表面良好，但是该飞机引擎为极其精密的设备，地面运输有特殊要求，而实际从 D 货运站到 C 公司仓库地面运输未按照空运单上注明的"所有陆路运输必须总是使用气垫悬挂车"进行，可能导致该飞机引擎发生货损。因此，飞机引擎是否完好，需要作进一步的功能测试。

2005 年 9 月 29 日，B 公司委托律师向 F 航发函。内容为 B 公司收到 G 公司的指示，要求原告返运该飞机引擎到英国进行修理和检查，如果 F 航在收到律师函后 24 小时内没有任何回复，B 公司将认为 F 航同意上述方案。

当日，F 航上海办事处回复：本案件已移交总部理赔部门审查，但是从来没有同意就本案货物进行返运的计划。

2005 年 10 月 16 日，B 将该票货物从上海运回伦敦。2006 年 1 月 6 日，G 公司对该飞机引擎因不适当运输作出最后工厂检查报告。结论为该引擎状态正常。

2006 年 5 月 16 日，G 公司就该飞机引擎的错误运输向 B 公司提出索赔，具体费用如下：从威尔士到上海及从上海返运威尔士费用（包括在上海的仓储费）美金 56 773 元、彻底检修费用美金 11 0481.72 元，合计美金 167 254.72 元。

2007 年 2 月 14 日，G 公司就有关运往 A 航西北分公司序列号为 779385 飞机引擎的索赔出具一份声明：按照收货人 A 航西北分公司的要求，由于使用了非气垫悬挂车的错误运输方式，G 公司不得不对飞机引擎进行了进一步的检测。G 公司在此确认就关于该飞机引擎和 F 航出具的编号为 05764062143 的主空运单以及由 B 公司出具的编号为 CDF0049358 的分运单的索赔，G 公司已经分别从 B 公司（其支付美金 25 000 元）及其代 H 公司（其支付了美金 65 000 元）收到了总计美金 9 万元的和解款项。原告 B 公司认为该笔费用及相应利息损失应由未按空运单要求适当运输货物的三被告承担。

被告 F 航辩称，其已履行了自己的义务，不应承担责任。原告没有证据表明货损与使用运输工具不当有因果关系。在货损发生后，原告没有按正常索赔流程向三被告提出，自行将货物运回英国检验。原告提供的英国货主 G 公司的检测报告表明飞机引擎没有损坏。依据空运单上约定适用的《华沙公约》，承运人承担责任的前提是货物损坏、遗失和迟延。原告要求赔偿的损失是货物的运费和检测费，而不是货物本身的损坏。

被告 D 货运站辩称，原告主体不适格。原告是货运代理人，没有证据表明其已经对货主进行了赔付。从原告证据中看其向 G 公司赔偿的美金 9 万元中的 65 000 元是保险公司对货主 G 公司的赔款，而非原告对货主进行的赔款。D 货运站不是运输合同的一方，只是 F 航的地面操作代理，不应成

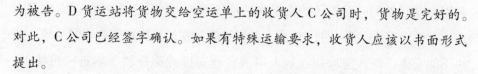

为被告。D 货运站将货物交给空运单上的收货人 C 公司时，货物是完好的。对此，C 公司已经签字确认。如果有特殊运输要求，收货人应该以书面形式提出。

被告 H 公司辩称，原告没有证据表明货损与未安排气垫运输车有直接关系，且 H 公司没有收到过原告要求特殊运输的警示，在操作时完全是按照 D 货运站的指令运输货物。D 货运站没有要求气垫车运输。H 公司负责将货物从 D 货运站的仓库运输到 C 公司的仓库，路程大约三四公里。当时货物是完好的，C 公司收货签字时并没有提出异议。

【争议焦点】

1. H 公司承运的这段陆路短驳运输是否属于承运人 F 航的运输期间？

根据 1999 年《蒙特利尔公约》第 18 条第 3 款规定，航空运输期间是指货物处于承运人掌管期间。本案 H 公司承运的这一段短驳路程是由 D 货运站的仓库到收货人 C 公司的海关监管仓库。货物并没有出关，整个路程属于机场的海关监管范围内。由于 D 货运站是 F 航在浦东机场的地面代理，从法律上讲，货物仍处于 F 航掌管期间。

由 D 货运站、C 公司、H 公司三方签字的放货通知并不能理解为 D 货运站将货物与 C 公司直接进行了交接。D 货运站将货物直接交给了由其指定的 H 公司进行短驳运输，到 C 公司保税仓库后，C 公司又在 H 公司普货驳运交接表上签字。在此运输期间，F 航的地面代理人 D 货运站应该严格遵循空运单上的特别指示"请注意所有陆路运输必须总是使用气垫悬挂车"。一般而言，在一张空运单上特别提示陆路运输要求，主要针对的是在机场内的短驳运输。而 D 货运站没有遵守特别指示，没有指示 H 公司用气垫悬挂车进行陆路短驳运输，应属于违约行为。

D 货运站提出，如有特殊运输要求，收货人应该书面形式提出。空运单是为收货人利益而在托运人和承运人之间达成的运输合同。除运费到付外，收货人不应承担运输合同的义务。所以，空运单上的特别指示当然是针对承运人，而不是收货人的义务。被告提供有关货代公司书面申请的证据，系因 D 货运站同时有机场的安保和管理的职能。但作为航空公司的代理人而言，D 货运站应该按照空运单上的指示安排在机场内的特殊短驳运输，如果不能安排，则其应通知收货人申请自行安排特殊短驳车辆进入机场内。在本案中，如果 D 货运站不能安排气垫悬挂车进行短驳运输，则其应该通知 C 公司，由其申请自行安排气垫悬挂车进入机场。然而，F 航或其代理人 D 货运站忽视了这一点。

2. 本案是否发生了货损？

货物的损坏，在公约中没有明确的定义。空运货物的损坏和损坏的价值一般通过商检机构和保险公估公司来评定。然而，由于本案运输的货物是一个飞机引擎，保险公估公司仅对飞机的引擎包装和外表进行查看，对于引擎的机械性能是否损坏无法判断。鉴于飞机引擎属于精密设备，承运人没有按照特殊要求运输，可能发生货损，保险公估公司认为需要进行进一步的功能测试。法院认为，保险公估公司的这一结论是一个中介机构的客观结论。飞机引擎功能上的任何一个小瑕疵都有可能导致空难。实际收货人 A 航西北分公司在明知存在这样一个错误运输的情况下，不可能接收货物。B 公司作出返运英国进行工厂检查的决定是一个正确的决定。F 航不同意返运英国，又没有给出一个明确妥善的解决方案，并不可取。

尽管返运后 G 公司的检测结论为飞机引擎没有因错误运输造成损坏，但是 G 公司已为此产生往返费用和彻底检修的费用。这两笔费用可以认为是承运人和其代理人违反运输合同特别约定而产生的损失。F 航认为，《华沙公约》仅对货物损坏的损失要求承运人进行赔偿，如果货物实际没有损坏不应赔偿。法院认为，《华沙公约》实行推定过失原则，此种归责原则要求收货人有义务证明货物本身遭受损坏的事实，这是收货人要求赔偿的前提。在本案中，承运人或其代理人有明显的过失，极有可能对货物造成损失，飞机引擎的返运和检修是为了明确是否存在货损而发生的费用，因果关系十分明确。如果这笔费用由收货人（托运人）来承担则显然不合理。因此，在承运人或其代理人运输期间有明显过失的情况下，货损的概念应该适当扩大，即货损应包括检测货物是否受损而发生的费用，以保证承运

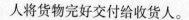

人将货物完好交付给收货人。

3. D 货运站和 H 公司是否应当承担民事责任？

D 货运站没有按照提单的指示安排气垫悬挂车进行陆路短驳运输。但是，D 货运站与 B 公司不存在合约关系。D 货运站是 F 航的地面代理。按照一般的代理规则，代理人履行受托事项所产生的法律结果应该由委托人来承担，即由 F 航承担民事责任。F 航如认为是 D 货运站过失造成本案的纠纷，则双方可按照委托代理关系另行解决。

至于 H 公司，其系按照 D 货运站的指示行事，其地位相当于 D 货运站的受雇人或代理人，并无过错可言，不应承担违反空运单特别指示的民事责任。

4. B 公司是否应该得到赔偿？

因为本案的货物进行了返运，所以 B 公司作为分运单的承运人对托运人 G 公司进行赔偿后，其作为主运单的托运人即取得了向主运单的承运人 F 航进行追偿的权利。本案应适用的 1999 年《蒙特利尔公约》规定，承运人的赔偿责任限制（每公斤 17 特别提款权），高于《华沙公约》的责任限制（每公斤 20 美元）。然而，B 公司与 G 公司依照《华沙公约》的责任限制已达成赔付协议，则 B 公司仅得以此作为赔偿的数额。B 公司另要求索赔利息，1999 年《蒙特利尔公约》对货损没有规定可以赔偿损失的利息问题，故法院对此请求不予支持。

D 货运站认为 B 公司的保险人旅行者公司对 G 公司付款65 000 美元，故 B 公司没有追偿的主体资格。这里对于旅行者公司的身份，在两份文件中有不同的说法。在 G 公司的声明中称是 B 公司的代理人旅行者公司支付了65 000美元，而 B 公司的宣誓书称是其保险人旅行者公司支付了 65 000 美元。法院认为，旅行者公司是代 B 公司支付该笔款项。但是，并没有明确证据证明旅行者公司支付这笔款项是针对本案货损的理赔金，旅行者公司据此依照保险合同取得保险代位求偿权，使得 B 公司丧失向承运人求偿的权利。因此，法院对 D 货运站的观点不予采纳。

【处理结果】

一审法院认为，本案系一起涉外的货物运输合同纠纷。关于本案应适用的法律，涉案的 F 航的空运单背面条款列明"如果运输涉及目的地或经停地与出发地不同，《华沙公约》可被适用"，"《华沙公约》指 1929 年 10 月 12 日在华沙签订的《统一国际航空运输某些规则的公约》（以下简称《华沙公约》）或者 1955 年 9 月 28 日订于海牙的《修订 1929 年 10 月 12 日在华沙签订的统一国际航空运输某些规则的公约的议定书》（以下简称《海牙议定书》）"。为使《华沙公约》及其相关文件现代化和一体化，1999 年《蒙特利尔公约》生效，F 航空运单的选择公约条款已显得陈旧。英国、中国均是《华沙公约》《海牙议定书》和 1999 年《蒙特利尔公约》的缔约国，且三公约均已对两国生效。1999 年《蒙特利尔公约》第 55 条明确规定，该公约与其他《华沙公约》关系为：该项国际航空运输在本公约缔约国之间履行，而这些当事国同为《华沙公约》的其他缔约国，本公约应当优先于国际航空运输所适用的任何规则。所以，当一个国际运输不在两个蒙特利尔缔约国之间履行时，可能适用《华沙公约》；而本案的国际运输是在 1999 年《蒙特利尔公约》两个缔约国之间履行，应该优先适用 1999 年《蒙特利尔公约》。1999 年《蒙特利尔公约》未规定的，当事人在庭上一致表示依照最密切联系原则适用中国法。综上，法院依照 1999 年《蒙特利尔公约》第 18 条第 1 款、第 3 款和《民法通则》第 63 条第 2 款之规定，判决：（1）被告 F 航在判决生效后 10 日内给付原告 B 公司美金 9 万元；（2）原告 B 公司的其他诉讼请求不予支持。

二审法院确认一审查明的事实。另经审理查明上诉人 F 航未就主运单签发人是被上诉人 B 公司进行举证，已有证据表明旅行者公司在本案中是 B 公司的代理付款人而非保险人，故上诉人 F 航对一审查明事实提出的异议均无事实依据，二审法院不予采信。二审法院经审理认为，违约运输行为发生在航空运输期间，违约运输行为必然造成的损失亦已实际发生，承运人应对此承担赔偿责任。在现有证据能够证明 B 公司对违约运输行为不承

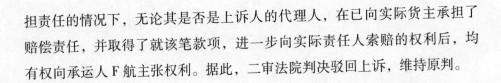

担责任的情况下，无论其是否是上诉人的代理人，在已向实际货主承担了赔偿责任，并取得了就该笔款项，进一步向实际责任人索赔的权利后，均有权向承运人 F 航主张权利。据此，二审法院判决驳回上诉，维持原判。

【法律评析】

本案的关键在于国际航空货物运输合同纠纷中公约的适用、承运人的责任期间及货损的认定问题。

1. 关于国际公约的适用。

在 1999 年《蒙特利尔公约》以前，国际上已经存在若干个关于国际航空运输的规则，具体包括：（1）1929 年在华沙签订的《统一国际航空运输某些规则的公约》，简称《华沙公约》，我国于 1958 年批准该公约；（2）1955 年在海牙签订的《修订 1929 年 10 月 12 日在华沙签订的〈统一国际航空运输某些规则的公约〉的议定书》，简称《海牙议定书》，我国于 1975 年批准该议定书；（3）1961 年在瓜达拉哈拉签订的《统一非立约承运人所作国际航空运输的某些规则以补充华沙公约的公约》，简称《瓜达拉哈拉公约》；（4）1971 年在危地马拉城签订的《修订经海牙议定书修订的〈统一国际航空运输某些规则的公约〉的议定书》，简称《危地马拉城议定书》，该议定书尚未生效；（5）1975 年在蒙特利尔签订的第 1、2、3、4 号《关于修改〈统一国际航空运输某些规则的公约〉的附加议定书》，简称《蒙特利尔议定书》，其中第 3 号议定书尚未生效。上述后四项协议都是对《华沙公约》的修订，因此上述五项文件被统称为《华沙公约》文件。随着历史的发展，《华沙公约》中的某些规定已显陈旧，而且相关修订文件数量较多。为了使《华沙公约》及其相关文件现代化和一体化，国际民航组织（ICAO）起草了《蒙特利尔公约》，并于 1999 年 5 月在蒙特利尔召开的国际航空法大会上由参加国签署。根据该公约第 53 条规定，国际民航组织收到第 30 份批准书后的第 60 天，公约将在递交批准书的国家之间生效。该公约于 2003 年 11 月 4 日生效。我国于 2005 年批准该公约，该公约对我国生效时间为 2005 年 7 月 31 日。

对于 1999 年《蒙特利尔公约》和《华沙公约》文件之间的关系，1999 年《蒙特利尔公约》第 55 条特别规定，当某项国际航空运输在 1999 年《蒙特利尔公约》当事国之间履行，而这些当事国同为《华沙公约》文件的当事国时，1999 年《蒙特利尔公约》在适用效力上应当优先于《华沙公约》文件。有学者认为 1999 年《蒙特利尔公约》取代了已适用了 70 多年的《华沙公约》文件。但从国际法的角度讲，1999 年《蒙特利尔公约》和《华沙公约》文件之间的关系并非替代关系。它们各自具有独立的性质：在形式上，每个公约对自己的缔约国的拘束力都是独立的；每个公约的生效程序和退出程序都是独立的。1999 年《蒙特利尔公约》第 55 条采取的做法是基于《维也纳条约法公约》第 30 条，其并不要求缔约国正式退出先已存在的条约。在一个仅参加了《华沙公约》的缔约国和一个既参加了《华沙公约》又参加了 1999 年《蒙特利尔公约》的缔约国之间发生的国际运输，应适用《华沙公约》。在两个同为《华沙公约》和 1999 年《蒙特利尔公约》缔约国之间发生的国际运输，1999 年《蒙特利尔公约》优先适用。

1999 年《蒙特利尔公约》是一个强制适用的公约。本案的国际运输发生在英国（出发地）、中国（目的地）、法国（经停地）之间，三国均为《华沙公约》、1999 年《蒙特利尔公约》缔约国。在 1999 年《蒙特利尔公约》应优先适用的情况下，当事人能否以书面方式选择适用其他公约或国内法？1999 年《蒙特利尔公约》第 49 条规定，运输合同的任何条款和在损失发生前达成的所有特别协议，其当事人借以违反本公约规则的，无论是选择所适用的法律还是变更有关管辖权的规则，均属于无效。F 航在其空运单背面印制的适用《华沙公约》条款，违反了 1999 年《蒙特利尔公约》的强制适用的规定，应属无效。在国际航空运输纠纷的法律适用上，意思自治原则有极大的限制。

2. 关于责任期间。

1999 年《蒙特利尔公约》第 18 条规定，航空运输责任期间是指货物在承运人掌管下的期间。承运人的航空运输责任期间并不单指空中运输阶段，还包括为空中运输和交付货物而发生的陆地运输阶段。而掌管并不能简单理解为航空公司本身在控制货物。航空运输的地面服务往往是由航空公司的地面代理人完成。本案中，H 公司受 F 航的地面代理 D 货运站指派，实施从机场货运站仓库至收货人仓库之间的短驳运输。该段短驳期间，货物仍处于承运人 F 航（通过其代理人 D 货运站的代理人 H 公司）掌管期间，故该段期间是航空运输责任期间。

3. 关于货损的扩张解释。

1999 年《蒙特利尔公约》对货物的损坏没有具体解释。一般理解，损坏即货物未能在完好状态下交给收货人，包括物质损坏和性能损坏。对于交付的货物表面完好而性能是否处于完好状态，收货人有义务请中介机构进行检测评估。就本案而言，判断飞机引擎是否处于完好状态是一件非常棘手的事情。法院在处理此案时确立了一个规则：在承运人有明显的违约行为，货物可能因此受损的情况下，承运人应承担证明货物仍处于完好状态的费用。如果检测后货物处于完好状态，排除货损的检测费用可作为收货人的损失由承运人赔偿。

【相关法条】

1999 年《蒙特利尔公约》

第十八条第一款　对于因货物毁损、遗失或者损坏而产生的损失，只要造成损失的事件是在航空运输期间发生的，承运人就应当承担责任。

第三款　本条第一款所称的航空运输期间，系指货物处于承运人掌管之下的期间。

《中华人民共和国民法通则》

第六十三条第二款　代理人在代理权限内，以被代理人的名义实施民事法律行为。被代理人对代理人的代理行为，承担民事责任。

（三十三）代位求偿

80. 保险公司诉航空公司等保险代位求偿权纠纷

原告： 三井住友海上火灾保险株式会社

被告： A 航空公司

锦海捷亚国际货运有限公司

案由： 保险人代位求偿权纠纷

【案情概述】

2009 年 5 月 27 日，锦海捷亚国际货运有限公司（以下简称锦海捷亚）作为 A 航空公司（以下简称 A 航）的代理人签发航空货运单，自武汉托运 300 箱口罩至日本成田机场，其中经停上海浦东国际机场。该批货物的收货人为西日本铁道株式会社。

同日，锦海捷亚出具分运单，收货人为 STP 有限公司（以下简称 STP 公司），通知方为 UNIMAX CORPORATION，当日海关监察机构出具清洁报关单，托运货物由锦海捷亚收取并转交承运人，货物承运时状况良好。

2009 年 5 月 28 日，货物卖方 UNIMAX CORPORATION 为上述货物开具发票和装箱单，收票人和收货人均为 STP 公司；货物数量为口罩 600 000只，总价 33 000 美元。

2009 年 5 月 29 日，涉案货物由 A 航××815 承运由上海浦东机场起飞运往日本羽田机场，由全日本空输株式会社（以下简称全日空）作为地面运输承运人由羽田机场通过铁路继续运输，并于当日运抵成田机场。该批货物于成田机场清关时发现，涉案货物出现货损，全日空出具了货物检查明细书，确认294箱纸箱外包被压坏，破裂且遭水湿。

三井住友海上火灾保险株式会社（以下简称三井住友）作为保险公司于2009年5月27日向被保险人STP公司开具海运保单，保险适用一切险，承包货物为300箱口罩，保险金额427万日元。2009年7月15日，三井住友向STP公司汇款3 958 923日元，包含支付本案涉诉货损保险赔付金额2 534 869日元；7月27日，STP公司向三井住友出具《代位求偿书》，转让其对货损求偿之权利。

三井住友于2011年5月25日通过邮政快递方式向上海市长宁区人民法院（以下简称长宁区法院）寄送起诉状，要求A航、锦海捷亚连带赔偿其货物损失共计2 534 869日元及利息、检验费用共计119 566日元。长宁区法院于2011年6月7日签收并于7月13日立案。

【争议焦点】

1. 三井住友的诉请是否已经超过了1999年《蒙特利尔公约》规定的索赔时效？

2. 全日空的货损报告对于两被告是否具有约束力？

3. 本案责任应由两被告共同承担还是仅由A航承担责任？

【处理结果】

经审理，长宁区法院依法宣判，由A航向三井住友支付货损2 534 869日元；驳回三井住友其余诉请。案件宣判之后，当事人均未提起上诉，判决现已发生法律效力。

【法律评析】

1. 原告的诉请是否已经超过1999年《蒙特利尔公约》规定的索赔时效？

本案货损发生的时间是在2009年5月30日，依据1999年《蒙特利尔公约》，第 35 条之规定，需在航空器到达终点或运输终止之日起 2 年内提起诉讼，否则将丧失获得索赔的权利。庭审诉讼中，本案由长宁区法院正式立案受理的时间是在 2011 年 7 月，据此两被告代理人援引签署公约之规定，充分阐述了三井住友诉请已过索赔时效的观点。但之后三井住友出具了证据，试图证明其于 2011 年 5 月 25 日以邮政快递方式就本案向长宁法院提起诉讼。经法院核查，该情况系客观属实，据此法院认定原告在公约规定的索赔时效内已经提起了诉讼，并未丧失案件的胜诉权。

2. 全日空的货损报告对于两被告是否具有约束力？

本案中，A 航作为承运人，责任是将货物运送至日本成田机场，但除了 A 航之外，案外人全日空亦参与货物的运输工作，其将货物由羽田机场运送至成田机场，而在成田机场，全日空出具了货损的报告，说明货物已经受损的事实。但案件所有证据无法说明全日空与两被告之间的关系，全日空的货损报告对两被告是否具有约束力？依据 1999 年《蒙特利尔公约》第 18 条第 4 款的规定："航空运输期间，不包括机场外履行的任何陆路、海上或者内水运输过程。但是，此种运输是在履行航空运输合同时为了装载、交付或者转运而办理的，在没有相反证明的情况下，所发生的任何损失推定为在航空运输期间发生的事件造成的损失。承运人未经托运人同意，以其他运输方式代替当事人各方在合同中约定采用航空运输方式的全部或者部分运输的，此项以其他方式履行的运输视为在航空运输期间。"虽然没有证据证明全日空就是 A 航在日本的代理人，但是法院根据公约之规定推定，全日空之所以参与到运输工作中，就是 A 航为了履行航空货运单而对其进行委托，故其出具之货损证明对两被告具有约束效力，A 航要为此承担赔偿责任。

3. 本案责任应由两被告共同承担还是仅由 A 航承担责任。

锦海捷亚在庭审中提供了一份航空货运单项下货物在武汉的清洁报关单据，这份证据的真实性被法院所认定，据此判断货物在交付给 A 航时并无货损。在这个前提下，并无合同约定或法律规定要求锦海捷亚就 A 航的货损责任连带赔偿，故法院认定锦海捷亚不需要承担本案的货损赔偿责任。

【相关法条】

《中华人民共和国保险法》

第六十条第一款　因第三者对保险标的的损害而造成保险事故的，保险人自向被保险人赔偿保险金之日起，在赔偿金额范围内代位行使被保险人对第三者请求赔偿的权利。

1999 年《蒙特利尔公约》

第一条　适用范围

一、本公约适用于所有以航空器运送人员、行李或者货物而收取报酬的国际运输。本公约同样适用于航空运输企业以航空器履行的免费运输。

二、就本公约而言，"国际运输"系指根据当事人的约定，不论在运输中有无间断或者转运，其出发地点和目的地点是在两个当事国的领土内，或者在一个当事国的领土内，而在另一国的领土内有一个约定的经停地点的任何运输，即使该国为非当事国。就本公约而言，在一个当事国的领土内两个地点之间的运输，而在另一国的领土内没有约定的经停地点的，不是国际运输。

……

第十八条　货物损失

……

四、航空运输期间，不包括机场外履行的任何陆路、海上或者内水运输过程。但是，此种运输是在履行航空运输合同时为了装载、交付或者转运而办理的，在没有相反证明的情况下，所发生的任何损失推定为在航空运输期间发生的事件造成的损失。承运人未经托运人同意，以其他运输方式代替当事人各方在合同中约定采用航空运输方式的全部或者部分运输的，此项以其他方式履行的运输视为在航空运输期间。

第二十二条　延误、行李和货物的责任限额

……

三、在货物运输中造成毁灭、遗失、损坏或者延误的，承运人的责任

以每公斤 17 特别提款权为限，除非托运人在向承运人交运包件时，特别声明在目的地点交付时的利益，并在必要时支付附加费。在此种情况下，除承运人证明托运人声明的金额高于在目的地点交付时托运人的实际利益外，承运人在声明金额范围内承担责任。

四、货物的一部分或者货物中任何物件毁灭、遗失、损坏或者延误的，用以确定承运人赔偿责任限额的重量，仅为该包件或者该数包件的总重量。但是，因货物一部分或者货物中某一物件的毁灭、遗失、损坏或者延误，影响同一份航空货运单、货物收据或者在未出具此两种凭证时按第四条第二款所指其他方法保存的记录所列的其他包件的价值的，确定承运人的赔偿责任限额时，该包件或者数包件的总重量也应当考虑在内。

……

第三十五条 诉讼时效

一、自航空器到达目的地点之日、应当到达目的地点之日或者运输终止之日起两年期间内未提起诉讼的，丧失对损害赔偿的权利。

……

81. 保险公司诉航空公司等货损赔偿纠纷

原告：某财产保险股份有限公司深圳市分公司

被告：A 运输公司

　　　B 航空公司

　　　U – F AMERICAN INC

案由：国际航空货物运输合同纠纷

【案情概述】

2002 年 9 月 28 日，某通信设备公司（以下简称委托人）与被告 A 运输公司（以下简称 A 公司）签订协议，约定 A 公司为其提供运输服务，按照协议约定 A 公司需将一批液晶显示屏从美国 OHARE 运至中国杭州，且 A 公司需保证在规定时间内，将货物完好无损地派送到指定的收货人，该项服务不得转包第三方代理。此后，A 公司委托 U – F AMERICAN INC 在美国办理上述货物的运输事宜。2001 年 8 月 6 日，货物由实际承运人 B 航空公司（以下简称 B 航）所属的 392 班机运抵上海浦东国际机场，航空公司在卸货时发现 3 件货物受潮、2 件货物外包装受压变形。因某通信设备公司此前已向某财产保险股份有限公司（以下简称原告）投保一切险，原告赔付某通信设备公司货物损失合计 2 301 773.76 元。原告依法提起诉讼，要求三被告就该批赔付款承担连带责任，并支付同期银行利息。

【争议焦点】

1. B 航应否承担责任？

2. B 航应承担责任限额是多少？

【处理结果】

2006 年 6 月 16 日，在案件审理过程中，经双方友好协商，原被告达成和解，B 航同意向原告支付和解赔款人民币 36 万元。原告承担案件受理费。

【法律评析】

1. 货物损失责任承担的主体问题。

2001 年 8 月 6 日，B 航出具运输事故记录，内容为 3 件货物受潮、2 件货物外包装受压变形。该证据无法证明货损是在装机之前货主造成的，还是卸货时发生的。2001 年 9 月 5 日，浙江出入境检验检疫局检验确定，该批货物中部分液晶显示屏遭水浸之残损系承运方的因素所致。该证据表明，该批货物在承运过程中，确实遭受了部分损失。B 航辩称，即使该批货物损失，也是由其代理人 A 公司的过错造成，无法免除其责任。对于原告而言另一家航空的行为应该构成表见代理。同时，货物在装机之前，被告 B 航有义务对货物的包装情况进行检查。因此，结合上述事实材料，在本案审理过程中，双方和解，被告 B 航向原告支付和解赔款人民币 36 万元是适当的。

航空公司货运收入是营业收入的重要来源之一，但是各种货运运输引起的纠纷屡见不鲜，而对货物损失的赔付，往往在旅客、托运人和航空公司之间存在分歧。航空公司要做好以下两点：（1）在货物装机前，认真核查货物包装情况，重点检查货物的完好情况。若是易碎物品，要求托运人采用其他手段托运，或填写航空公司出具的免责声明，以免航空公司处于被动状态。（2）认真向旅客宣传《华沙公约》相关内容，一般货物若无特别声明，一旦发生货损，除非承运人故意或者重大过失（托运人需证明承运人重大过失与货损之间存在因果关系），航空公司仅按照限制损害赔偿责任原则进行赔付。建议将《华沙公约》相关内容印制在客票或货运单上。航空货运单是航空货物运输合同订立运输条件以及承运人接收货物的初步证据。航空货运单关于货物的重量、尺寸、包装盒包装件数的说明具有初步证据的效力。本案中 U – F AMERICAN INC 公司在签发航空货运单时，B 航没有提出任何异议，则构成涉案航空货物运输合同，并对合同项下的当事人均有法律约束力。因此 B 航应根据航空货运单项下的要求，将承运货物安全、完好地运到指定收货人手中。

2. 责任主体的赔偿限额问题。

因托运人在托运货物时，未声明货物价值。因此，不能按照货物实际价值赔付，应采用限制损害赔偿原则。根据《华沙公约》相关规定，在托运行李和货物运输中，承运人对行李或货物的责任以每公斤 250 法郎为限（即每公斤 20 美元）承担限额赔偿责任，除非托运人在交运时，曾特别声明行李或货物运到后的价值，并为此缴付必要的附加费。本案中，托运人未声明货物价值，也未支付必要的附加费用，因此其主张的全额赔付请求得不到法律的支持。因此，法院在审理过程中认为，对于推定由 B 航过失行为造成的损害，采纳限制损害赔偿责任原则，本案中该批液晶显示屏重量为 1926 公斤，B 航赔偿额共计 38 520 美元，即应为 1926 公斤乘以 20 美金等于 38 520 美元。

【相关法条】

1999 年《蒙特利尔公约》

第二十二条 延误、行李和货物的责任限额

……

三、在货物运输中造成的毁灭、遗失、损坏或者延误的，承运人的责任以每公斤 17 特别提款权为限，除非托运人在向承运人交运包件时，特别声明在目的地点交付时的利益，并在必要时支付附加费。在此种情况下，除承运人证明托运人声明的金额高于在目的地点交付托运人的实际利益外，承运人在声明金额范围内承担责任。

四、货物的一部分或者货物中任何物件毁损、遗失、损坏或者延误的，用以确定承运人赔偿责任限额的重量，仅为该包件的总重量。……

《中华人民共和国民事诉讼法》

第一百四十五条 宣判前，原告申请撤诉的，是否准许，由人民法院裁定。

第一百五十四条 裁定适用于下列范围：……（五）准许或者不准许撤诉……裁定书由审判人员、书记员署名，加盖人民法院印章。口头裁定的，记入笔录。

（三十四）拒付运费

82. 货运代理公司诉托运人拒付运费赔偿纠纷

原告：上海某国际货运有限公司

被告：厦门某集团国际货运有限公司

厦门某集团国际货运有限公司上海分公司

案由：国际航空运输合同纠纷

【案情概述】

2000年9月底，厦门某集团国际货运有限公司上海分公司（以下简称厦门某集团货运公司上海分公司）委托原告将发货人为"HANGZHOU MIN JIAN TRADING COMPANY LTD. TEL：86—571—6036018"，收货人为"AMCOMMUNICATION"的一批滑板由上海空运至马德里，要求订10月1日的航班，运费每公斤人民币24.50元，免杂费。原告接受委托后，于2000年9月30日填开了S航空公司（以下简称S航）的编号为618－21596341的航空货运单。航空货运单的托运人为"HANGZHOU MIN JIAN TRADING COMPANY LTD. TEL：86－571－6036018"（翻译件为杭州民建贸易有限公司），收货人为"AMCOMMUNICATION"，签单承运人代理为"A. D. P. /SHA"，运费预付，启运空港上海，目的空港马德里，航班为7849，第一承运人SQ至MAD，货物为滑板，件数167件，计费重量3580公斤，费用54.03元每公斤。2000年10月3日，厦门某集团货运公司上海分公司发传真给原告，要求更改航空货运单上的托运人和收货人等内容，

357

将托运人改为"NATURAL SOURCE ENTERPRISES CO，LTD"（翻译件为天源企业发展有限公司）。原告根据厦门某集团货运公司上海分公司的要求，要求S航作相应更改，S航以电报的方式进行了变更。因遇国庆假日及货运高峰，该批货的实际出运日期为2000年10月5日。货物出运后，上海某国际货运有限公司于2000年10月13日向厦门某集团货运公司上海分公司出具了国际货物运输代理业专用发票，空运费金额为人民币87 710元。上述运费，由原告垫付。原告因未获垫付运费，遂涉讼。

上述货物的报关经营单位、发货单位为山西悦诚轻工业品贸易有限公司。原告系取得《中华人民共和国国际货物运输代理企业批准证书》《航空运输销售代理业务经营批准证书》（一类货运）的企业。第一被告系企业法人厦门某集团国际货运有限公司（以下简称厦门某集团货运公司），第二被告系隶属第一被告的非法人企业厦门某集团货运公司上海分公司，取得《营业执照》。

原告上海某国际货运有限公司诉称，2000年9月底，厦门某集团货运公司上海分公司委托原告办理一批滑板车空运业务。原告根据厦门某集团货运公司上海分公司的要求，履行了义务，但厦门某集团货运公司上海分公司拒付运费。因厦门某集团货运公司上海分公司是厦门某集团货运公司的分支机构，不是独立的法人。故原告提起诉讼，要求判令两被告支付垫付运费人民币87 710元；判令两被告支付自发票日起至实际履行日止的逾期付款利息（本金×0.0003×天数），并承担本案诉讼费。

两被告辩称，原告、被告都不是国际航空货物运输合同的承运人与托运人，原告将被告作为诉讼主体实属错误；被告在本案中的代理仅是一般代理而非航空销售代理，是合法代理；被告只是托运人的代理人，被告在代理中无过错，不应承担责任；被告不是托运人，没有支付运费的义务；原告的航空货运单是虚假的，货物出运的不是7849航班，而是0805航班，由于原告及承运人未按托运人的指示履行义务，造成货物延误到达，导致托运人拒付运费及提出索赔，故应由原告承担相应的责任。

【争议焦点】

1. 本案的法律关系应该如何认定？
2. 本案第二被告是否具备诉讼主体资格和独立承担责任的能力？
3. 原告的诉讼请求是否可以得到法律的保护？是否具有法律依据？

【处理结果】

一审法院经审理认为，原告是国际航空货物运输代理企业，具有航空运输销售代理业务经营的资格及能力。本案厦门某集团货运公司上海分公司以自己的名义委托原告空运货物，本案的托运人由厦门某集团货运公司上海分公司指定，在委托空运过程中，厦门某集团货运公司上海分公司对托运人又进行了变更，且该批货物的出口报关单上的发货单位又是山西悦城轻工业品贸易有限公司，故原告无法知晓被告是谁的代理人，被告与本案托运人之间的关系，亦无法向明确的托运人主张权利；现被告以托运人因货物延误到达拒付运费而拒绝向原告履行义务。厦门某集团货运公司上海分公司委托原告空运货物，原告接受委托，原告与厦门某集团货运公司上海分公司之间的航空货物运输委托关系成立。原告履行了受托义务，厦门某集团货运公司上海分公司应当给付原告因此而垫付的运费及其利息。厦门某集团货运公司上海分公司系隶属厦门某集团货运公司的非法人企业，原告要求两被告共同承担本案债务的请求，应予支持。依照《民法通则》第84条、第106条第1款、《合同法》第403条第2款之规定进行判决：（1）被告厦门某集团货运公司、厦门某集团货运公司上海分公司应给付原告上海某国际货运有限公司空运费人民币87 710元。（2）被告厦门某集团货运公司、厦门某集团货运公司上海分公司应偿付原告上海某国际货运有限公司人民币87 710元的逾期付款利息（从2000年10月13日起至本判决生效之日止，按中国人民银行规定的计收逾期贷款利息的标准计算）。

【法律评析】

1. 本案涉及航空货物运输的有关合同关系的认定。

近年来，随着航空货运业的兴起，航空货物运输代理业也逐渐兴起和发展，并在航空货物运输领域发挥着重要的作用。但是由于航空货物运输领域的特殊性，航空运输公司作为实际承运人，通常不自主揽货，而是通过有资质的国际货物运输代理公司作为缔约承运人或作为航空公司的代理人揽取有关运输业务。因此实践中，托运人（通常称为货主）或托运人的代理人多是通过国际货物运输代理公司代为办理有关货物航空运输的事宜，签订航空货物运输合同。一宗货物的航空运输往往涉及多重航空货物运输代理关系，多重关系叠加在一起，给最终认定航空货物运输合同关系以及相关人的权利义务带来了一定的困难。本案即是这样一起具有代表性的案例，因此厘清各有关当事人之间的关系是解决相关纠纷的前提条件。

在该案中，原告是具有资质的国际航空货物运输代理企业，厦门某集团货运公司上海分公司以自己的名义委托原告办理有关航空货物运输的相关事宜，并出具了空运委托书；原告接受了委托并按照厦门某集团货运公司上海分公司的要求使货物运抵目的港。根据我国《国际货物运输代理业管理规定》，国际货物运输代理企业作为独立的经营人，以自己的名义签发航空货运单，从而作为缔约承运人而成为航空货物运输合同的当事人；也可以作为航空公司的代理人，以航空公司的名义签发航空货运单，此时国际航空货运代理企业是以航空货物运输代理人的身份出现的。本案中，原告并非以自己的名义签发航空货运单，且航空货运单上载明的承运人另有其人，托运人亦非厦门某集团货运公司上海分公司，因此原告与厦门某集团货运公司上海分公司均非国际航空货物运输合同的当事人。本案中，厦门某集团货运公司上海分公司以自己的名义委托原告空运有关货物，原告接受了厦门某集团货运公司上海分公司的委托，为其办理了有关货物的航空运输事宜，原告与厦门某集团货运公司上海分公司之间存在的是国际航空货物运输代理合同关系。

厦门某集团货运公司上海分公司以其只是受托人，而非实际货主进行抗辩，认为其与原告之间不存在合同关系。根据我国《合同法》有关委托合同的规定，受托人以自己的名义，在委托人的授权范围内与第三人订立

的合同，第三人在订立合同时知道受托人和委托人之间的代理关系的，该
合同直接约束委托人和第三人。本案中，原告接受厦门某集团货运公司上
海分公司的委托，代理有关国际航空货物运输事宜。厦门某集团货运公司
上海分公司最初提供的材料中虽然载明发货人为杭州民建贸易有限公司，
其后又通知原告变更为天源企业发展有限公司，但并没有明确告知原告其
是受托人以及真正的委托人为谁，因此该国际航空货物运输代理合同不能
约束委托人（实际货主），厦门某集团货运公司上海分公司依然应当承担该
合同项下的权利义务。根据《合同法》第 398 条之规定，受托人为处理委
托事务垫付的必要费用，委托人应当偿还该费用及利息。因此，在原告根
据厦门某集团货运公司上海分公司的要求，履行了有关货物空运的代理义
务，并垫付了运费之后，厦门某集团货运公司上海分公司应当偿付原告垫
付的运费及利息。

　　原告在办理有关货物航空运输的过程中，以 S 航的名义向厦门某集团
货运公司上海分公司签发了航空货运单，表明原告与实际承运人 S 航之间
存在空运销售代理合同关系。

　　厦门某集团货运公司上海分公司向原告提供的货物相关信息中载明，
发货人为 "HANGZHOU MIN JIAN TRADING COMPANY LTD"（杭州民建贸
易有限公司），航空货运单上填具的托运人亦同。其后厦门某集团货运公司
上海分公司通知原告将发货人及托运人变更为 "NATURAL SOURCE
ENTERPRISES CO, LTD"（天源企业发展有限公司），虽然实际货主并不清
楚，但厦门某集团货运公司上海分公司是受实际货主的委托这一事实显而
易见。由于厦门某集团货运公司上海分公司只取得 "中华人民共和国货物
运输代理企业批准证书"，而未取得 "航空运输销售代理业务经营批准证
书"，因此厦门某集团货运公司上海分公司不具有从事国际航空货物运输代
理的资质，其与实际货主之间的代理关系不能认定为国际航空货物运输代
理合同关系。

　　原告出具的航空货运单上载明的实际承运人是 S 航，更改后的托运人
"NATURAL SOURCE ENTERPRISES CO, LTD"（天源企业发展有限公司），

收货人为"AM COMMUNICATION"。根据我国《民用航空法》以及我国参加的《华沙公约》的相关规定，在没有相反证据时，航空货运单是订立合同、接受货物和承运条件的证明。因此，在没有相反证据的情况下，本案国际航空货物运输合同关系的当事人是S航和天源企业发展有限公司。

以上合同关系各自成立，除非当事人另有约定或法律另有规定，根据合同相对性原则，合同仅在当事人之间发生效力。

2. 厦门某集团货运公司上海分公司是否具备诉讼主体资格和独立承担责任的能力？

本案厦门某集团货运公司上海分公司系厦门某集团货运公司在上海成立的分公司。根据我国《民事诉讼法》第48条的规定，公民、法人和其他组织可以作为民事诉讼的当事人。《最高人民法院关于适用〈中华人民共和国民事诉讼法〉若干问题的意见》第40条规定，其他组织是指合法成立、有一定的组织机构和财产，但又不具备法人资格的组织，其中包括法人依法设立并领取营业执照的分支机构。因此，厦门某集团货运公司上海分公司具备民事诉讼的主体资格。但具备民事诉讼主体资格并不意味着能够独立承担民事责任。根据我国《公司法》第14条的规定，公司可以设立分公司，分公司不具有企业法人资格，其民事责任由公司承担。因此，理论上分公司不具备独立承担责任的能力。实践中分公司可以对在其营运资金范围内的数额较小的债务独立承担责任。但通常情况下，原告基于债权能够得到及时有效地实现的考虑会将母公司和分公司作为共同被告起诉。因此本案中第一被告应当对其分公司所负的债务承担共同清偿责任。

3. 原告的诉讼请求是否可以得到法律保护？是否具有法律依据？

根据以上的分析，原告与被告之间不是航空承运人与货物托运人的关系，它们之间都仅是托运人的代理人与航空承运人代理人的航空业务代理关系。两个代理人彼此之间为了自己被代理人的利益分别以自己的名义进行相关的代理活动，双方相应的享有了权利或履行了义务。同时航空运输合同规定此项航空运输属于运费预付，先由原告为合同的相对方被告进行垫付。所谓垫付，顾名思义就是，垫付人为该业务的请求人进行预付。其最后的运费支付责任就应该属于该项业务请求人，由它向垫付人进行实际交付，否则，就是违约而应依法承担违约责任。最后法院判决两被告承担原告要求向其支付运费预付款的本金与利息，这是理所当然的，也是法律所要求的，应该予以尊重。

【相关法条】

《中华人民共和国民法通则》

第八十四条　债是按照合同的约定或者依照法律的规定，在当事人之间产生的特定的权利和义务关系，享有权利的人是债权人，负有义务的人是债务人。债权人有权要求债务人按照合同的约定或者依照法律的规定履行义务。

第一百零六条第一款　公民、法人违反合同或者不履行其他义务的，应当承担民事责任。

《中华人民共和国合同法》

第四百零三条第二款　受托人因委托人的原因对第三人不履行义务，受托人应当向第三人披露委托人，第三人因此可以选择受托人或者委托人作为相对人主张其权利，但第三人不得变更选定的相对人。

三、国际航空运输侵权纠纷

（三十五）外国法院管辖权

83. "包头空难"家属诉航空公司等人身损害赔偿纠纷

原告：32 名"11·21"包头空难遇难者家属

被告：A 航空公司

      美国通用电气公司

      加拿大庞巴迪公司

      加拿大庞巴迪航天公司

案由：人身损害赔偿纠纷

【案情概述】

2004 年 11 月 21 日，一架执行 A 航空公司云南公司（以下简称 A 航云南公司）5210 航班，从包头前往上海的 CRJ200LR 型支线飞机在起飞后不久坠毁于包头南海公园，机上共 47 名旅客、6 名机组成员以及 2 名地面人员全部不幸遇难。除 1 名印尼乘客外，所有遇难人员均为中国公民。所有乘客于中国购买机票。所有机组成员持中国民航局颁发的执照。

A 航云南公司的营运中心及维修设施位于中国云南昆明的巫家坝机场。失事飞机由中国单方管理和维护。被告 A 航空公司（以下简称 A 航）为注册于中国的商业航空公司，其主要业务、工程和维护设施位于中国上海。

失事飞机为庞巴迪 CRJ 200 LR 支线飞机，由被告庞巴迪公司在加拿大进行飞机设计、制造、组装和测试。庞巴迪为加拿大公司，主要营业地为加拿大魁北克的蒙特利尔，2002 年于魁北克将飞机出售给中国航空供应进出口公司。

被告庞巴迪航天公司（以下简称庞巴迪航天）注册地为美国特拉华，主要营业地为美国德州的 Richardson，不涉及飞机设计、制造、组装、销售或后勤服务。

失事飞机由两个 CF34 型涡轮引擎提供动力，该引擎由美国通用电气公司设计和制造。美国通用电气公司注册于纽约，主要营业地为美国康涅狄格州的 Fairfield。

自 2005 年 8 月起，先后有 32 名遇难者家属（其中 25 名已经签署了责任解除书）在美国加利福尼亚州洛杉矶高等法院（以下简称美国法院）起诉 A 航，美国通用电气公司、庞巴迪以及庞巴迪航天，拟借助中美两国法律对人身损害赔偿标准的不同，在美国寻求高额赔偿金。诉讼请求包括人身损害赔偿在内的一系列救济。

【争议焦点】

本案是否应由美国法院进行诉讼管辖？

【处理结果】

2006 年 3 月 28 日，A 航向美国法院提出了以"不方便法院"管辖为由的"撤销"或"中止"动议。2006 年 8 月，原告递交了反对"不方便法院"管辖动议的反对状，2007 年 7 月，美国法院作出一审裁定，支持 A 航提出的"不方便管辖"动议，认定本案应由中国法院管辖，但保留对该案收回重审的权利。2007 年 8 月，原告不服一审裁定，向美国加州上诉法院提起上诉。2009 年 2 月 26 日，美国加州上诉法院作出二审裁决，驳回原告上诉请求，维持一审裁定。

【法律评析】

这起诉讼并非单纯的空难事故索赔，它直接关系到中国对类似案件的司法管辖权，因此牵涉到国家主权问题。

就法律意义上的管辖权问题而言，由于发生事故的 5210 航班是从中国境内的包头机场前往上海虹桥机场的国内航班，并没有飞往或经停美国境内的任何地点，与美国没有任何联系，同时事故也发生在中国境内，绝大部分遇难者是中国公民（只有 1 名旅客是印度尼西亚公民），A 航也是一家总部位于中国境内的公司，而且与事故有关的大部分证据材料也在中国境内，因此中国与涉案的空难事故具有最密切的联系。因此，A 航以"不方便法院"向美国法院提出动议。

所谓"不方便法院原则"，根据《布莱克法律词典》，是指"当法院认为某个案件在另一个法院审理对当事人更方便，更符合正义的要求时拒绝行使管辖权的一种自由裁量权"。而在《美国第二次冲突法重述（1971）》中，"不方便法院原则"被表述为：如果初审法院是一个极不方便的管辖地，同时又存在一个对原告更适宜的法院，则州法院有权拒绝行使管辖权。

"不方便法院原则"的核心问题是"不方便法院"的判断标准。美国联邦最高法院在司法实践中，以两步标准来判断是否应适用"不方便法院原则"：是否存在另一合格的替代法院；当存在这一替代法院时，法院必须考虑多种因素，以其自由裁量权作出是否适用"不方便法院原则"的决定。

1. 替代法院的存在。

根据美国的判例，法院在决定替代法院是否存在时必须考察以下三个部分：

（1）"替代法院"是否对案件具有管辖权。法院必须对案件具有管辖权才能进行审理，这是国际私法的基本原则。因此，只有替代法院具有合适的管辖权，现审理法院才有可能中止或驳回原告的起诉。

（2）被告是否接受替代法院的管辖。该原则是希望案件能在最适宜的地方得到审理，而绝不是漠视原告的诉讼权利。因此，实践中法院在适用该原则时，一般会要求被告保证接受替代法院的管辖，并放弃其可能享有的诸如时效的抗辩。

（3）原告是否能在替代法院得到充分的救济。被告同意接受替代法院的管辖只是一个方面，更重要的是原告必须可以在替代法院得到救济——这也是不方便法院原则的一个核心要求。法院在此种情况下通常要考虑的因素包括替代法院是否具有对争议事项的管辖权，替代法院的法律，替代法院的救济程序，替代法院所在地的政治及经济因素等。

2. 多种因素的综合分析。

在确定存在一个充分的替代法院的情况下，法官必须依据案件本身的多种因素作出分析，以判断原审法院和替代法院哪一个是争议事项更合适或更方便的审判地。这些因素应包括下列事项：

（1）原告对法院地的选择。鉴于原告选择法院是行使其权利，一个基本原则是除非对法院方便与否进行权衡的结果明显偏向于替代法院，否则应尊重原告本身所选定的法院地。另外一个应注意的问题是原告在本地提起诉讼的动因，如原告是单纯为了干扰被告还是挑选法院等因素，这也是法官要予以裁量的事项。

（2）对法律的选择。在实践中存在几个管辖地时，原告一般会选择实体法最有利的管辖地提起诉讼。当法院依自由裁量权驳回起诉时，替代法院的实体法通常都不如原审法院的实体法对原告有利。对此最高法院认为单纯的实体法变化不能阻止不方便法院原则的适用。只有当替代法院的实体法对原告不利或不充分达到根本不存在救济的程度时，才应考虑拒绝适用不方便法院原则。

（3）利益平衡分析。①私人利益。包括要考虑取得证据来源的相对便利；强制不愿出庭者到庭程序的可获得性；愿意出庭者及证人的出庭费用；判决作出后的可执行性以及其他使案件审理简便、迅速、费用低廉的实际因素。②公共利益。比如因管辖的法院案件积压所造成的法院管理困难，对公众所关心的事件应在多数人的居住地进行审理而不是在人们只能通过报道得知消息的偏远地方，在当地解决本地争议的本地利益等。

在本案中，初审法院作出一审裁定，支持 A 航提出的"不方便管辖"动议，中止诉讼，准许在中国审理案件，并安排每 6 个月进行一次现状会议，以监控审理进程。同时，加州洛杉矶高等法院保留对该案的收回重审权。初审法院对原告、被告提出的证据均没有完全接受，认为尽管中国不具备完全成熟的法律体系，但这并不能证明若案件在中国审理原告就无法得到基本正义。中国存在一个合适的可受理此案的替代性法院，本案应当由中国法院管辖。此外，初审法院认定加州与此案无任何利益关系，证人或文档不在加州而均在中国，加州没必要要求法庭和陪审团聆听与其无关的案件。

二审法院裁决驳回原告上诉请求的裁决书中，认为：（1）本案中发生事故的航班为中国国内运输航班，原告除一名为印尼公民外，其他均为中国公民，本案的公共利益和私人利益均在中国；（2）原告没有提供充足的证据证明中国法院不是一个"合适的、可替代性"的法院；（3）原告没有提供充足的证据证明初审法院存在滥用裁量权的现象；（4）初审法院将对本案在中国的审理进行监督，但该种监督限于程序方面，而非实体方面，如果是原告而非被告阻碍了中国诉讼进程，那么初审法院可以撤销该案，直接裁定由中国法院审理此案。

（三十六）地面代理人身损害赔偿

84. 区某诉航空公司等人身损害赔偿纠纷

原告：区某

被告：A 航空公司

　　　香港怡中机场地勤服务有限公司

案由：人身损害赔偿纠纷

【案情概述】

2005 年 8 月 19 日，在香港国际机场停机坪上，一名受雇于香港怡中机场地勤服务有限公司（以下简称怡中公司）的行李处理员被一金属制行李集装箱箱门击中，以致头部、颈部及背部受伤。该集装箱归 A 航空公司（以下简称 A 航）所有。怡中公司为 A 航的地面服务公司，除提供地面服务外，也负责香港机场内 A 航集装箱的管理。

该集装箱顶上，原本应有一对备有尼龙搭扣的布带固定箱门。据证据显示，事发时该集装箱的布带并没有尼龙搭扣，导致箱门无法被固定。当天大风，强风吹起箱门并击中正在工作的区某。

区某在香港向 A 航及怡中公司提出索赔。区某先通过雇员赔偿渠道向怡中公司索取雇员补偿，再通过普通法程序向 The high court of the Hong Kong special administrative region court （以下简称香港法院）起诉 A 航和怡中公司，索取人身伤害赔偿。

【争议焦点】

1. A 航或怡中公司应否就本次意外负责？

2. 怡中公司应否按其和 A 航签订的《地面服务协议》代 A 航承担责任？

【处理结果】

本案中，A 航一直否认需就此意外承担责任。同时，A 航要求怡中公司按照双方签订的《地面服务协议》赔偿条款承担责任。本案由怡中公司的雇员补偿保险人代表怡中公司处理，他们起初并不同意 A 航的观点。之后，A 航直接向怡中公司的航空责任保险人提出有关要求，经磋商，怡中公司的航空责任保险人与雇员补偿保险人达成协议，后者同意代替 A 航处理本案，以及承担赔偿区某的全部金额和相关诉讼费用。怡中公司航空责任保险人则负责承担 A 航在协议达成之前的一切法律费用。

怡中公司雇员补偿保险人和区某达成和解协议，雇员补偿保险人向区某赔付一定费用。本案香港法院法庭程序现已完结，目前，怡中公司与区某及怡中公司与 A 航之间的法律费用正在商讨中。

【法律评析】

有关 A 航或怡中公司是否应就本次意外承担责任的问题，证据显示，事发时只有区某一人装卸涉案集装箱，怡中公司并没有提供足够人手协助区某工作。同时，怡中公司并没有尽到确保其员工工作对象（该集装箱）安全的责任。因此，怡中公司作为雇主，并没有尽责确保其雇员在安全环境下工作，大有可能被香港法院裁定需就本案承担责任。

A 航作为集装箱所有人，委托怡中公司代为处理集装箱装卸事宜，香港法院有可能据此认为 A 航未尽到监管委托代理人合理完成工作的责任。本案中，虽然 A 航曾要求怡中公司发现集装箱损坏及时向 A 航汇报，但没有证据显示 A 航曾检查怡中公司是否遵守此要求。因此，香港法院有可能就此裁定 A 航没有尽到责任，并需就此意外承担责任。

　　区某在此案中明知集装箱有问题，但仍然决定继续装卸该集装箱，有自身疏忽之嫌。可是，区某指出他当时是在紧急情况下迫不得已工作，因此，香港法院可能不会裁定区某自身需为意外负责。

　　有关怡中公司是否应代 A 航承担责任的问题，本案中并无证据显示 A 航曾故意或明知损害结果可能发生而轻率地作为或不作为而引发本次意外。因此，A 航应受《地面服务协议》的赔偿条款保护，并有权利向怡中公司索取一切与本案有关的赔偿。

　　由于意外在香港发生，而区某也在香港提出诉讼，香港的普通法适用于此类索赔案件。区某为怡中公司雇员，怡中公司作为雇主应向区某提供一个安全的工作环境。A 航作为该集装箱所有人，在法律意义上有确保该集装箱处于安全状态的责任，其责任范围包括确保集装箱经常被检查及维修。

　　A 航与怡中公司签订《地面服务协议》。协议约定，怡中公司的责任包括检查 A 航的集装箱，如发现损毁，怡中公司需向 A 航汇报。另外，根据《地面服务协议》的赔偿条款，如怡中公司员工向 A 航提出索赔，怡中公司应向 A 航支付因诉讼而产生的赔偿金及相关费用，除非怡中公司员工人身损害是因 A 航的故意或明知损害结果可能发生而轻率地作为或不作为所致。

四、国际航空商务纠纷

（三十七）租　赁

85. 南非酒店诉航空公司酒店租赁违约纠纷

原告：南非 Sandton Hotels

被告：A 航空公司

　　　A 航空公司代理人 Longway

案由：机组酒店租房纠纷

【案情概述】

2009 年 2 月 12 日，南非 Sandton Hotels（以下简称 S 酒店）起诉 A 航空公司（以下简称 A 航）及其代理人 Longway，提出按照酒店、A 航及其代理人签订的机组酒店订房协议（以下简称三方协议），在合同有效期内任何一方当事人若要提前终止协议，须提前 60 日书面通知。鉴于 A 航于 2008 年 7 月 3 日发出了书面终止合同的通知，而酒店于 2008 年 7 月 4 日收到。因此，酒店请求 A 航及其代理人 Longway 按三方协议中约定的订房数量赔偿其 2008 年 7 月 4 日至 2008 年 9 月 2 日期间的损失 1 530 795 兰特及每年 18% 的利息，到 2009 年 10 月为止约合人民币 145 万元。

【争议焦点】

1. A 航代理人 Longway 是否越权代理？

2. A 航南非营业部是否存在违约行为？

【处理结果】

经 A 航与 S 酒店以及 Longway 多次商讨，酒店最终同意与 A 航以及 Longway 达成和解协议，其中根据 A 航和 Longway 过错的程度按比例分摊和解费用。酒店在收到和解款项后即时撤诉。

【法律评析】

1. A 航代理人 Longway 是否越权代理？

在查阅了案件的相关材料后，发现 A 航在给 Longway 的授权书中，A 航只授权 Longway 可代表 A 航和酒店协商、预定机组酒店住宿及处理相关付款事宜，授权书中并没有写明 Longway 有权代表 A 航和酒店签署任何协议。此外，在三方协议中，只有酒店和 Longway 双方的签字，没有 A 航的签名。因此，A 航南非营业部一直表示不知三方协议的存在及其内容，Longway 属于越权代理。

但是经过调查，发现虽然 A 航南非营业部一直表示不知三方协议的存在，亦不知道协议的内容，但 A 航南非营业部在南非通航期间，实际享受了协议下酒店提供的服务，从法律上来说，南非营业部不知协议的存在具有主观上的过错，应承担相应的责任。

2. A 航南非营业部是否存在违约行为？

根据三方协议内容，在合同有效期内任何一方当事人若要提前终止协议，须提前 60 日书面通知对方。由于 A 航南非营业部在 2008 年 7 月 3 日发出了书面终止合同的通知，酒店于 2008 年 7 月 4 日收到，因此，酒店根据三方协议内容，请求 A 航及代理人 Longway 按合同中约定的订房数量赔偿酒店 2008 年 7 月 4 日至 2008 年 9 月 2 日期间违约的损失。

鉴于 A 航南非营业部在本案中存在过错，且在三方协议存续期间，A 航南非营业部确实存在违约行为，经分析，A 航应在本案中承担相应的法律责任。考虑到如果选择诉讼方式了结本案，存在很大的诉讼风险，且鉴于跨国诉讼法律成本无法估算，综合各方考虑，A 航最终在本案中选择以和解方式处理本案。

86. 国际贸易公司诉航空公司等 飞机转让协议纠纷

原告：某国际贸易公司
被告：A 航空公司
B 航空技术公司
案由：国际货物买卖合同纠纷

【案情概述】

本案原告的注册地和办公地均位于荷属安的列斯的库拉索，成立日期为 2005 年 8 月 15 日，注册资本为 2000 欧元，股东是一名荷兰人和一名伊朗人，各持股 50%。公司主营业务之一是在中国购买飞机，然后卖到伊朗。由于联合国对伊朗的制裁行为，该国际贸易公司只能通过签订背靠背合同的形式进行交易，其对卖家支付的保证金和购买价汇率差可以从其买家支付价款中获得弥补。本案两位被告，即 A 航空公司（以下简称 A 航）和 B 航空技术公司（以下简称 B 公司），均为中国企业法人。

2009 年初，原告和一名南非人签订合同，授权其代表公司处理所有和飞机买卖有关的技术问题。作为回报，该南非人可获得净利润的 20%。2009 年 1 月 1 日，原告和一家伊朗航空公司签订协议，出售 3 架 A300 飞机给该航空公司。这笔交易原计划通过 B 公司进行，由伊朗航空公司将款项支付给原告，原告再将款项支付给 B 公司，经其最终支付给 A 航。同年 1 月 15 日，原告和 B 公司就 6 架 A300 飞机及其相关发动机、零部件等达成购买意向书，总价约合 1.6 亿美元。5 月 22 日，本案原被告三方之间就涉案 6 架 A300 飞机及其相关发动机、零部件的意向书生效。根据意向书第 5

条约定，原告应在签约 10 个工作日内支付 1240 万美元保证金，同时在交付第一架飞机之前支付 5700 万美元。4 天以后，5 月 26 日，原告和 B 公司之间签订了补充协议，将零部件价格限定在 2000 万美元范围内。5 月 27 日，为确保原告支付保证金，由中国银行向其签发了金额为 1240 万美元的备用信用证。事实上，6 月 5 日，原告才支付了一半的保证金。直到 2009 年 9 月，尚有 22 000 美元的保证金没有支付，已支付的部分中，有 150 万美元来源于原告的伊朗股东个人基金。

2009 年 6 月 10 日，原告和 B 公司签订飞机转让协议，由 A 航将 6 架 A300 飞机（包括部分飞机运行所需航材）以及 5 台备用发动机转让给原告，其中飞机的交易价格为 1.11 亿美元，发动机的交易价格为 0.1 亿美元，部分飞机运行所需航材交易价格为 300 万美元，合计为 1.24 亿美元。

原告的荷兰股东曾答应过原告的伊朗股东，除了交易方伊朗航空公司的人，不会再有其他伊朗人接触第一被告。但是 7 月 18 日，荷兰股东到中国监督第一批 3 架飞机的交付时见到一批伊朗人出现在酒店。鉴于直到 7 月 31 日，原告只支付了 1900 万美元，最终三架飞机都没有交付。8 月，原被告双方在北京就原告的迟延支付进行了会面磋商，会面中，原告两位股东中只有伊朗股东出席，A 航介绍该伊朗股东是原告的"真正投资人"。伊朗股东坦言其只是公司的一名资深管理人员，同时保证原告公司会支付第一批 3 架飞机的迟延款项。

8 月 20 日，原告和 A 航之间达成补充协议，约定原告在 8 月 26 日之前支付保证金余额，同时 A 航为其安排，至迟于 8 月 27 日将其中一架飞机送至约翰内斯堡。原告的荷兰股东未获得关于该补充协议的通知。8 月 28 日，尽管原告没有按照约定支付足额费用，A 航仍然将该架飞机送至约翰内斯堡。9 月 1 日，原告的荷兰股东签署了接机证书，确认原告接收了该架飞机。

2009 年 9 月 8 日，原告在补充协议之外，向 A 航支付了 149.9 万美元。同日，A 航邮件通知原告的荷兰股东，如若 9 月 18 日前第二架飞机的费用未支付，则解除合同关系。并且，在征求原告同意的前提下，将其所有合同权利义务转移给原告的伊朗股东个人和案外人南非公司。9月21日，A航通知案外人南非公司将要给原告递交修改协议，将原告合同项下权利义务转给该南非公司。原告的荷兰股东回复邮件，拒绝此时接收该提议。同一天，原告的伊朗股东和南非技术代表成立了SA公司，注册地在南非。

此后交涉中，原告坚持应当按照原协议，在合理期间支付费用后接收飞机。然而A航由于希望尽快终止与原告合同，转而和SA公司交易这6架飞机，坚持原告应该在其指定时间内支付货款，否则合同终止。2009年12月19日，A航书面告知原告，由于原告没有履行合同义务，合同解除。2010年1月29日，A航将1架飞机卖给B公司，此后B公司将该飞机卖给了SA公司。故而，原告在英国高等法院提起诉讼，请求判定A航违约、非法共谋造成损害结果，并退回保证金。

【争议焦点】

1. A航是否构成了"引诱违约"？
2. A航与SA公司之间是否构成"非法共谋"？

【处理结果】

法院判决驳回原告的全部诉讼请求。

【法律评析】

1. A航不构成"引诱违约"。

引诱违约是指第三人运用一定的方式手段影响债务人的意志，致其主观上有自愿违约的情形，并且，原告应当证明其由此遭受了损害。"第三人运用一定的手段方式"进行的引诱行为可以是劝说、欺骗等各种形式，但其结果必须是使债务人自愿违约，而不是指采用威胁、恐吓、乘人之危等手段强制债务人，使其被迫违约。构成引诱违约的前提是，被告实施引诱违约行为的时候必须清楚知晓确实存在这个合同。根据双方提交的证据和交叉询问，法官认定A航并不知晓原告股东之间、原告与其南非技术代表之间的协议和权利义务分配状况，达不到认定引诱违约的标准。

2. A 航与 SA 公司之间并未构成"非法共谋"。

在英国法下，非法共谋造成侵权是指，由于被告和案外人联合或达成共意采用非法手段使原告遭受损害。认定 A 航是否构成非法共谋取决于四个方面：（1）是否存在联合或共谋协议；（2）是否采用非法手段；（3）是否故意损害原告合法利益；（4）是否造成损害结果。

关于是否存在联合或共谋协议。尽管原告一直主张，A 航和原告的伊朗股东、SA 公司之间存在秘密协议，但其始终未能举证证明这一主张。法官据此认定，A 航将飞机卖给了 SA 公司是由于原告无法依照约定支付飞机价款，而不是出于和案外人的共谋。

关于是否采用非法手段。法官认为，A 航得知原告如若缺少其伊朗股东则无法获得足够的资金履行合同义务。并且，A 航非常清楚地表明，如果其与原告之间的飞机买卖合同没有解除，不可能与第三人就该批飞机达成购买协议。此后，A 航多次通知原告支付期限和违约后果，恰能印证 A 航依约行事，并未采取非法手段。

关于是否故意损害原告合法利益。尽管案件中原告一再坚持，A 航不能提供关于余下 5 架飞机的交付信息表明 A 航意图违背合同的约定，法官认为很难据此认定 A 航拒绝履行原飞机买卖合同。相反，A 航只是为了尽可能减少由于原告持续违约行为给 A 航带来的损害，而非损害原告的合法利益。

关于是否造成损害结果。本案中，原告认为 5 架飞机未交付对其利润造成了损害。然而，是否造成利润损失是通过当事方进一步的盈利能力来评判的，事实上原告已经失去了资金来源，其没有能力去市场上购买另外的飞机用于下一步交易，不存在利润损失的问题。